Doris Baumann
Hunde

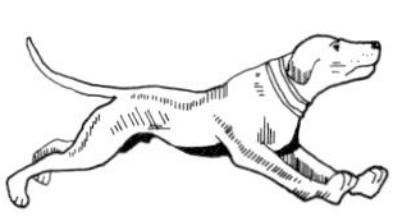

Doris Baumann

Hunde

112 Rassen und ihre Haltung

113 Farbfotos
38 Zeichnungen
15 Tabellen

E.U.
VERLAG
EUGEN
ULMER

Alle Fotos: Doris Baumann, Bad Urach
Alle Zeichnungen: H. Baumann, Bad Urach
Fotos auf dem Einband:
Golden Retriever (links oben)
Bearded Collies (rechts oben)
Perro sin Pelo del Peru (links unten)
Alaskan Malamute (rechts unten)

Die Deutsche Bibliothek – CIP-Einheitsaufnahme

Baumann, Doris:
Hunde : 112 Rassen und ihre Haltung ; 15 Tabellen / Doris Baumann. – Stuttgart : Ulmer, 1993
(Kennen & Pflegen)
ISBN 3-8001-7276-3

Wollgrasweg 41, 70599 Stuttgart
Einbandgestaltung: A. Krugmann, Freiberg am Neckar
Herstellung: Steffen Meier
Lektorat: Ulrich Commerell
Satz: Steffen Hahn, Kornwestheim
Druck und Bindung: Manfrini R. Arti Grafiche Vallagarina S.p.A.
Printed in Italy

Vorwort

Kein anderes Haustier hat sich dem Menschen so eng angeschlossen wie der Hund. Er ist es auch, dessen Domestikation (das lateinische Wort domus heißt so viel wie Haus) – also die Haustierwerdung – sich am weitesten zurückverfolgen läßt und zwar über 12 000 Jahre. Es ist nicht gesichert, daß die Domestikation des Hundes an verschiedenen Punkten der Welt gleichzeitig einsetzte; vielmehr scheint es so gewesen zu sein, – wie Knochenfunde in einigen Erdteilen vermuten lassen, daß die Haustierwerdung eher ein geographisch voneinander unabhängiger, langwährender Prozeß war.

Natürliche Einflüsse und züchterischer Fleiß ließen Hunde in vielerart Gestalt entstehen, und es ist schwer vorstellbar, daß sowohl die mächtige Dogge als auch der winzige Chihuahua gleichen Ursprungs sind. Doch war nicht nur das Äußere einem steten Wandel unterworfen, auch die Verhaltensweisen änderten sich durch entsprechende Selektion nach den jeweiligen Anforderungen, Bedürfnissen und Wünschen des Menschen. Es konnten sich manche Anlagen überhaupt erst in der menschlichen Obhut entwikkeln. Ohne Selektionsdruck und ohne, daß Umwelteinflüsse gegen die Entwicklung eines bestimmten Merkmals gerichtet waren, konnten Anlagen frei variieren und durch gezielte Auswahl bestimmter erwünschter Eigenschaften herausgezüchtet werden. Es ist in verhältnismäßig kurzer Zeit möglich, eine sowohl vom Aussehen als auch vom Verhalten her völlig neue Rasse zu züchten.

Der Hund hat sich dem Leben in der Zivilisation mit dem Menschen in vollendeter Weise angepaßt. Scheu und Schreckhaftigkeit des Ahnen Wolf sind einer großen Menschenfreundlichkeit und anderen Tugenden gewichen. Selektion und menschliche Einflußnahme auf das Zuchtgeschehen haben allerdings auch ein Verkümmern mancher dem Wolf noch als wichtig und lebenserhaltend innewohnenden Eigenschaften bewirkt. So mußten beispielsweise für das Leben in der Wildnis die Sinneseindrücke des Wolfes in viel stärkerem Maße wie bei dem domestizierten Hund ausgeprägt sein.

Im hohen rauhen Norden, in amerikanischen Wäldern, in afrikanischen und australischen Wüsten wurde von den dort lebenden Hunden die Schwelle, die den Unterschied vom wilden zum geordneten zivilisierten Leben ausmacht, zum Teil noch nicht ganz überschritten, und an diesen Punkten der Erde könnten auch die ersten engeren Verbindungen zwischen Mensch und Hund ihren Ursprung haben. Gerade in der Polargegend bei den Eskimos erwuchs eine Freundschaft zwischen Mensch und Hund aus dem Bedürfnis des gegenseitigen Helfens – des aufeinander Angewiesenseins. Die menschliche Seite dieser langen Freundschaft bietet Futter und bei Bedarf Unterkunft für den Hund und stellt die höhere Intelligenz zur Verfügung. Der Hund mit seinen schärferen Sinnen fungiert dafür als treuer Bewacher und Beschützer seines Herrn und als unersetzlicher Helfer bei der Jagd. Erst Mitte bis Ende des vorigen Jahrhunderts machten sich Züchter daran, die Hundezucht nach Rassen zu organisieren, wobei ein sogenannter Standard die jeweiligen Zuchtkriterien beinhaltet. Im Laufe der Jahre sind prachtvolle Hunde entstanden, die sich für die verschiedenen Verwendungszwecke hervorragend eignen. Jedoch hat das menschliche Schönheitsempfinden auch gar seltsame Blüten getrieben. Wo züchterisches Lenken und die Natur nicht ausreichten, mußten noch „Schönheitsoperationen" bei der Verunstaltung des Hundes nachhelfen. Über Geschmack läßt sich bekanntlich streiten, doch sollte das Wohlbefinden der Tiere dabei nicht auf der Strecke bleiben.

Von dem internationalen Dachverband und der Weltorganisation der Kynologen – Fédération Cynologique Internationale (FCI) – sind über 300 Hunderassen anerkannt, doch wird ihre Zahl weltweit auf etwa 500 geschätzt.

Die FCI teilt die Hunderassen nach ihrem Verwendungszweck beziehungsweise den früheren Tätigkeitsmerkmalen in 10 Gruppen ein:

1.) Hüte- und Treibhunde
2.) Pinscher und Schnauzer, Molosser, Berghunde, Schweizer Sennenhunde
3.) Terrier

4.) Teckel
5.) Nordische Schlitten-, Jagd-, Wach- und Hütehunde, europäische und asiatische Spitze, Urtyp
6.) Lauf- und Schweißhunde
7.) Vorstehhunde (Kontinentale, Britische und Irische)
8.) Apportier-, Stöber- und Wasserhunde
9.) Gesellschafts- und Begleithunde
10.) Windhunde.

Das vorliegende Buch will den Leser mit Hunden und ihren rassespezifischen Eigenheiten innerhalb der verschiedenen Gruppen bekanntmachen und darüber hinaus Hilfestellung beim Erwerb eines Hundes geben. Die Grenzen der Eingruppierungen verlaufen natürlich nicht starr, denn fast jeder Hund einer Gruppe könnte auch lediglich Gesellschafts- und Begleithund sein.

Bad Urach, im Frühjahr 1993
Doris Baumann

Inhaltsverzeichnis

Rassehunde und Rassegruppen

Die Palette der Rassehunde ist so breit gefächert, daß jedem Käufer der Erwerb des für ihn geeigneten Tieres möglich ist. Es ist jedoch notwendig, sich vor dem Kauf über die Vor- und Nachteile einzelner Rassegruppen zu informieren, um in Absprache mit der gesamten Familie schließlich entscheiden zu können, welcher Hund in Frage kommt. Dabei ist zu beachten, daß ein langhaariger Hund in der Regel pflegeintensiver ist als ein kurzhaariger, wieviel Zeitaufwand ein Hund mit einem großen Bewegungsbedürfnis erfordert und ob der anzuschaffende Hund „nur" Familienhund sein soll oder beabsichtigt ist, ihn einem weiteren Verwendungszweck zuzuführen.
Der einer Jagdhundrasse angehörende Hund ist in der Hand eines Jägers am besten aufgehoben, zu sogenannten Gebrauchshunden prädestinierte Rassen sollten mit einer Aufgabe in dieser Richtung betraut werden. Sehr betätigungsfreudige Hunde eignen sich für ebenso bewegungsfreudige Halter.
Ein festes Verhaltensinventar ist bei einem älteren Hund zu erwarten, wohingegen das Problem etwa der Stubenreinheit bei einem jungen Hund eine große Rolle spielt.
Der Erwerb eines Hundes richtet sich nicht zuletzt auch nach den räumlichen Gegebenheiten, das heißt, es ist zu prüfen, ob nun ein viel Raum beanspruchendes temperamentvolles Tier ins Auge zu fassen ist oder lieber ein ruhiger Vertreter der Gattung Hund. Eines aber ist unabdingbare Voraussetzung für ein gemeinsames, ersprießliches Zusammenleben: der Hund muß wesensmäßig nicht nur zu seiner direkten Bezugsperson, sondern vielmehr zu allen Familienmitgliedern, die künftig mit dem Vierbeiner zu tun haben, passen, weshalb auch die eigenen Charakterzüge ernsthaft und objektiv unter die Lupe zu nehmen sind.
Wer sich selbst als leicht erzürnbar erkennt, sollte sich keinem Hund mit einer extrem niedrigen Reizschwelle zuwenden, wobei zu bedenken ist, ob ein solcher Mensch überhaupt ein geeigneter Hundehalter sein kann. Ein sanftmütiger bis phlegmatischer Hund kann auf ein nervöses Herrchen beruhigend wirken; ängstliche Hundegemüter müssen mit besonders viel Geduld und Einfühlungsvermögen behandelt werden, abgesehen davon, daß man einen ängstlichen Hund gar nicht erst kaufen sollte. Nervenstarke Hunde bedürfen einer starken Führungshand, die beweist, wer im „Rudel" der Ranghöhere ist.
Die Entscheidung für einen Hund darf nie eine ganz spontane sein, denn das vom Menschen aufgenommene Lebewesen Hund möchte mit und um die Familie herum leben, sich ihr anpassen und auf Gedeih und Verderb bei ihr bleiben. Die Gegenleistung des Menschen muß in einer steten Bereitschaft der Betreuung, Versorgung und Pflege des Hundes gipfeln, und das täglich und ständig – ein ganzes Hundeleben lang. Wie in einer guten Mensch/Mensch-Beziehung gilt auch

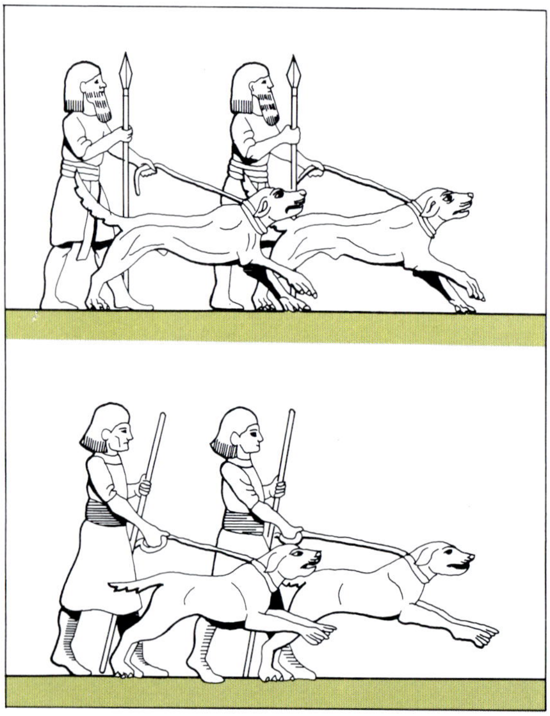

Auf Grund von Zusammenstellungen alter Wandreliefs könnten sich die früheren Kampfhunde wie auf dem oberen Bild und die Hirtenhunde wie auf der unteren Zeichnung dargestellt haben (etwa 650 v. Chr.).

hinsichtlich der Anschaffung eines Hundes das bekannte Wort: „Drum prüfe, wer sich ewig bindet. . ."
„Habe ich überhaupt genügend Zeit für den künftigen Hausgenossen?" „Wer außer mir in der Familie ist zuverlässig und bereit, Pflichten wie Ausführen, Bürsten, Füttern u. a. zu übernehmen", – wobei es geradezu wünschenswert ist, die Kinder in die täglichen Versorgungen mit einzubeziehen.
Ging der Wunsch nach einem Hund von einem Kind der Familie aus, ist abzuklären, ob das Kind – ein entsprechendes Alter vorausgesetzt – auch wirklich willens und imstande ist, für den Hund zu sorgen. Ein Hund ist schließlich anders zu behandeln als ein Fahrrad, das man gelegentlich in die Ecke stellen kann und nach Lust und Laune wieder hervorholt.
Auch die laufenden Futterkosten sind ein nicht zu unterschätzender Faktor bei den Überlegungen; bei dem Hund einer großen Rasse, der zudem noch sehr bewegungsfreudig ist, sind diese natürlich verhältnismäßig hoch anzusetzen.

Wesensart und Temperament

Wenngleich auch innerhalb einer Rassegruppe individuelle Unterschiede auftreten, so dürfen ihre Vertreter doch als weitgehend homogen hinsichtlich der ihr eigenen Wesensmerkmale gelten.

Kleinere Rassen

Kleinere Rassen sind meistens sehr temperamentvoll; als eher bedächtig gelten die Vertreter der Doggenartigen (Bernhardiner, Neufundländer, Hovawart, Leonberger, Deutsche Dogge, Bordeaux-Dogge, Deutscher Boxer, Englische Bulldogge, Französische Bulldogge und Mops. Ein fast phlegmatisches Wesen haben die großen Hunde vom „Molossertyp"; die kleineren Vertreter dagegen sind eher temperamentvollere Hunde.

Temperamentvoll

Mit mittlerem Temperament ausgestattet sind der Berner Sennenhund, der Rottweiler, der Appenzeller und der Entlebucher Sennenhund als Treib- und Sennenhunde, während die Hirtenhunde (Kuvasz, Komondor, Bergamasker) ein lebhafteres Temperament aufweisen. Den Schäferhundrassen wie Bobtail, Deutscher Schäferhund, Belgische Schäferhunde, Französische Schäferhunde, Puli und Pumi ist ein mittleres Temperament eigen. Die Gruppe der Spitze umfaßt durchweg temperamentvolle Rassevertreter.

Ausgesprochen ruhig: Nordische Hunde

Fast alle Nordischen Hunde (Nordische Jagd- und Hütehunde, Schlittenhunde: Siberian Husky, Samojede, Alaskan Malamute, Grönlandshund) sind ausgesprochen ruhig.

Besonders temperamentvoll

Die Vertreter der Pinscher-Schnauzer-Gruppe zeichnen sich durch ihr großes Temperament aus.
Typisch für die meisten Terrierrassen ist ihr besonderes Temperament.

Ruhig und anpassungsfähig

Bracken, Schweißhunde und Laufhunde (z. B. Gebirgsschweißhund, Schweizer Laufhund und Deutsche Bracke, Dachsbracke, Niederlaufhund) besitzen neben ihrer ausgeprägten Jagdpassion ein ausgeglichen ruhiges Temperament.
Von ruhigem Temperament ist auch der Dalmatiner. Ein anpassungsfähiges, wenn auch eigensinniges Wesen bei mittlerem Temperament kann den einzelnen Dackel- oder Teckel-Vertretern bescheinigt werden.

Großes Bewegungsbedürfnis: Windhunde

Bis auf die beiden recht lebhaften, kleineren Vertreter der Windhunde (Italienisches Windspiel und Whippet) wohnt den großen Windhunden (z. B. Barsoi, Afghane, Irish Wolfshound, Greyhound) ein ruhiges Temperament inne, wobei das Bedürfnis nach Bewegung und Schnelligkeit nicht mit Temperament gleichzusetzen ist.

Eher ausgeglichen

Den Vorstehhunden (Pointer, Irish-, English- und Gordonsetter, Deutsch Kurzhaar, Drahthaar, Langhaar, Griffon, Weimaraner, Kleiner Münsterländer) wird ein meist ausgeglichenes Temperament nachgesagt, während die Stöber- und Apportierhunderassen (z. B. Golden Retriever, Deutscher Wachtelhund, Springer Spaniel, King Charles Spaniel) mit etwas lebhafterem Temperament ausgestattet sind.

Fröhlich und lebhaft

Der eigentlich den Jagdhunden zugehörige Cokker Spaniel erfreut sich mit seinem fröhlichen Wesen und lebhaften Temperament auch als „Nur"-Familien- und Begleithund großer Beliebtheit.
Bei den verschiedenen Pudel-Varietäten gilt das, was generell bei fast allen Hunderassen zu vermerken ist: Je kleiner der Hund, um so größer sein Temperament.

Unterschiedliche Verwendung

Die Auflistung der Charakteristika nach den verschiedenen Verwendungszwecken (nach Seifferle) zeigt, daß Wesensstärke in allen Sparten eine vorrangig erwünschte Eigenschaft, ja die oberste Forderung überhaupt ist.

Der Familienhund

soll auch unter den heutigen Wohn- und Lebensbedingungen (große Bevölkerungs- und Verkehrsdichte, vorab im städtischen Milieu, extreme Mechanisierung mit zum Teil starker Lärmentwicklung) ein angenehmer Lebensgefährte sein, der ohne Schwierigkeiten überallhin mitgenommen werden kann.
Erwünscht: Mittleres Temperament, Wesenssicherheit (vorab in friedlichen Situationen, gegenüber fremden Menschen und im Verkehr), gute Führigkeit, mittlere Härte, enge Bindung an seinen Herrn, Schußfestigkeit.
Unter Umständen erwünscht: Spieltrieb, Apportiertrieb, Wachtrieb.
Unerwünscht: Ängstlichkeit, Scheuheit, übersteigertes Mißtrauen, Kampftrieb, Schärfe, Jagdtrieb.
Unnötig: Spürtrieb, Stöbertrieb, Schutztrieb.

Der Begleithund

soll seinen Herrn als angenehmer und folgsamer Gefährte auf seinen Aus- und Spaziergängen begleiten.
Erwünscht: Mittleres Temperament, Wesenssicherheit (vorab in friedlichen Situationen, gegenüber fremden Menschen und im Verkehr), gute Führigkeit, mittlere Härte, enge Bindung an seinen Herrn, Apportiertrieb, Spürtrieb, Schußfestigkeit.
Unter Umständen erwünscht: Spieltrieb, Wachtrieb, Schutztrieb.
Unerwünscht: Ängstlichkeit, Scheuheit, übersteigertes Mißtrauen, Kampftrieb, Schärfe, Jagdtrieb.
Unnötig: Stöbertrieb.

Der Wachhund

soll sich vor allem durch Wachsamkeit, unter Umständen aber auch durch Kampf- und Schutzbereitschaft auszeichnen. Es kommt darauf an, ob der Hund nur die Rolle eines Wächters, d. h. einer Art „Alarmanlage" zu spielen oder ob er Haus und Hof auch zu bewachen, d. h. ernsthaft und unerschrocken zu schützen und zu verteidigen hat.

a) als alarmierender Wächter
Erwünscht: Mittleres Temperament, ausgeprägtes Mißtrauen, ausgeprägter Wachtrieb, enge Bindung an Herrn und Heimbezirk, mittlere Härte, Schußfestigkeit.
Unter Umständen erwünscht: Kampftrieb, gewisse Schärfe, Führigkeit, Stöbertrieb.
Unerwünscht: Extreme Ängstlichkeit und Scheuheit, Apportiertrieb, Jagdtrieb.
Unnötig: Spürtrieb.

b) als wehrhafter Wächter
Erwünscht: Ruhiges bis mittleres Temperament, Wachtrieb, Wesenssicherheit, Unerschrockenheit und Furchtlosigkeit kombiniert mit erwünschter Schärfe, Kampftrieb, Schutztrieb, Härte, enge Bindung an Herrn und Heimbezirk, Schußfestigkeit, Stöbertrieb.
Unter Umständen erwünscht: Führigkeit.
Unerwünscht: Ängstlichkeit, Scheuheit, Jagdtrieb, Apportiertrieb.
Unnötig: Spürtrieb.

Der Schutzhund

soll seinen Herrn gegen einen Angreifer beschützen und verteidigen. Gegenstände oder einen Häftling bewachen, ein Gelände nach Gegenständen oder Personen abrevieren und Menschenfährten ausarbeiten.
Erwünscht: Mittleres Temperament, Wesenssicherheit, Unerschrockenheit, Furchtlosigkeit kombiniert mit einem gewissen Grad erwünschter Schärfe, ausgeprägter Kampf- und Schutztrieb, Härte, Apportiertrieb, ausgeprägter Spür- und Stöbertrieb, Ausdauer, gute Führigkeit, gute Assoziations- und Kombinationsbegabung, enge Bindung an seinen Herrn, Schußfestigkeit.
Unter Umständen erwünscht: Wachtrieb.
Unerwünscht: Ängstlichkeit, Scheuheit, Weichheit, Jagdtrieb, geringe Bindung an seinen Herrn.

Der Sanitäts-/Rettungshund

hat die Aufgabe, ein bestimmtes Gelände nach Verwundeten abzusuchen, sie dem Führer durch Apportieren des Bringels zu melden und den Führer auf kürzestem Wege zum gefundenen Verwundeten zu führen.
Erwünscht: Mittleres Temperament, Ausdauer, Stöbertrieb, Apportiertrieb, Wesenssicherheit, Furchtlosigkeit, gute Führigkeit, gewisse Härte, Schußfestigkeit, enge Bindung an seinen Herrn, gute Assoziations- und Kombinationsbegabung.
Unter Umständen erwünscht: Spürtrieb.
Unerwünscht: Kampftrieb, Ängstlichkeit, Scheuheit, Jagdtrieb, geringe Bindung an seinen Herrn, Schärfe.
Unnötig: Schutztrieb, Wachtrieb.

Der Lawinensuchhund

hat durch Lawinen Verschüttete aufzufinden und zu verweisen.
Erwünscht: Mittleres Temperament, Ausdauer, gute Führigkeit, Wesenssicherheit (vorab in friedlicher Situation), Spür- und Stöbertrieb, Schußfestigkeit, enge Bindung an seinen Herrn, gute Assoziations- und Kombinationsbegabung.
Unerwünscht: Ängstlichkeit, Scheuheit, Kampftrieb, Jagdtrieb, Schärfe, geringe Bindung an seinen Herrn.
Unnötig: Schutztrieb, Wachtrieb.

Der Blindenführhund

hat die schwierige Aufgabe, einen Blinden an Hindernissen vorbei und durch den Verkehr der Straßen zu führen. Diese Aufgabe stellt an die Wesensveranlagung sowie an die höheren psychischen Fähigkeiten Höchstanforderungen.
Erwünscht: Ruhiges bis mittleres Temperament, Wesenssicherheit in friedlicher Situation, gute Führigkeit, Ausdauer, gute Assoziations- und Kombinationsbegabung, Apportiertrieb, enge Bindung an seinen Herrn, mittlere Härte, Schußfestigkeit.
Unter Umständen erwünscht: Spürtrieb, Schutztrieb.
Unerwünscht: Ängstlichkeit, Scheuheit, Kampftrieb, Schärfe, Jagdtrieb, geringe Bindung an seinen Herrn, ausgesprochene Weichheit.
Unnötig: Stöbertrieb.

Der Hütehund

hat eine Klein- oder Großviehherde zusammenzuhalten und in der vom Hirten gewünschten Richtung vorwärtszutreiben.
Erwünscht: Mittleres bis hohes Maß von Temperament, Ausdauer, Wesenssicherheit und Unerschrockenheit, Schußfestigkeit, gute Führigkeit, ausgeprägter Hüte- und Treibtrieb, enge Bindung an Herrn und Herde, Härte, gute Assoziations- und Kombinationsbegabung.
Unter Umständen erwünscht: Spür- und Stöbertrieb, Apportiertrieb, Schutztrieb, Kampftrieb.
Unerwünscht: Ängstlichkeit, Scheuheit, Weichheit, Schärfe, Jagdtrieb.

Der Hetzhund

kommt hierzulande vorab im Windhund-Rennsport zum Einsatz. Er jagt seine Ersatzbeute, den automatischen Hasen, stumm und mit Hilfe des Gesichtssinnes.
Erwünscht: Viel Temperament, Ausdauer, Schnelligkeit, Jagdtrieb, Wesenssicherheit in friedlicher Situation.
Unter Umständen erwünscht: Führigkeit, Schußfestigkeit, Apportiertrieb.
Unerwünscht: Scheuheit, Ängstlichkeit, Weichheit, Kampftrieb, Schärfe.
Unnötig: Spürtrieb, Stöbertrieb, Schutztrieb.

Jagdhunde

erfahren nach ihrer Brauchbarkeit einen rassespezifischen Einsatz. Für jeden Jagdhund gehören neben seiner jagdlichen Trieb- und Instinktveranlagung zu den
erwünschten Wesenseigenschaften: Wesenssicherheit in friedlicher Situation, gegenüber fremden Menschen und im Verkehr, gute Führigkeit, mittlere Härte, enge Bindung an seinen Herrn, Schußfestigkeit.
Unerwünscht: Ängstlichkeit, Scheuheit, übersteigertes Mißtrauen, unerwünschte Schärfe, Nervosität, Schußscheuheit.

Über die Abstammung und Herkunft des Hundes

Die Geschichte des Hundes hat schon immer die Gemüter bewegt, wenn es darum ging, den Zeitpunkt seiner Domestikation festzulegen. Aufgrund von Knochenfunden ist die Haustierforschung zu der Erkenntnis gelangt, daß sie vor etwa 12 000 Jahren begann. Das muß natürlich nicht bedeuten, daß die Domestikation des Hundes nicht schon viel früher stattgefunden hat. Eindeutig läßt sich dies aber nicht beweisen. Die modernen Auffassungen der Haustierforscher anerkennen als alleinigen Stammvater des Hundes den Wolf und lehnen die Möglichkeit der Existenz eines Urhundes oder wilden Hundes ab. Gesichert scheint auch, daß der Hund viel früher in die Obhut des Menschen gelangte als andere Haustiere und so als das älteste Haustier angesehen werden kann. Während der älteste Fund in Europa etwa 9000 Jahre alt ist, reichen die Belege für Hundehaltung in Nordamerika bis über 10 000 Jahre zurück; der früheste – 12 000 - Jahre alte – Nachweis stammt aus dem Vorderen Orient, wo man in einer Höhle im äußersten Nordosten des Iraks auf entsprechende Funde stieß.

Als Vorfahren werden eher die kleineren Wölfe des südlichen Vorderen Orients angesehen und weniger die großen Wölfe des Nordens.

Der Wolf als Vorfahr

Die Domestikation des Hundes hat sicher nicht an allen Punkten der Erde zur gleichen Zeit eingesetzt; wahrscheinlich ging sie aber doch sehr rasch vor sich. Infolge der großen Verschiedenartigkeit des Wolfes in seinem Erscheinungsbild war schon von vornherein eine Vielfalt entstehender Hundevarietäten gegeben. Von der Farbe her gab es ebenfalls große Unterschiede. Häufig ist das Fell des Wolfes grau (wolfsgrau!) oder von fahlgrau-gelber Farbe mit schwarzer Stichelung, im Sommer schimmert das Fell rötlich. Dem gegenüber besitzt der Polarwolf ein helleres, fast weißes Fell, und südliche Vertreter sind immer mehr sandfarben. Auch größenmäßig weichen die verschiedenen Wolfsarten stark voneinander ab. Der russische Wolf mißt beispielsweise 80 bis 85 cm, der Polarwolf hat gar die stolze Größe von 100 cm, und der südindische Wolf ist nur 55–60 cm groß.

Anhand der Knochenfunde ließ sich feststellen, daß die Knochen- und Zahngröße des Hundes infolge der Haustierwerdung abgenommen haben und auch der Schädel einer Verkürzung

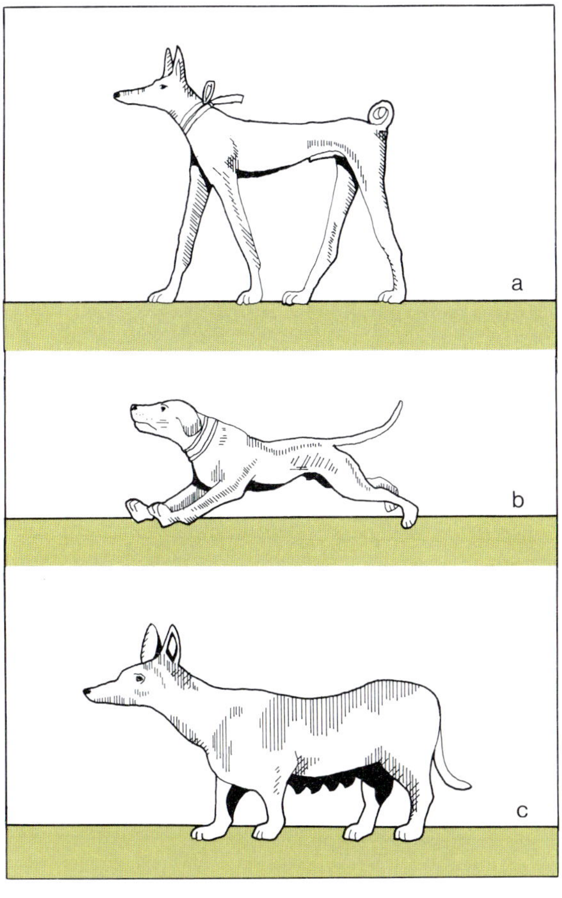

So haben die Vorfahren unserer heutigen Hunderassen etwa ausgesehen: a) Idealbild des altägyptischen Windhundes, des Tesem (ca. 2500 Jahre v. Chr.), b) Altägypt. Jagdhund (ca. 2000 Jahre v. Chr.), c) Altägypt. dackelbeinige Hündin (ca. 1900 v. Chr.).

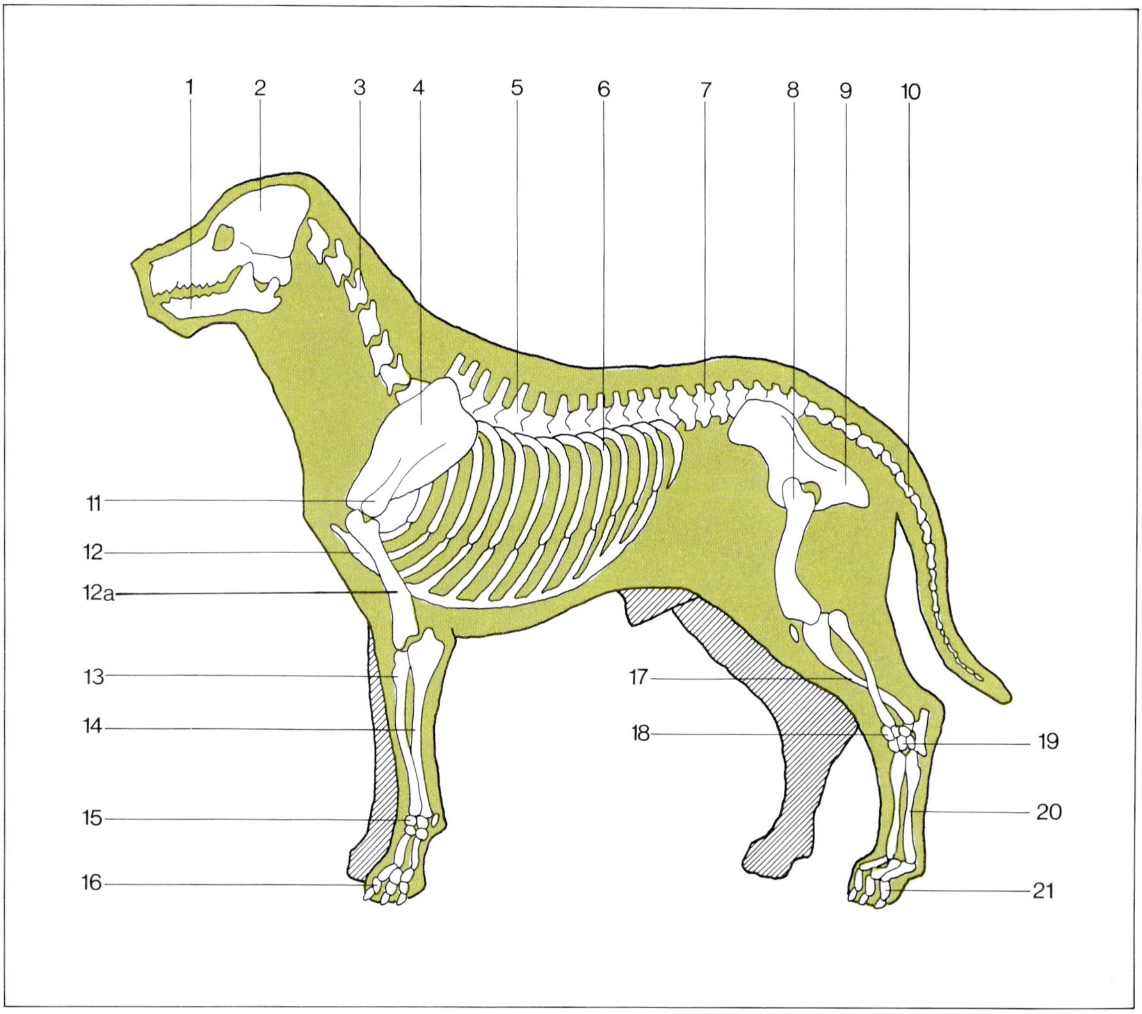

Skelett des Hundes

1 Unterkiefer
2 Hirnschädel
3 Halswirbel (7)
4 Schulterblatt
5 Brustwirbel (13)
6 Rippen (13)
7 Lendenwirbel (7)
8 Oberschenkelbein
9 Becken (Sitzbeinhöcker)
10 Schwanzwirbel
11 Schulterblattgräte
12 Brustbein
12 a Oberarmknochen
13 Speiche
14 Elle
15 Vorderfußwurzelgelenk
16 Zehenglieder
17 Schienbein
18 Mittelfußknochen
19 Sprunggelenk
20 Hintermittelfußknochen
21 Zehenglieder

unterlag. Die Stirn steigt steiler an und die Hinterhauptschuppe ist nackenwärts weniger ausgezogen. Die Unterschiedsmerkmale zum Wolf bestehen auch dann weiter, wenn Rassen wie etwa die Dogge, der Bernhardiner oder der Neufundländer die Schädelgröße des Wolfs wieder erreicht haben. Auch bleiben die Zähne Prämolar 4 und Molar 1 in der Regel kleiner als beim Wolf. Der bei Wölfen im Querschnitt nicht so rundliche Brustkorb sowie stärker einwärts gedrehte Ellbogengelenke und Pfoten mit länglichen, nicht runden Ballen bewirken einen anderen Gang, eine andere „Fährte".

So begann die Hundezucht

Während der Hund anfänglich wohl nur der Gefährte des Menschen war, hat letzterer es bald verstanden, ihn nach seinen jeweiligen Bedürfnissen zu schaffen. So entstand ein Hund, der sich als Helfer bei der Jagd eignete, einer, der imstande war, Lasten zu ziehen; Hunde zogen zum Kampf mit in den Krieg. Hunde wurden verehrt, und sie wurden Göttern geopfert. Der Hund bewachte und beschützte die Habe seines Herrn. Immer war er der Willkür des Menschen ausgesetzt, dem zu dienen er bereit war, und der ihm seine Bereitwilligkeit mitunter gar schlecht lohnte.

Für die Belustigung des Menschen wurden Hunde gezüchtet, die sich im Kampf gegeneinander bis zum bitteren Ende bekämpften und deren Nachkommen noch heute unter dem schlechten Image ihrer Ahnen zu leiden haben.

Der Mensch ist imstande, in relativ kurzer Zeit den Hund zu züchten, der ihm für einen speziellen Verwendungszweck geeignet erscheint. Bei der Entstehung von Hundevarietäten spielt natürlich auch das jeweilige menschliche Schönheitsempfinden eine ganz maßgebliche Rolle. So sind im Laufe der Jahre viele schöne und brauchbare Rassen entstanden, aber auch solche, die weder unter der Flagge der Brauchbarkeit stehen können, noch wegen ihres unästhetischen Äußeren als gelungene Zuchtprodukte gelten. Doch da sich über Schönheit bekanntlich streiten läßt, wird auch weiterhin das uns wohl am nächsten stehende Haustier züchterische „Manipulationen" über sich ergehen lassen müssen.

Rasseneinteilung und Rassestandards

Ende des vorigen Jahrhunderts begann die eigentliche Rassehunde-Zucht; nach der Erstellung von sogenannten „Rassestandards" geschah die Herauszüchtung bestimmter Rassemerkmale, die teilweise bis in die jüngste Zeit für

Man unterscheidet bei den Kopfformen des Hundes zwischen drei Grundtypen: normale Kopfform, (z. B. Retriever), schmale langgestreckte Kopfform (z. B. Windhund), kurze gedrungene Kopfform (z. B. Boxer).

manche Rassen keine wesentliche Änderung erfuhren. Die übergeordnete Stelle zur Erfassung aller Rassehunde, die nach einem vorgegebenen und genehmigten „Standard" gezüchtet werden, ist die Fédération Cynologique Internationale mit Sitz in Brüssel, wo derzeit über 300 Hunderassen registriert und in Gruppen aufgeteilt sind. Trotz der Vielzahl der bereits existenten Rassen kommen immer wieder neue hinzu.

Die Rassen sind in 10 Gruppen eingeteilt:

01 Hüte- und Treibhunde
02 Pinscher und Schnauzer, Molosser, Berghunde, Schweizer Sennenhunde
03 Terrier
04 Teckel
05 Nordische Schlitten-, Jagd-, Wach- und Hütehunde, europäische und asiatische Spitze, Urtyp
06 Lauf- und Schweißhunde
07 Vorstehhunde (Kontinentale, Britische und Irische)
08 Apportier-, Stöber- und Wasserhunde
09 Gesellschafts- und Begleithunde
10 Windhunde.

Wie schon im Vorwort angedeutet, können die Grenzen zwischen den einzelnen Gruppen nicht als absolut feststehende, unveränderliche Elemente angesehen werden. Viele Rassen finden in dem ihnen ursprünglich zugedachten Aufgabengebiet keine Verwendung mehr. Als Beispiel auch für Hunde anderer Gruppen können viele Jagdhundrassen stehen. Obwohl Jagdhunde stets in der Hand eines passionierten Jägers am besten aufgehoben sind, werden zahlreiche Hunde, den verschiedenen Gruppen der Jagdhunde zugehörig, ausschließlich als Familien- und Begleithunde gehalten.

112 Hunderassen

Afghanischer Windhund Nachdem 1931 der erste Afghane mit dem federnden Gangwerk und dem langen, seidigen Haar nach Deutschland kam, hat er rasch einen großen Liebhaberkreis gefunden. Seine Heimat ist der Nordosten Afghanistans, wo er sowohl in der Bergwelt als auch in der Steppe von den Nomaden hochgeschätzt wurde. Der Afghane vermag dank seiner Schnelligkeit und Ausdauer – zumindest auf ebener Fläche – eine Gazelle einzuholen. Da ein solcher Hund viel Bewegung benötigt, sollte vor der Anschaffung bedacht werden, ebenso ist die Erziehung nur durch große Einfühlsamkeit möglich. Die Größe liegt zwischen 68,5 bis 73,5 cm, 5–7 cm weniger für Hündinnen. Alle Farben sind akzeptiert.

Airedale Terrier Mitte des vorigen Jahrhunderts entstand in der Grafschaft Yorkshire aus der Kreuzung des Otterhoundes mit dem Waterside Terrier der Airedale Terrier. Er ist leichtführig und kann dank seiner Intelligenz mit vielerlei Aufgaben betraut werden, sei es als Rettungs- oder Blindenführhund oder als Helfer der Polizei, wo er schon vor dem Ersten Weltkrieg der am häufigsten gehaltene Diensthund war. Der stets fröhliche, auch den Kindern der Familie zugetane Airedale ist mit seinem zuverlässigen und dabei selbstbewußten Wesen ein idealer Begleit- und Familienhund. Die Schulterhöhe des Rüden beträgt, 58–61, die der Airedale-Terrier-Hündin 56–59 cm. Rumpf schwarz oder dunkelgrau meliert – sonst lohfarben.

Alaskan Malamute „Frachtlokomotive des Nordens", „Schwerarbeiter der Schlittenhunde", das sind die Bezeichnungen für den größten und stärksten Schlittenhund. Benannt ist er nach dem Eskimostamm gleichen Namens, dessen Vorfahren vor etwa 2000 Jahren von Sibirien nach Alaska auswanderten. Als die Schlittenhunderennen in Alaska in Mode kamen und jeder große Hund unter der Bezeichnung „Malamute" rangierte, war es um den Fortbestand reiner Malamutes schlecht bestellt. In den 20er Jahren in den Süden der USA erfolgte Importe verhinderten das Aussterben der Rasse. An diesen Tieren orientierte sich der 1935 offiziell bestätigte Standard. Der eigenwillige Alaskan Malamute ist 58–64 cm groß

Alpenländisch-Erzgebirgische Dachsbracke Von altersher existierte in den Gebirgen Mitteleuropas ein Hundeschlag, der eine Übergangsform zwischen dem heutigen Schweißhund – der hochläufigen Bracke – und dem Dachshund darstellte und der dem Hoch- und Mittelgebirgsjäger gute Dienste leistete. Im Erzgebirge wurde dieser Hund als Hasenhund verwendet, doch ist er ein eher vielseitig einsetzbarer Jagdhund, wie bei der Riemenarbeit auf der Schalenwild-Wundfährte, beim Bringen von kleinem Federwild, bei der Wasserarbeit und dem spursicheren Brackieren. Ein solch vielseitiger Jagdhund gehört in die Hand eines passionierten Jägers. Die Größe der agilen Dachsbracke beträgt 36–38 cm.

American Staffordshire Terrier Ebenso wie der Staffordshire Bull Terrier englischer Herkunft verdankt der American Staffordshire Terrier seine Existenz der Zeit, in der Hundekämpfe eine beliebte Volksbelustigung darstellten. Die Hunde entwickelten sich aus den alten Bull and Terrier-Kreuzungen. Der in den Vereinigten Staaten gebräuchliche Name Pit Bull Terrier ist abgeleitet von Kampfring oder „pit". Als in England im Jahre 1835 Hundekämpfe verboten wurden, war die Rasse vom Aussterben bedroht. Etwa 100 Jahre später nahm sich ein Liebhaberkreis der Zucht wieder an. Der in den USA gezüchtete Typ ist von kräftigerer Statur, in verständnisvoller Hand ein angenehmer Haus- und Familienhund.

Amerikanischer Cocker Spaniel Der American Cocker Spaniel ist seit 1943 als eigenständige Rasse anerkannt; sein Verbreitungsgebiet erstreckte sich lange Zeit auf die Vereinigten Staaten, doch hat er die gleiche Abstammung wie der Englische Cocker Spaniel. Ein Paradebeispiel dafür, wie sich eine Hundepopulation verändert, wenn sie in verschiedenen Ländern nach unterschiedlichen Vorstellungen – ohne Zuführung fremden Blutes – gezüchtet wird. Auch der American Cocker gehört zu den Stöber- und Apportierhunden, wird jedoch meist in Familien ohne jagdliche Ambitionen als liebenswerter Begleithund, der stets fröhlich ist, gehalten. Die Größe für Rüden beträgt 15 inch, das sind 38,10 cm, für Hündinnen 1 inch weniger.

Appenzeller Sennenhund Er hat seinen Namen nach der Landschaft, in der er am häufigsten vorkam. Seine Schnelligkeit und Gewandtheit kamen ihm beim Viehtreiben entgegen. Sein eigentliches Betätigungsfeld liegt auch noch in jüngster Zeit auf dem Bauernhof. Dank seiner ausgeprägten Beobachtungsgabe lernt er rasch zu unterscheiden, wer Freund oder Feind des Hauses ist. Appenzeller Sennenhunde sind sehr wachsam und familienbezogen. Er schätzt jede Betätigung, für die er die gesamte Einsatzfreude einbringen kann. Er ist selbstsicher und furchtlos und seine beachtliche Naturschärfe befähigt ihn, im Schutzdienst mitzuwirken. Die Widerristhöhe bei Rüden beträgt 52–58 cm, bei Hündinnen 48–54 cm.

Australian Terrier Als im vorigen Jahrhundert Siedler – nach Australien kamen, brachten sie neben ihrer Habe auch ihre einheimischen Hunde mit: u. a. Skye-, Dandie Dinmont und die damalige Form des Scotch Terriers. Diese Hunde lebten fortan auf großen Schaffarmen im Inneren des Landes, und mit der bewußten Verpaarung der einzelnen Terrier untereinander war beabsichtigt, einen robusten, kompakten und rauhhaarigen Terrier als Hütehund, scharfen und wendigen Terrier als Raubzeugfänger zu züchten. Das Fell gegen Hitze und Kälte unempfindlich sein. So entstand ein mutiger Hund, stets freundlich und gut aufgelegt und seiner Familie in großer Anhänglichkeit zugetan. Die Schulterhöhe beträgt 26 cm; das Gewicht 6–7 kg.

Barsoi „In seiner Gesamterscheinung ist der Barsoi ein Aristokrat vom Fang bis zur Rutenspitze.“ Der aus den unendlichen Weiten Rußlands stammende, sehr große, mit seidig gewelltem oder gelocktem langen Haar auffallende Windhund hat auch außerhalb seines Ursprungslandes einen Liebhaberkreis gefunden, der sich diesem ästhetisch schönen Geschöpf zugetan fühlt. Ein Gesetz aus dem 15. Jahrhundert, das das Strafmaß bei Diebstahl eines Barsois festlegte, zeigt auch damals schon seine Kostbarkeit auf. Deshalb war das Halten solch edler Tiere nur den Begüterten vorbehalten; fürstliche Zuchten hielten bis zu 500 Barsois. Der edle, eigenwillige Barsoi hat etwa 75 cm Widerristhöhe, die Hündin 71 cm.

Basenji Der Hund des Kongo nimmt eine besondere Stellung unter den Hunderassen ein, weil er nicht bellt, sondern als Freudenausdruck ein jodelndes Heulen hören läßt. Den Basenji zählte man zu den primitiven Schensihunden des tropischen Hackgürtels, die meist ohne menschliches Zutun ihr Fortkommen finden, aber bei und in menschlichen Behausungen leben. Obwohl erste Exemplare des Basenji bereits 1895 nach England kamen, blieb er doch weitgehend unbekannt. In Europa wurde er erst nach dem Zweiten Weltkrieg heimisch und wird seitdem auch erfolgreich gezüchtet. Der Basenji wird als kinderlieber Familienhund beschrieben; obwohl er sehr verspielt ist, gehorcht er doch folgsam. Er ist feingliedrig mit kurzhaarigem seidigem Fell.

Basset Hound Obwohl die Zucht des Basset Hound im Jahre 1880 in England begann, stammen die Vorfahren doch aus Frankreich. Daß sich die Zuchtprodukte, später als niedrig gestellt, einfarbig, schwerköpfig mit sehr langen Behängen darstellten, lag an der Einkreuzung von Bloodhounden. Man verpaarte diese wieder mit reinen Bassets, so daß der heutige Basset nur noch durch seinen schweren Kopf an den Bloodhound erinnert. Der liebenswerte Basset, der einer gewissen Eigenwilligkeit nicht entbehrt, wird vornehmlich als Haus- und Begleithund gehalten, doch könnte er seiner ursprünglichen Verwendung bei der langsamen Jagd im Dickicht auf Fasan und Kaninchen nachkommen, entsprechende Schulung vorausgesetzt.

Beagle Als Spürhunden für Niederwild ein relativ kleiner Laufhund mit tiefer Nase, ständig Laut gebend und dank seinem hervorragenden Witterungsvermögen die Wildfährte ausarbeitend und verfolgend. Der Name Beagle taucht schon um das Jahr 1500 auf, womit aber wohl alle kleinen Hasenmeutehunde gemeint waren, denn „beag“, „begle“ oder auch „beigh“ besagen nichts anderes als „klein“. Erst später, als die Haltung von Beagles nicht mehr ausschließlich den Privilegierten vorbehalten war, suchte man nach einem einheitlichen Typ. In Deutschland wurde erst 1972 mit 20 Mitgliedern der „Beagle Club“ gegründet. Der Beagle zeichnet sich durch ein ausgeglichenes Wesen aus, ihn zum angenehmen Hausgenossen.

Bearded Collie Mit seinem zottigen Fell erinnert der Bearded Collie mehr an den Bobtail, doch ist gehört er der bekannteren Gruppe des Collie an. Obwohl es sich bei dem Bearded um eine alte Rasse handelt, die schon immer im Dienst der schottischen Schäfer stand, wurde erst 1912 ihr Standard aufgezeichnet. Da die damaligen Schäfer wenig Interesse zeigten, ihre Hunde registrieren zu lassen, war zu Beginn der 40er Jahre der Bearded fast nicht mehr vorhanden. Mit einem englischen Zuchtpaar und einem neuen Standard gelang ein neuer Zuchtstart, und der einstige Herdengebrauchshund avancierte zum beliebten Begleithund, der nach artgerechter Beschäftigung verlangt.

Bedlington Terrier Obwohl Berichten zufolge die Rasse bereits 1780 existiert haben soll, ist wenig über ihre Geschichte überliefert. Unerschrocken und raubzeugscharf erfreuten sie sich bei umherziehenden Handwerkern u. ä. großer Beliebtheit. Diese kleinen Terrier wurden mit Otterhounds, Harriern und Greyhounds gepaart, und die Vermutung von Bull- and Terrier-Kreuzungen liegt nahe, denn draufgängerisch waren sie auf jeden Fall. Wegen ihrer Lautlosigkeit benutzten Wilderer gerne diese Hunde. Die planmäßige Zucht dieses intelligenten und anhänglichen Terriers, der Schärfe zeigen kann, begann 1820, 50 Jahre später erfolgte die Gründung des Nationalen Bedlington Terrier Clubs.

Berger de Beauce Der Beauceron ist ein aus dem mitteleuropäischen Flachland stammender Schäferhund, der bereits 1863 anläßlich einer Ausstellung seinen Namen erhielt. Er ist ein unermüdlicher, robuster Arbeitshund, der auch außerhalb der Schäferei als Wach-, Dienst- und Gebrauchshund Verwendung findet. Der Berger de Beauce ist ein sehr selbstbewußter, intelligenter Hund, und eine Familie, die ihn gemäß seiner Arbeitsfreude zu beschäftigen weiß, findet in ihm ein angenehmes, gut erziehbares Familienmitglied. Die Widerristhöhe beträgt bei Rüden 63–70, bei Hündinnen 61–68 cm. Da es sich um eine französische Rasse handelt, sind die Ohren noch kupiert.

Berger de Brie Der Briard entstammt alten langhaarigen Landschlägen, die schon im 13. Jahrhundert beschrieben wurden und vornehmlich im Flachland Verwendung fanden. Als Rasse trat der langhaarige Champagne-Schäferhund jedoch erst Anfang des 19. Jahrhunderts hervor. Obwohl vornehmlich als unermüdlicher, temperamentvoller, tüchtiger Herdengebrauchshund eingesetzt, erfreut er sich über seine Heimat hinaus wegen seiner Intelligenz, Anhänglichkeit, guten Erziehbarkeit bei liebevoller Zuwendung als Wach- und Begleithund großer Beliebtheit. Rüden sind 62–68 cm groß, Hündinnen 58–64 cm.

Berger Picardie Vermutlich sind die Rauhhaarschläge der europäischen Schäfer, die schon im Mittelalter bekannt und durch Darstellungen überliefert sind, auch die Vorfahren des nordfranzösischen Herdengebrauchshunds. Da er wie die meisten seiner Artgenossen nach den hohen Anforderungen des Gebrauchswerts gezüchtet wurde, kam das Äußere zuweilen zu kurz. Dies war sicher mit ein Grund dafür, daß die Rasse nach dem Ersten Weltkrieg fast ausgestorben wäre, wenn sich Hundefreunde nicht der guten Eigenschaften des Picards besonnen und dafür gesorgt hätten, daß 1925 ein Standard aufgestellt und die Rasse einem größeren Liebhaberkreis zugänglich gemacht wurde. Picard-Rüden sind 60–65, Hündinnen 55–60 cm groß.

Berger des Pyrenées Zwar ist der kleine, trittsichere Gebirgsschäferhund in erster Linie Hütehund in den Almregionen der zentralen Pyrenäen, wo er weitgehend selbständig Herden von Ziegen, Rindern und Pferden betreut. Obwohl nur 40–50 cm groß, ist er auch mit anderen Aufgaben zu betrauen, als ausgezeichneter Fährtenhund, der auch als Lawinensuchhund sowie als Rettungshund gute Arbeit leistet. Als Meldehund fand er im Ersten und Zweiten Weltkrieg Verwendung. Daß ein solch vielseitiger Hund einer ständigen Beschäftigung mit viel Bewegungsmöglichkeit bedarf, sollte vor der Anschaffung bedacht werden. Der lebhafte und einsatzfreudige, wachsame und selbständige Hund erfordert eine konsequente Erziehung.

Berner Sennenhund Unter der Bezeichnung „Dürrbächler“ war der spätere Berner Sennenhund bis Anfang des Jahrhunderts der in der Schweiz am häufigsten vorkommende Hofhund, der sich sowohl als Zugtier als auch zum Hüten und Treiben der Rinder, Ziegen und Schafe eignete. Nach der Gründung des „Berner Sennenhund-Klubs“ kamen auf einer Spezialschau im April 1910 in Burgdorf bereits 107 Berner zusammen. Der ruhige und liebenswerte Hund erfreute sich bald großer Beliebtheit und hielt auch in Deutschland Einzug. Der anhängliche Berner Sennenhund mit einer Größe von 64–70 cm für Rüden und 58–66 cm für Hündinnen ist seiner Familie – auch den Kindern – sehr zugetan.

Bernhardiner Abkömmlinge doggenartiger Hunde sollen bereits vom 12. Jh. an in den Besitz der Mönche im Kloster und Hospiz des Großen St. Bernhard – von dem der Bernhardiner auch später seinen Namen erhielt – gelangt sein. Eine Zucht der großen Hunde auf dem St. Bernhard ist erst ab 1660 überliefert. Sie wurden als Rettungs- bzw. „Samariter“-Hunde ausgebildet und der wohl berühmteste davon war der legendäre „Barry“, der zwischen 1800 und 1812 über 40 Menschen das Leben gerettet haben soll. Der damalige St. Bernhardshund war vor der Einkreuzung von Neufundländern ein leichterer Schlag, denn heutzutage finden die schweren, 70–75 cm großen, gutmütigen, Tiere kaum noch als Lawinenhunde Verwendung.

Bloodhound Sie sind schwere Vertreter hochläufiger Jagdhunde, den Bracken zugehörig. Vor allem in England finden sie eine stärkere Verbreitung. Der Name hat nichts mit „blutrünstig“ o. ä. zu tun; er besorgt lediglich, daß die Hunde „reinsten Blutes“ sind. Von der Abstammung her handelt es sich um eine französisch/belgische Rasse – bekannt auch unter dem Namen Chien de Saint Hubert – und es soll der direkte Nachkomme der alten Keltenbracke sein, seit 825 n. Chr. nach dem belgischen Benediktinerkloster St. Hubert benannt. Der Blooudhound ist furchtlos, dennoch feinfühlig und gehorsam und ein ausgesprochener Schweißhund. Der 60–67 cm große Hund wird heutzutage vermehrt als Haus- und Begleithund gehalten.

Bobtail Bis Mitte des vorigen Jahrhunderts galt er als reiner Gebrauchshund und war bei der Herde lebender Schutz- und Treibhund. Es ist nicht überliefert, aus welchen uralten Gebrauchshundebeständen er sich entwickelte, doch ist die Beteiligung französischer und russischer Hirten- und Schäferhunde wahrscheinlich. In England war man sich noch früher als anderswo des Geschenkes der Schafhunde auch für andere Zwecke bewußt. So ist es nicht verwunderlich, daß einige sehr bekannte englische Schäferhunde-Rassen weltweite Verbreitung fanden, wie eben auch der Old English Sheepdog. Wegen seines angenehmen Wesens wurde der Bobtail zum bevorzugten Familien- und Begleithund bei einer Größe zwischen 56 und 61 cm.

Bordeaux-Dogge Über die Ahnen der Bordeaux-Dogge ist viel gemutmaßt worden. Man glaubt, daß sie ein Nachkomme des Hundes der Alanen ist oder daß dieser maßgeblich an ihrer Entstehung beteiligt war. Teile des um 350 von den Hunnen unterworfenen sarmatischen Nomandenvolks zogen nach Spanien und Nordafrika – und auch nach Frankreich. Eines ist jedenfalls sicher: Die Bordeaux-Dogge ist immer ein ausschließlich für den Kampf (zwischen Bären und Hunden, Stieren und Hunden und auch zu reinen Hundekämpfen) gezüchteter Hund gewesen. Heute ist er ein liebenswerter Begleit- und Familienhund, kein aggressiver Beißer, doch sollten sich nur erfahrene, einfühlsame Halter des 60 kg-Hundes annehmen.

Border Collie Seit über 80 Jahren werden Border Collies von der International Sheep Dog Society als Arbeitshunde betreut. Der Border Collie stammt aus dem Grenzgebiet zwischen England und Schottland (border = Grenze), und er wurde mit der sich ausbreitenden Einkoppelung von Schafherden und der damit notwendigen Änderung der Tätigkeit von Schäfern mit entsprechend angepaßten Hunden geschaffen. Das Äußere des Hundes spielte dabei eine untergeordnete Rolle, so daß erst 1976 eine Rassebeschreibung des etwa 53 m großen Border Collies herausgegeben und 1978 von der FCI anerkannt wurde. Heute achten die Züchter der Rasse wieder vermehrt auf den Gebrauchswert des anpassungsfähigen Schäferhundes.

Border Terrier Er stammt aus den rauhen Berg- und Hügellandschaften Northumberlands und Roxburgshires. Seine Verwendung fand der wendige Terrier dort, wo große Hundemeuten zur Fuchsjagd eingesetzt wurden. Der kleine Kerl ist imstande, ohne Anstrengung 40 Kilometer und mehr hinter den Jagdpferden mitzulaufen. Wenn während der Parforcejagd der Fuchs einen Unterschlupf gefunden hat, der für die großen Foxhounds nicht zugänglich ist, kommt der Border Terrier zum Einsatz. So arbeitete der zähe Border in seinem Ursprungsland von jeher mit den Meutehunden zusammen. Hierzulande ist der ungewöhnlich intelligente und lerneifrige, robuste Terrier von freundlichem Charakter und liebenswerter Ausstrahlung nicht sehr verbreitet.

Boston Terrier Er entstammt der Kreuzung von Englischen Bulldoggen und dem alten Typ des weißen English Terriers. Die Rasse, die nach ihrem Äußeren nicht der Gruppe der Terrier zugehörig erscheint, wurde 1893 vom Amerikanischen Kennel-Club anerkannt. In Deutschland nimmt sich seit 1954 eine kleine Züchtergruppe der Rasse an. Der „Boston Bull" – wie er auch genannt wird, ist ein mutiger und wachsamer Hund, sehr temperamentvoll und ausgesprochen unternehmungslustig. Liebevoll und konsequent erzogen ist der Boston Terrier nicht zuletzt dank seiner angenehmen Größe ein idealer Begleithund.

Bullmastiff Aus der Kreuzung des Mastiffs mit dem English Bulldog entstand Ende des vorigen Jahrhunderts der wendigere Bullmastiff, der vorwiegend dem Schutz englischer Wildhüter diente. Solche Aufgaben hat er heute nicht mehr zu erfüllen, doch ist er seiner Abstammung gemäß ein schneidiger Hund geblieben, und nur entsprechend erfahrene Halter sollten sich seiner annehmen. Im Grunde ist er ein gutmütiger Familienhund und auch ohne besonderes Zutun ist er ein wachsamer, furchtloser, das heißt absolut zuverlässiger Schutzhund. Bei einem Gewicht von zirka 60 kg mißt der Bullmastiff-Rüde 67–70 cm, die Hündin 65–68 cm.

Bullterrier Die Vorfahren des Bullterriers entstammen Kampfhunden, die besonders von den Römern geschätzt und vermutlich auch von diesen mit nach Britannien gebracht wurden. Diese Hunde waren nur für den blutigen Kampf gezüchtet, und über 800 Jahre waren Tierkämpfe vor allem für die Adligen eine Art Belustigung. Obwohl auch heute noch die am häufigsten genannten Eigenschaften des Bullterriers „nervenfest, mutig und draufgängerisch" sind, ist er in verständnisvollen Händen ein liebenswerter Haus- und Familienhund, dessen sprichwörtliche Treue zum Herrn und die Bereitschaft Haus und Hof und alles, was dazugehört, zu verteidigen, von den Besitzern gerühmt werden. Der Bullterrier ist zwischen 40 und 50 cm groß.

Cairn Terrier Als im Jahre 1909 unter der Bezeichnung „Kurzhaarskye" die ersten Hunde dieser Rasse auf einer Ausstellung in Nord-Schottland zur Vorstellung kamen, waren die Züchter der „echten" Sky Terrier davon gar nicht erbaut. Die Kontroversen endeten damit, daß man ab 1910 den Kurzhaarskye in Cairn Terrier umbenannte. Der Name „Cairn" paßt sehr gut zu dem kleinen, schneidigen Terrier, denn es ist das gälische Wort für Steinhaufen, und im felsigen Küstengebiet der Insel Skye mußte sich der kleine Terrier bewähren, was schwieriger war, als im Flachland zu jagen. Heute ist er kaum noch Jagd-, als vielmehr ein liebenswerter Familien- und Begleithund, der einer konsequenten Erziehung bedarf. Er ist 28–31 cm groß.

Cavalier King Charles Spaniel Die Vorfahren des kleinen, anmutigen Kavalier King Charles-Hundes wurden bevorzugt am englischen Hof gehalten. Ihren Namen erhielten sie nach dem englischen König Charles II., der von 1660 bis 1685 regierte. Leider wurde der Hund, als japanische und chinesische Rassen sehr in Mode waren, mit dem Japan Chin und wohl auch mit dem Mops gekreuzt, doch versuchte man bald, die Rasse wieder in ihrer ursprünglichen Form herauszuzüchten, was dann auch zur Anerkennung des Cavalier King Charles Spaniels als eigenständige Rasse führte. Der angenehm zu haltende kleine Familien- und Begleithund ist etwa 25 cm groß.

Chihuahua Die kleinste Hunderasse soll zum einen von den heiligen Hunden der Azteken abstammen, und Indianer haben sie weitergezüchtet; zum anderen könnten spanische oder chinesische Zwergrassen über die Handelswege nach Mexiko gelangt sein. Auch die für den Chihuahua typische „Fontanelle“ – eine Vertiefung, fast ein Loch am Ende des Nasenrückens – gibt es bei keiner anderen Hunderasse, so daß alle Abstammungs-Versionen ausschließlich ins Reich der Vermutungen gehören. 1884 erschien das erste Exemplar der Rasse auf einer Ausstellung in Philadelphia; 1923 erfolgte die Gründung des Amerik. Chihuahua-Clubs, der auch den Standard des 15–20 cm kleinen Hundes festlegte.

Chow Chow Kaum eine Hunderasse ist so geheimnisumwoben, wie die mit der blauen Zunge: Niemand weiß genau, woher der Chow Chow stammt bzw. wo er einst entstand. Daß es sich bei ihm um eine sehr alte Rasse handelt, die schon mindestens vor 4000 Jahren existierte, scheint gesichert, wie Darstellungen auf Funden aus jener Zeit beweisen. Die Vorfahren der Mongolen sollen die Ahnen des Chow Chow schon vor 3000 Jahren gegen die Chinesen ins Feld geführt haben. Der erste Chow Chow-Club wurde 1895 in England gegründet. Der Chow Chow ist eine ausgeprägt schwierige Hunde-„Persönlichkeit“. Wer jedoch einmal seine Zuneigung gewann, wird sich immer wieder dieser Rasse zuwenden. Größe 45–53 cm.

Cocker Spaniel Springer Spaniel und Toy Spaniel sollen seine Vorfahren sein. Von ersteren hat er sicher die große Jagdpassion. Die Rasse ist seit 1900 anerkannt. Während andere Jagdgebrauchshunde gewöhnlich zuerst auf Leistung gezüchtet werden, war es beim Cocker Spaniel umgekehrt. Erst später setzte man sich für seine jagdliche Verwendung ein. Er ist ein passionierter Stöberhund, wasser- und bringfreudig. Seine Leichtführigkeit und sein angenehmes Wesen haben ihn aber auch zu einem beliebten Haus- und Begleithund werden lassen, wo er sich auch in einer Familie mit Kindern wohlfühlt. Beschäftigung in sinnvoller Form braucht der 35–40 cm große Cocker allemal.

Collie Von allen zu Beginn des 19. Jahrhunderts als Arbeitsschläge Nordenglands und Schottlands bekannten Collie-Rassen wurde der Langhaar-Collie nicht zuletzt durch in Medien gezeigte Vorbilder beliebt. Dennoch ist er nicht zu einem Modehund geworden. Seinen Namen hat der Collie wohl von den Schwarzkopfschafen Schottlands, die er hütete und die auch Coalleys genannt wurden. 1870 kam der erste Langhaar-Collie in Birmingham zur Ausstellung, womit das Interesse an der Zucht auf Schönheit geweckt war. Der Collie fand auch in Deutschland Anhänger; bis 1901 gab es bereits 200 Eintragungen im Zuchtbuch. Der intelligente Collie ist sehr anpassungsfähig und gilt als idealer Familienhund. Rüden sind 56–61, Hündinnen 51–56 cm groß.

Curly Coated Retriever Durch sein lockiges Haar unterscheidet er sich von den anderen Retriever-Rassen. Das Haar läßt seine Abstammung vom Irish Water Spaniel und vom Pudel erkennen. Ansonsten gehören ähnliche englische Jagdspaniels und importierte kanadische Hunde wie beim Golden Retriever und dem Labrador Retriever zu seinen Vorfahren. Die Rasse selbst ist noch recht jung, der Curly Coated Retriever Club entstand erst 1933. Der Curly Coated Retriever apportiert ausgezeichnet, und wasserscheu ist er natürlich nicht. Darüber hinaus ist der 62,5–67,5 cm große Jagdhund ein angenehmer Familienhund.

Dalmatiner Obwohl der Dalmatiner als jugoslawische Rasse anerkannt ist, gibt es über seine Herkunft verschiedene Ansichten, was wohl auch in Verbindung mit der früheren Namensgebung zu sehen ist. So wurden die Vorfahren Bengalische oder Ragusanische Bracken genannt, aber auch die Bezeichnung Tigerhund kam vor. Erst ab der Jahrhundertwende entstand der Begriff Dalmatiner für die hochläufige Bracke. Als Jagdhund wird er kaum noch geführt, er ist mehr ein angenehmer Familien- und Begleithund. Dalmatiner sind sehr anpassungsfähig und gelehrig, eine Ausbildung zum Fährten- oder verkehrssicheren Begleithund absolviert er mit Bravour. Der elegante Hund ist 55–61 cm groß (Hündinnen 50–58).

Deutsch Drahthaar Im Jahre 1902 begann man damit, unter der Bezeichnung Deutsch Drahthaar einen vielseitigen, leistungsstarken und wetterfesten Jagdhund zu züchten, der zur Feld- und Wasserarbeit Einsatz finden konnte. Das geschah unter Auswahl der besten Exemplare rauh- und kurzhaariger Vorstehhunde. Das Endprodukt entsprach voll und ganz den Vorstellungen und Forderungen. Der Deutsch Drahthaar ist fährtenveranlagt, spursicher raubwildscharf und zuverlässig im Apportieren. Der robuste und wetterharte Jagdhund ist leichtführig, im Haus ruhig, aber wachsam und verteidigungsbereit. Die Widerristhöhe beträgt bei Rüden 60–67, bei Hündinnen 56–62 cm.

Deutsch Kurzhaar An der Entstehung des kurzhaarigen Deutschen Vorstehhundes sollen die alten deutschen Bracken und die schweren spanischen Pointer beteiligt sein. Da sie ursprünglich Brauntiger waren und man ein zu starkes Aufhellen mit Pigmentverlust befürchtete, kreuzte man schwarze Pointer ein. Der Deutsch Kurzhaar ist mit einer außerordentlich guten Nase ausgestattet, leichtführig; ein zuverlässiger Vorstehhund und Spezialist im Felde – gepaart mit großer Ausdauer und Schnelligkeit. Im Haus ist er wachsam. Die mittelgroßen, edlen Jagdhunde in den verschiedensten Farben Deutsch Kurzhaar sind: Rüden zwischen 62 und 64 cm groß, Hündinnen etwas niedriger.

Deutscher Boxer Die schwereren Danziger wie auch die leichteren Brabanter Bullenbeißer, aber auch Mastiff und Englische Bulldogge werden zu den Ahnen des Boxers gezählt. Vor der Jahrhundertwende war der Boxer ein gewichtigeres Tier, das erst durch entsprechende Zuchtauswahl sein heutiges Aussehen erreichte. Der Standard besteht seit dem Jahr 1904; seit 1926 zählt er zu den international anerkannten Schutz- und Diensthunden, das heißt, er ist eine Gebrauchshund-Rasse. Der wesensfeste Boxer eignet sich dank seines ruhigen Wesens ausgezeichnet zum Familien-/Begleithund, der auch in der Wohnung gut zu halten ist. Rüden sind 57–63 cm, Hündinnen 53–59 cm groß.

Deutsche Dogge Sie entstand aus der Kreuzung von Mastiff und Windhund. Im Mittelalter fanden ihre Ahnen wegen ihrer Kraft bei der Schwarz- und Rotwildjagd Verwendung. Daher stammen die Bezeichnungen Hatzrüde, Saufänger oder Saupacker. Es war ein Privileg der Fürstenhäuser, solche Hunde zu halten. So besaß Herzog Heinrich Julius von Braunschweig im Jahre 1592 sechshundert Rüden zur Sauhatz. Mit der Abnahme der Schwarzwildjagd zu Beginn des 19. Jh. gingen die ehemaligen Hatzhunde dann mehr in bürgerlichen Besitz über. Die Deutsche Dogge mit ihrer Größe von 72–80 cm Risthöhe ist gutmütig, für den „Ernstfall“ sollte man sie tunlichst nicht testen.

Deutscher Jagdterrier Der deutsche Jagdterrier ist das jüngste Ergebnis planvoller Züchtertätigkeit befähigter Kynologen und Jäger. Er entstand nach dem Ersten Weltkrieg aus dem englischen Welsh Terrier und in Deutschland gezüchteten Foxterrierschlägen. Als vielseitiger Jagdgebrauchshund kann der Dt. Jagdterrier sowohl unter der Erde eingesetzt werden als auch als Schweißhund, Bringer leichten Wildes sowie zur Arbeit im Wasser. Er bewährt sich auch als spurlauter Stöberer. Der Deutsche Jagdterrier ist ein schneidiger, harter Draufgänger, der sich eigentlich nur in der Hand und Ausbildung eines erfahrenen Waidmannes wohlfühlt. Seine Größe liegt zwischen 33 und 40 cm.

Deutscher Schäferhund Seit dem Erscheinen zweier Exemplare Deutscher Schäferhunde auf einer Ausstellung im Jahre 1882 hat die Rasse eine derartige Verbreitung in aller Welt erfahren, daß sie aufgrund ihrer vielfältigen Einsatzmöglichkeiten als die beliebteste Hunderasse gilt. Der Verein für Deutsche Schäferhunde unterwarf sich von Anfang an strengen Zuchtbestimmungen. Der ca. 60 cm große DS gehört zu den anerkannten Gebrauchshundrassen und ist der am häufigsten geführte Hund im Polizeidienst; er bewährt sich ebenso als Blinden- und Rettungshund, erfährt aber auch noch Einsatz als Hütehund. Seine Treue und Lernbereitschaft sind groß, die Haltung bei viel Beschäftigung problemlos.

Deutscher Wachtelhund Der 45–52 cm große, mit langem lockigem Behang versehene Wachtelhund ist als Stöberhund beliebt. Bereits im 18. Jh. gab es ähnliche Hunde, „den alten deutschen Stöber, den Hund des Waldgängers. Trotzdem gerieten sie in Vergessenheit und ihr Aussterben drohte. Ende des 19. Jh. nahm man sich der Zucht wieder an. „Er ist ein mittelgroßer Gebrauchshund für Wald und Wasser . . ., der spur- und fährtensichere Lautstöberer, Schweißhund, Verlorensucher, Wasser- und Buschierhund. Er muß Hase und Fuchs herbeitragen, nicht tragbares Wild verweisen oder verbellen und eine ausgeprägte Raubwildschärfe besitzen.“ Ein solcher Hund gehört in die Hand des passionierten Jägers.

Dobermann Der Deutsche Dobermann entstammt einer Mischung aus Pinschern, Deutschen Doggen und Rottweilern, die in Thüringen von dem Züchter Friedrich Karl Dobermann vorgenommen wurde. „Der Dobermann ist besonders beliebt wegen seiner bedingungslosen Treue zu seinem Herrn und seiner Unbestechlichkeit gegenüber Fremden. Sein Mut, die Nervenfestigkeit und Wachsamkeit sind seine weiteren gerühmten Eigenschaften. Aufgrund seiner Intelligenz, seiner natürlichen Schärfe und seines vorzüglichen Geruchssinns, seiner außerordentlichen Arbeitslust und seines Gehorsams ist er gut abzurichten. Er eignet sich besonders als Haus-, Wach-, Begleit-, Schutz- und Gebrauchshund.“ Größe um 60 cm.

Drahthaar Foxterrier Bei dem lebhaften, stets aufmerksamen Foxterrier handelt es sich um eine sehr alte englische Hunderasse. Man nimmt an, daß Foxhound, Beagle und Bullterrier zur Einkreuzung des Foxterriers gelangten. Zumindest letzterer könnte das schneidige Temperament des Foxels erklären. Ersten Berichten zufolge (1576) fristete der „Rattenfänger“ und Jäger auf anderes Klein-Raubzeug ein eher tristes Dasein. Wohl waren seine Fähigkeiten, in Baue und Höhlen einzudringen und Jagd auf Fuchs und Dachs zu machen, unbestritten, doch wurde ihm nachgesagt, er sei bissig und zudem räudig, weshalb er in Ställen lebte. Heute lebt der anhängliche und anpassungsfähige Foxterrier vornehmlich als Familienhund.

Elchhund (Norwegischer) Berichten zufolge wurden bereits 1877 fünfzehn Norwegische Eichhunde anläßlich der ersten Hundeausstellung in Norwegen vorgeführt. Nach der frühen Aufstellung des Standards gilt der Norwegische Elchhund seit dieser Zeit als echte anerkannte Rasse in Norwegen. Noch heute wirkt der Norwegische Elchhund sowohl von seinem Äußeren als auch vom Wesen her sehr ursprünglich und natürlich. Nach wahrer Elchhunde-Manier wittert er auf weite Strecken den Elch oder sonstiges Wild, wobei Augen, Ohren und Nase zugleich eingesetzt werden. Bei entsprechendem Verständnis für Nordische Hunde kann der ca. 50 cm große Elchhund auch für Nichtjäger ein angenehmer Hausgenosse sein.

Englische Bulldogge Der grimmig dreinschauende Bulldog ist ein Abkömmling der sogenannten Bullenbeißer, die eigens dazu gezüchtet waren, sich in der Nase eines Bullen zu verbeißen, um diesen so kampfunfähig zu machen. Weil die Engländer eine besondere Vorliebe für derlei Schaukämpfe hatten und der Bulldog als Bullenbeißer besonders prädestiniert war, durfte er lange Zeit als der Nationalhund Englands gelten. Heute macht er eher einen behäbigen Eindruck und erinnert kaum noch an ihre sicher wendigeren, kämpferischen Vorfahren. Obwohl man sie gewiß nicht als den „Apoll" unter den Hunderassen bezeichnen kann, findet die ca. 40 cm große Bulldogge als angenehmer Haushund eingeschworene Liebhaber der Rasse.

Englischer Springer Spaniel Der Springer Spaniel ist eine der ältesten englischen Stöberhundrassen; er findet bereits im Mittelalter in Verbindung mit der Beizjagd Erwähnung. Seinen Namen hat er von der Eigenart, das Wild sprunghaft herauszustoßen. Der Jäger, der einen ausdauernden und passionierten Stöberhund benötigt, der zudem sehr schnell apportiert, ist mit dem Springer Spaniel gut beraten. Aber auch dem Nichtjäger ist er ein angenehmer Haus- und Begleithund, doch hat er nicht die Beliebtheit wie der kleinere Cocker Spaniel erreicht. Daß der hochläufige, etwa 50 cm Widerristhöhe messende Jagdhund seiner Art gemäße Beschäftigung fordert, ist zu berücksichtigen.

Eurasier Bei dem Eurasier handelt es sich um eine sehr junge Hunderasse aus einer Kreuzung europäischer und asiatischer Hunde. Die ersten Zuchtversuche stammen aus den 50er Jahren, 10 Jahre danach erfolgte die Gründung des Eurasier Klubs in Weinheim und etwas später anerkannten VDH bzw. FCI den Standard in der heutigen Form. Die Ausgangstiere waren der Deutsche Wolfsspitz und der Chow Chow. Eine starke Selektion und die spätere Einkreuzung asiatischer spitzartiger Hunde zeitigten einen angenehmen, anpassungsfähigen Haus- und Familienhund, der nicht nur eine Person als Herrn anerkennt, sondern der gesamten Familie gleichermaßen zugetan ist. Eurasier-Rüden messen 52–60 cm, Hündinnen 48–56 cm.

Französische Bulldogge Die Bouledogue Francais entstand aus der Kreuzung englischer Zwergbulldoggen mit der alten französischen Bulldogge. Durch ihr aufgewecktes, drolliges Wesen, ihre Kinderfreundlichkeit und Anhänglichkeit hat sie sich zahlreiche Liebhaber auch außerhalb Frankreichs erobert. Die Französische Bulldogge ist stets aufmerksam und wachsam, aber kein unangenehmer Kläffer. Die untersetzte und gedrungene Gestalt mag nicht darüber hinwegtäuschen, daß der „Bully“ bei vernünftiger Haltung sehr aktiv und beweglich ist. Die Widerristhöhe liegt zwischen 35 und 40 cm. Die Farbe ist vorzugsweise dunkelgestromt, (kleine weiße Abzeichen gestattet), Schnecken, reinweiß oder weiß mit gestromten Platten.

Französischer Laufhund Während hierzulande französische Laufhunde bei der Jagd kaum anzutreffen sind, werden sie in ihrem Herkunftsland Frankreich sehr hoch eingeschätzt. Man nimmt an, daß ihre Abstammung auf die Keltenbracken zurückgeht, die sich dann in zahlreichen verschiedenen Rassen und Schlägen weitervererbt haben. Die Einteilung der Französischen Laufhunde geschieht in Frankreich nach sieben kurzhaarigen Grand Chiens Courant Francais mit zwei rauhhaarigen Schlägen, sechs mittelgroßen, kurzhaarigen Chiens de Lievres mit drei rauhhaarigen Schlägen und schließlich zählen auch noch die französischen Basset-Schläge dazu. Französische Laufhunde sind mittelgroß und von edlem Aussehen.

Golden Retriever Man nimmt an, daß der wasserfreudige Apportierhund aus dem Labrador, Setter, Spaniel, dem russischen Schäferhund und Bloodhound entstanden ist. Während sich der Golden Retriever in England und den USA schon lange großer Beliebtheit erfreute, setzte hierzulande seine Verbreitung erst ein, nachdem 1963 auf der Deutschen Jagdausstellung in München der Deutsche Retriever-Club gegründet wurde. To retrieve bedeutet so viel wie zurückbringen und tatsächlich apportiert der Golden Retriever alles, dessen er habhaft werden kann. Dank seiner Arbeitsfreude und Gelehrigkeit nimmt er den Platz eines ruhigen Hausgenossen ein. Golden Retriever-Rüden sind 56–61 cm groß, Hündinnen 51–56 cm.

Gordon Setter 1820 begann der Herzog von Richmond und Gordon mit der planmäßigen Zucht dieses vielseitigen Jagdhundes, der schwerer und widerstandsfähiger als English- und Irish Setter sein sollte. Schwarze Setter, die er mit Collies und Bloodhounds kreuzte, vielleicht aber auch Pointer und Spaniels waren an der Entstehung des Gordon Setter beteiligt. 1927 Gründung des British Gordon Setter Club. Der Gordon Setter ist vor allem ein schneller und ausdauernder Vorstehhund und Apportierer; er sollte bei einem passionierten Jäger seinen jagdlichen Eifer ausleben können. Größe des Rüden 66 cm.

Greyhound Lange bevor der Greyhound vor über 2000 Jahren in England heimisch wurde, existierten sehr ähnliche Windhunde in Ägypten; der Greyhound zählt zu den ältesten Hunderassen. Er wurde außer zur Hirschhatz auch zur Hasenjagd eingesetzt. Für die Engländer war die Hirschhatz weniger eine Lebensnotwendigkeit als mehr eine Belustigung für den Adel. Das Rotwild wurde in größerer Zahl innerhalb eines Gatters gehalten und von den Hunden gerissen. Schon zur Zeit Heinrich VIII. wurden Greyhound-Rennen veranstaltet. 1836 fand zum erstenmal das Rennen um den Waterloo-Pokal statt und 1876 wurde das erste Rennen hinter einem mechanischen Hasen ausgetragen. Der 63-68 cm große Grey erreicht leicht 60 km/h.

Groenendael In Belgien befaßte man sich schon früh mit der Zucht eines Herdenhundes; bereits 1868 erfolgte die erste Beschreibung von Rassekennzeichen. Die belgischen Hütehunde dieser Zeit entsprachen nach Typ, Ausdauer, Härte, Hütetrieb den Anforderungen, wie sie überall in Europa verlangt wurden. Der Groenendael soll zuerst in der Ortschaft gleichen Namens in der Nähe von Brüssel gezüchtet worden sein. Neben seiner ursprünglichen Hütebegabung weist der Groenendael auch sehr gute Wachhundeigenschaften auf, weshalb er gerne von der belgischen Polizei in Dienst genommen wird. Darüber hinaus eignet sich der sensible schwarze Schäferhund auch zum angenehmen Begleithund. Größe: 70–75 cm.

Grönlandshund Auch modernste Fortbewegungsmittel konnten bis auf den heutigen Tag in weiten Teilen des Landes den Hund als Schlittenzieher und Jagdgehilfe nicht verdrängen. An der Einstellung des Eskimos seinen Hunden gegenüber hat sich wenig geändert. Sie sind Helfer im Kampf ums Dasein, bei der Nahrungsbeschaffung bis zum Verkehrsmittel. Schon mehrere Generationen in Europa gezüchtete Grönlandshunde mit durchaus liebenswertem Charakter zeigen, was züchterisches Zutun erreichen kann. Daß der Mensch als Ranghöchster von seinem Rudel – oder auch dem einzeln gehaltenen Hund – akzeptiert wird, ist die Voraussetzung für ein ersprießliches Miteinander. Rüden sind 60, Hündinnen 55 cm groß.

Großer Schweizer Sennenhund Seine Vorfahren gelangten mit römischen Heeren über die Alpen in die Schweiz. Obwohl es sich um eine sehr alte Rasse handelt, geschah die Gründung des Klubs für Große Schweizer Sennenhunde erst im Jahre 1912. In seinem Heimatland findet man den stattlichen Hund vorwiegend auf Bauernhöfen als Wächter und Beschützer. Er ist aber auch ein hervorragender Diensthund, ruhig und unbestechlich die ihm übertragenen Aufgaben ausführend. Hierzulande ist der imposante Hund noch nicht sehr verbreitet. Rüden sind 67–70 cm groß, Hündinnen 60–65. Die Grundfarbe ist schwarz mit leuchtend rostroten Flecken vor allem über den Augen und eine gleichmäßige weiße Blesse im Gesicht.

Hokkaido-Ken Er wurde von dem ostasiatischen Volk der Ainu gezüchtet und als unerschrockener Kämpfer auch heute noch bei der Jagd eingesetzt. Auch ist er ein zuverlässiger Begleit- und Wachhund. Seinen Namen hat er nach der zweitgrößten japanischen Insel, Hokkaido. Dank der Möglichkeit, ihn zum gehorsamen Begleithund zu erziehen, ist er bei den Einheimischen sehr beliebt, während er in Europa noch wenige Anhänger gefunden hat. Trotz seines kräftigen Körperbaus ist er von großer Wendigkeit, was ihn als geschickten Jagdhelfer auszeichnet. Im Standard heißt es: „Der Hund zeigt Würde und ist von natürlicher Wesensart." Hokkaido-Ken Rüden sind 48–52 cm groß, Hündinnen 45–48 cm.

Hovawart Bereits im Mittelalter ist der Hovawart als zuverlässiger und mutiger Wächter und Verteidiger des Hofes bekannt. Die Bestände der Rasse gingen aber derart zurück, daß das Aussterben drohte. Anfang der 20er Jahre setzte ein Neubeginn der Zucht unter Verwendung von Restbeständen alter Bauernhunde des Harzes und des Schwarzwaldes, und von Schäferhunden altdeutscher Landschläge unter Einkreuzung des Neufundländers ein. Seit 1936 ist die Rasse anerkannt. Der Hovawart ist leichtführig und rasch lernend, er zählt zu den anerkannten Gebrauchshundrassen. Der wachsame Beschützer von Haus und Hof ist seiner Familie in Anhänglichkeit zugetan. Rüden sind 63–70, Hündinnen 58–65 cm groß.

Irish-Setter Von den drei Setter-Varietäten (English-, Gordon- und Irish-Setter), die seit etwa 150 Jahren als eigenständige Rassen gezüchtet werden, ist der Irish-Setter wohl am weitesten verbreitet. Er ist von seinem Wesen her ein ausgeglichener und eher sanfter Hund, der seiner Familie in großer Anhänglichkeit zugetan ist. So richtig entfalten kann sich der Setter jedoch nur, wenn er seinem Naturell als Jagdhund gemäß akzeptiert wird, auch wenn er heute nicht mehr ausschließlich jagdlichem Gebrauch dient. Seine gute Nase, Schnelligkeit gepaart mit Ausdauer und nicht zuletzt seine Wasserfreudigkeit schaffen für den bis zu 69 cm großen Irish Setter vielerart jagdlichen Einsatz.

Irish Terrier Sicher ist, daß es schon mehrere hundert Jahre auf Irland Terrier-Hunde gegeben hat, ob nun an der Entstehung des Irish Terriers rauhhaarige Erdhunde Schottlands, schwarzrote, alte Fuchs-Terrier Englands oder gar der Irish Wolfshound beteiligt waren, muß dahingestellt bleiben. Der Irish Terrier fand Verwendung bei der Jagd auf kleineres Raubwild, und er war auch beliebt als „Rattenbeißer". Bald nachdem die ersten Exemplare der Irish Terrier auf Ausstellungen vorgestellt worden waren, legte man nicht nur auf die Jagdeignung, sondern auch auf das äußere Erscheinungsbild Wert. Der Irish Terrier läßt sich mit unnachgiebiger Führungshand gut erziehen. Seine Größe liegt zwischen 40 und 45 cm.

Irish Wolfhound Alten Überlieferungen zufolge wurden bereits im Jahre 1568 in Irland Wölfe mit großen Hunden gejagt, die sehr viel stärker als die Mastiffs und leitbarer als die Spaniels waren. Die Vorfahren dieser großen und mutigen Hunde kamen vermutlich bereits ca. 2000 Jahre v. Chr. mit den Kelten nach Irland. Der Irish Wolfhound ist heute ein angenehmer und anhänglicher Familienhund; die Haltung erfordert eine gewisse Großzügigkeit hinsichtlich der Platz-Raum-Verhältnisse, denn immerhin handelt es sich nicht nur um den größten Windhund, sondern um einen „Giganten" mit fast 82 cm Widerristhöhe.

Islandhund Der offizielle Standard des lebhaften und wachsamen Islandhundes besteht schon seit 1898. Lange Zeit konnte sich jedoch die Reinzucht und eine stärkere Verbreitung des Islandhundes nicht so recht durchsetzen. Erst nach 1970 zeigte die Zucht- und Verbreitungskurve eine ansteigende Tendenz, und in Deutschland war von der zuvor fast unbekannten Rasse eine Registrierung von über 100 Tieren möglich. Der Islandhund wird als aufmerksamer Haus- und Wachhund geschätzt; in seiner Heimat erfährt er aber vorwiegend Einsatz beim Treiben von Pferden und findet Verwendung beim Schafehüten. Der gutmütige und treue Islandhund hat eine Größe zwischen 38 und 46 cm.

Jack-Russel-Terrier Noch vor einigen Jahren glaubte man in Deutschland beim Anblick eines Jack-Russel-Terriers einen niedlichen, kleinen Mischlingshund vor sich zu haben. In jüngster Zeit hat die Zahl derer, die diesen liebenswerten Hund halten, auch hierzulande eine beachtliche Zunahme erfahren. Vor allem in der Nähe von Reitanlagen und Pferdeställen ist der Jack-Russel nicht weit, da er besonders in Reiterkreisen geschätzt wird. Der Jack-Russel ist mit dem Foxterrier nahe verwandt, dessen Existenz sich bis ins 14. Jh. zurückverfolgen läßt. Auch er erlangte sein Ansehen als Jagdgehilfe, als in England die Fuchsjagd zu Pferde populär wurde. Seit kurzem ist die Rasse auch FCI-anerkannt.

Karelischer Bärenhund Nach den Angehörigen eines finnischen Volksstammes wird der Karelische Bärenhund benannt. Sicher wurde früher der Karelier zur Jagd auf Bären eingesetzt, doch auch bei der Jagd auf Elch, Hirsch, Luchs und Wolf sowie auf Schwarzwild ist er ein nimmermüder Helfer. Er verfolgt das Wild selbständig und gibt erst dann Laut, wenn er dem Jäger signalisieren will, daß er das Tier gestellt hat. Relativ spät setzte die Rassenbetreuung des Kareliers in Finnland ein, ab 1935 ist eine registrierte Reinzucht zu verfolgen, 1946 anerkannte auch die FCI offiziell den Standard. Karelier verlangen nach sinnvoller Beschäftigung (Fährtenhund). Rüden sind 54–60, Hündinnen 49–55 cm groß.

Kaukasischer Owtscharka Es handelt sich um eine alte Hirtenhundrasse aus dem Kaukasusgebirge. Hier beschützt der Owtscharka wie eh und je ganz selbständig die großen Herden – nicht im Sinne von Beeinandertreiben – nein, sie sind voll und ganz seinem Schutz anbefohlen. Ob der Angreifer ein Wolf oder Bär ist oder ein Viehdieb, jeder wird abgewehrt. Und so wie sich der Owtscharka stets selbst stellen und für den Kampf entscheiden mußte, ist er, wenn er, wie in jüngster Zeit auch hierzulande in einer Familie gehalten wird, verständlicherweise nicht das Musterbeispiel eines gut gehorchenden Hundes. Es kostet unendlich viel Geduld und Einfühlungsvermögen, eine Basis gedeihlichen Miteinanders zu schaffen.

Kerry Blue Terrier Er hat seinen Namen nach der Grafschaft Kerry im Süden Irlands, und er war früher auch als Irish Blue Terrier bekannt. Die Rasse wurde 1913 vom Irish Kennel Club anerkannt und zehn Jahre später auf der Londoner Cruft-Show vorgeführt. Über seine Vorfahren gibt es Spekulationen, doch sollen der Soft Coated Wheaten und der Irish Terrier zumindest an der Entstehung der Rasse beteiligt sein. Obwohl sich der Kerry Blue dank seiner Intelligenz sowohl zum Jagd- als auch zum Gebrauchshund eignet, wird er doch meist als anhänglicher Familienhund gehalten, der Gelegenheit haben muß, sein Temperament auszuleben.Die Größe des Kerry Blue Terrier liegt zwischen 44 und 49 cm.

Kleiner Münsterländer Die kleinste deutsche Vorstehhundrasse ist nach der Landschaft, in der sie zu Hause ist, unter dem Namen Heidewachtel bekannt. Sicher im Bringen, fest im Vorstehen und eine große Wasserfreudigkeit; indessen sind Spurlaut und Raubtierschärfe nicht so stark ausgeprägt. Während seine ursprüngliche Farbe ein leuchtendes Weiß mit braunen Platten war, findet man ihn heute – als Erbe des eingekreuzten Deutsch-Langhaar-Blutes auch in den Farben braun und braungetigert. Als Jagdgebrauchshund vermag sich der 48–56 cm messende Kleine Münsterländer den Revierverhältnissen und wechselnden Jagdarten schnell anzupassen, aber auch als angenehmer Haus- und Begleithund fand er viele Anhänger.

Kromfohrländer Hier handelt es sich um eine recht junge Rasse. Eine Hundeliebhaberin im Siegerland nahm 1945 einen herrenlosen, arg heruntergekommenen, struppigen Rüden bei sich auf, der sich in der Gegend umhertrieb. Es hieß, er sei das zurückgelassene Maskottchen amerikanischer Soldaten gewesen. Nach gründlicher Säuberung identifizierte man ihn als Griffon, der mit einer Foxterrierhündin gepaart wurde. Den Namen Kromfohrländer erhielt die Nachzucht nach der im Siegerland üblichen Bezeichnung „Krumme Furche“. Nach 10 Zuchtjahren wurde der lebhafte und wachsame Hund als Deutsche Rasse anerkannt.

Kurzhaar-Foxterrier Die Herkunft des Kurzhaar-(smooth-)Foxterrier ist wie bei vielen Terrier-Rassen nicht ganz geklärt. Foxhound und Beagle sollen sowohl beim kurzhaarigen als auch bei der drahthaarigen Varietät in den Ahnen zu finden sein, doch ist zumindest beim Kurzhaar-Foxel der ursprüngliche rauhhaarige Arbeitsterrier aus den englischen Kohlenbergbaugebieten von Durham, Wales und Derbyshire nicht beteiligt. Während in den USA der Draht- und Glatthaarfoxterrier nicht als zwei verschiedene Rassen angesehen werden, hat im FCI-Standard jeder seine Eigenständigkeit. Dem Kurzhaar-Foxterrier sagt man nach, daß er weniger lebhaft und zurückhaltender als der rauhhaarige sei.

Kuvasz Seine Reinzucht begann 1883; der Standard wurde 1934 von der FCI anerkannt und 1937 als verbindlich übernommen. So handelt es sich bei dem Kuvasz um eine relativ junge Rasse, obwohl seine Zuchtgeschichte eine sehr lange ist. Bereits 1458–1490 fand er unter Mathias I. in Siebenbürgen zur Jagd auf Rot- und Schwarzwild Einsatz. Man vermutet, daß er von den Hunden abstammt, die etwa 1000 v. Chr. von den Magyaren mitgebracht wurden. Erst viel später entdeckten ihn die Hirten bei den Herden, wo er auch heute noch arbeitet. Doch eignet er sich ebenso als Schutz- und Wachhund. Der 71–75 cm große Hund wird heute vielfach als attraktiver Haus- und Begleithund mit viel Bewegungsmöglichkeit gehalten.

Labrador Retriever Seine Vorfahren kamen um 1820 mit Kabeljaufischern nach England, wobei es sich um einen schweren Hund handelte. Strenge Selektion und die Einkreuzung leichterer Rassen wie des Pointers zeitigten dann einen leichteren Hund mit kürzerem Haar, der 1903 vom Englischen Kennel Club anerkannt wurde. Der Labrador ist sehr gelehrig, seine liebste Beschäftigung ist das Apportieren, vor allem aus Gewässern. Seine Fähigkeit als zuverlässiger Blindenführhund hat er ebenso unter Beweis gestellt, wie allen Anforderungen im Breitensport zu genügen. Der Labrador ist sehr haustreu und anhänglich. Die Widerristhöhe bei Rüden beträgt 57–62, die der Hündin 55–60 cm.

Landseer Nach einem Gemälde von Sir Edwin Landseer hat die weiß-schwarze Ausgabe des Neufundländers nicht nur ihren Namen erhalten, es beweist auch, daß anfangs nicht der einfarbige Neufundländer, sondern der weißschwarze Farbschlag vorherrschte. Das 1838 entstandene und wohl bekannteste Werk Landseers trägt den Titel: A distinguished Member of the Humane Society, womit höchstes Lob und Anerkennung für den Hund zum Ausdruck gebracht wird. Während anfänglich Landseer und Neufundländer miteinander verpaart wurden, sind sie seit 1960 laut FCI-Registrierung getrennte Rassen. Die Größe des Landseers schwankt zwischen 72 und 80 cm bei Rüden, Hündinnen sind etwas kleiner.

Leonberger Er verdankt seine Existenz der Vorstellung, einen Hund zu schaffen, der wie der Wappenlöwe der Stadt Leonberg aussehen sollte. Dieses Experiment geschah in den dreißiger Jahren des vorigen Jahrhunderts durch Kreuzung des Bernhardiners mit dem Landseer. Später sollen noch „pyrenäische Wolfshunde" einbezogen worden sein. Jedenfalls wurde die neue Rasse große Mode, und es „gab bald keinen der großen Fürstenhöfe, an denen diese prächtigen, repräsentativen Hunde nicht gehalten wurden". Die imposante Erscheinung des 72–80 cm großen Leonbergers ist gepaart mit einem ruhigen Temperament.

Lhasa Apso Der dekorative Hund gehört zu den tibetanischen Hunderassen; der Dalai Lama soll über drei Jh.lang Tiere an die chinesische Kaiserfamilie und andere Würdenträger verschenkt haben. Das würde erklären, warum Marco Polo in seinen Studien von dem Lhasa Apso als einem chinesischen Hund berichtet. Man vermutet, daß er einer Kreuzung zwischen Tibet Terrier und Tibet Spaniel entstammt. In seinem Ursprungsland heißt er „Abso Song Kye" = bellender Löwenhund oder „Shing Trou" = Talismann Hund. Der Lhasa Apso ist sehr anhänglich, widerstandsfähig, von angenehmem Wesen und 23–28 cm groß.

Malinois Der kurzhaarige, belgische Schäferhund hat seinen Namen nach der Stadt Malines, wo er zuerst als Gebrauchshund in Erscheinung trat. Es wurde wenig Wert auf die äußere Erscheinung dieses Hundes gelegt, ausschlaggebend in der Zucht war nur seine gute Verwendbarkeit als Herdengebrauchshund, und diesem Zweck kam er voll und ganz nach. Er ist sehr anhänglich, gut auszubilden, und auf den Leistungsprüfungen steht er neben den anderen belgischen Schäferhundrassen Groenendael, Laekenois und Tervueren meist an vorderster Stelle. Die Größe des Rüden beträgt 60–65, die der Hündin 55–60 cm.

Malteser Bei dem entzückenden, kleinen Hund mit dem glänzend-weißen Haar handelt es sich nicht etwa um keine Modeerscheinung; er gehört vielmehr einer sehr alten Gattung an, denn seine Vorläufer wurden bereits im Altertum beschrieben. Ausgrabungen belegen seine Existenz bis 600 v. Chr. Auf antiken Malereien sieht man, wie beliebt der kleine Hund damals schon war. Martial (40–100 n. Chr.) rühmt in seinem Epigramm auf das Hündchen „Issa“ den klugen und anschmiegsamen Schoßhund. Ursprünglich hatte der Malteser seine Heimat auf der Insel Melitäa vor der Südküste Dalmatiens. Der Malteser ist ein lebhafter, fröhlicher kleiner „Gesellschaftshund“ mit einer Widerristhöhe bis 26 cm.

Mastin Espanol Der riesige Hund zählt in Deutschland noch zu den seltenen Rassen. Weil die Rasse ursprünglich in den Bergen Nordspaniens die stärkste Verbreitung fand, wird der Mastin Espanol zuweilen auch nach dortigen Gebirgsgegenden benannt. Dort war er der Wach- und Schutzhund für Wanderschafherden und auf Gehöften. Die Größe ist 80–85 cm (nach oben unbegrenzt!) bei einem Gewicht von 70–90 kg. Da der Hund in der ihm obliegenden Funktion des wehrhaften Wächters stets auf sich gestellt war, ist er von selbstbewußtem Wesen, seiner Familie gegenüber in großer Anhänglichkeit zugetan. Es versteht sich von selbst, daß ein Hund dieser Größenordnung einer besonders einfühlsamen, konsequenten Führung bedarf.

Mops Möpse spielten stets in „Hohen Häusern“ eine Rolle. Das Haus Oranien war nach einer Anekdote, derzufolge ein Mops dem Prinzen Willem van Oranje (1533–1584) in der Weise das Leben gerettet haben soll, daß er bellenderweise auf einen Attentäter aufmerksam machte, der Rasse sehr verbunden. Durch Willem sollen die Möpse als Gastgeschenke nach England gelangt sein. Doch nicht nur als „Herrenhund“ spielte der Mops eine Rolle, er stand bald auch sehr hoch in der Gunst vornehmlich adliger Damen, was der kleine Kerl wohl weniger seinem Aussehen als vielmehr seinem zutraulichen Wesen verdankt.

Otterhound Bereits zur Zeit König Edward II. (1307–1327) wird der Otterhound als britischer Lauf- und Wasserhund beschrieben. Er soll vom Southern Hound und Welsh Harrier abstammen, aber auch der französische Griffon Vendeen könnte an seiner Entstehung beteiligt sein. In seinem eigentlichen Metier, der Jagd auf Fischotter in Flüssen und an Klippufern findet der Otterhound keine Verwendung mehr, da Otter unter Naturschutz stehen. Der 61–66 cm große Hund verlangt jedoch nach Beschäftigung, etwa auf breitensportlicher Basis; auf großen Spaziergängen sucht er gerne ein Wasser auf.

Perro sin Pelo del Peru (Nackthund)
Schon seit Jahrhunderten werden in Lateinamerika, Afrika und im fernen Osten haarlose oder haararme Hunderassen gezüchtet. Die Ursachen der Haarlosigkeit sind wahrscheinlich eine Gen- oder Chromosomen-Mutation und das Fehlen eines den Haarwuchs fördernden Hormons. Mit den Azteken kam die Rasse aus China und wurde in Tenochtitlan weitergezüchtet. Danach gelangten Vertreter der Rasse nach Südamerika und in die USA. Nackthunde sind temperamentvoll und besonders liebebedürftig. Haare haben sie oft nur als Büschel am Oberkopf im Scheitelkamm-Bereich und angedeutet am Rutenende. Die Hautfarbe kann sich verändern. Vor Kälte soll man sie schützen.

Deutscher Pinscher 1895 stellten Pinscher- und Schnauzerliebhaber ein Zuchtprogramm auf, das auf ein einheitliches Erscheinungsbild zielte. Von der Jahrhundertwende an bis in die zwanziger Jahre war die Entwicklung dank weniger Idealisten, die sich der Pinscherzucht verschrieben hatten, positiv und stagnierte infolge des Ersten Weltkrieges; einen Tiefpunkt erreichte die Zucht nach dem Zweiten Weltkrieg; von 1950 bis 1957 wurde kein Welpe in das Zuchtbuch eingetragen. Mit wenigen Tieren gelang ein schwieriger Wiederaufbau. Der aufmerksame und schneidige Pinscher hatte immer nur einen begrenzten Liebhaberkreis. Der Deutsche Pinscher hat eine Widerristhöhe zwischen 43 und 48 cm.

Podenco Ibicenco Der Podenco Ibicenco wird zuweilen als Windhund-Rasse bezeichnet, doch handelt es sich um den Laufhund der Balearen schlechthin, weshalb er auch von der FCI als Laufhund anerkannt wurde. In seiner Heimat wird der sehr schnelle und wendige Podenco Ibicenco zur Jagd auf Kaninchen, Hasen und Rebhühner verwendet, wobei er anders als Windhunde seinen sehr gut entwickelten Geruchssinn einsetzt. Der Podenco Ibicenco ist nicht nur auf allen Balearen-Inseln sehr verbreitet; er wird auch in England erfolgreich gezüchtet. Hierzulande werden nur einzelne Exemplare auf Ausstellungen (in Kurz- und Rauhhaar, 60–65 cm groß) vorgestellt, erregen dann aber große Aufmerksamkeit.

Pointer Er gilt als englischer Vorsteh- und Stöberhund, doch geht seine Zucht auf altspanische Hochwindbracken und französische Laufhunde zurück, die unter Einkreuzung von Foxhounds in England gezüchtet wurden. In freiem Gelände zieht der Pointer weit vorauslaufend gegen den Wind; er macht das Federwild aus und zeigt es durch Vorstehen an. Der Pointer streift in scharfer Gangart über die Felder, wobei er große Strekken zurücklegt. Er steht vor, bis der Jäger heran ist. Nach dem Herausstoßen des Wildes kommt der der Jäger zum Schuß. Auch zur Nachsuche und zur Jagd auf Schalenwild ist der Pointer einsetzbar. Er ist leichtführig, doch sollte der 58–63 cm große Jagdhund von einem passionierten Jäger gehalten werden.

Polski Owczarek Nizinny (PON) Die Zucht des Polnischen Niederungs-Hütehundes ist noch nicht sehr alt; sie begann erst nach dem Ersten Weltkrieg. Der PON dient in seinem Heimatland hauptsächlich als Hirtenhund in ländlichen Gebieten, wird aber auch gerne wegen seiner Lernfreudigkeit als Haus- und Begleithund mit guten Schutzeigenschaften geschätzt. Er ist sehr temperamentvoll und bewegungsfreudig, seiner Familie gegenüber in großer Anhänglichkeit zugetan. Während nach dem polnischen Standard eine kupierte Rute oder angewölfter Stummelschwanz Vorschrift ist, bemühen sich deutsche Züchter um die Anerkennung der Rasse mit unkupierter Rute. PON-Rüden sind 43–52, Hündinnen 40–46 cm groß.

Pudel Rassekennzeichen für Pudel gab es schon vor der Jahrhundertwende, als die verschiedenen Rasseclubs gegründet wurden. Schon vor dem ersten Standard befaßte man sich mit der Pudelzucht. Über die Ahnen wird viel gemutmaßt: zotthaarige Schäferhunde, Bracke oder Barbet, Irischer Wasserspaniel und auch Lauf- und Hütehunde sollen beteiligt sein. Wenn man gerade die kleinen Pudelvarietäten gerne als „Salonhunde“ abtut: Der Pudel war ein Jagdhund, der hauptsächlich bei der Wasserjagd Einsatz fand. Bereits 1555 geschah die namentliche Erwähnung eines großen Pudels als „Canis aquaticus“, was soviel wie Wasserhund bedeutet. Heute gibt es den Groß-, Klein- und Zwergpudel in den verschiedenen Farben.

Puli Der kleinste der ungarischen Herdenhunde soll bereits bei den Sumerern bekannt gewesen sein. Der Puli ist ein nimmermüder, Laut gebender Hüter, der auch vor „großen Tieren“ wenig Respekt zeigt. In Ungarn wird er noch als Hüte- und Treibhund eingesetzt, der Schaf- und Rinderherden bewacht, doch findet er seinen Platz meist in der Familie als Begleithund. Wie alle Herdengebrauchshunde trachtet auch der Puli danach, stets seine Herde – die Familie – zusammenzuhalten. Dem Unkundigen mag sich sein Zotthaar („wobei zwischen Schnüren, Platten und Bändern unterschieden wird“) als nicht „wohnungsgerecht“ zeigen, doch ist durch das Nichthaaren der Puli gut im Haus zu halten.

Pyrenäen Berghund Der Mastin de los Pirineos wird auch Mastin leones und Mastin navarro genannt. Er stammt von der Tibet Dogge ab, die sich schon im 5. Jh. mit dem Eindringen asiatischer Völker auch in Europa verbreitete. Seine eigentliche Heimat ist das Gebiet von Argeles und Andorra, wo ihn die Bewohner zum Schutz ihrer Herden gegen angreifende Wölfe und Bären benötigten. Später avancierte er auch zum Begleit- und Wachhund der französischen Aristokratie. Noch immer versieht der Pyrenäen Berghund seinen Dienst als Hütehund bei Schafen, Kühen und Ziegen. Er hat ein ruhiges Temperament und ist seinem Herrn und dessen Familie gegenüber sehr anhänglich. Seine Größe liegt zwischen 70–80 cm.

Rhodesien Ridgeback Sein hervorstechendstes Merkmal ist seine „Rückenbürste", die es nur bei dem Phu Quoc-Hund gibt, einem mittelgroßen Jagdhund von der gleichnamigen Insel im Golf von Siam, der noch zu den nicht als Kulturrasse anerkannten Schensihunden zählt, die zum Teil ohne menschliches Zutun ihr Fortkommen finden. Der Gratrückenhund, auch Löwenhund genannt, ist indes schon eine vom SAKC anerkannte, autochthone Laufhunderasse, von den Buren aus Kreuzungen mitgebrachter Hunde mit einheimischen Hunden der Hottentotten herangezüchtet. Der 64–69 cm große Ridgeback ist ein starker, verläßlicher Allzweckhund, der sowohl Großwild (Löwen) als auch kleineres Raubzeug jagt.

Riesenschnauzer Der wuchtige, imponierende Riesenschnauzer verlangt allein schon durch seine Größe Respekt, ist aber gutmütig und vor allen Dingen kinderlieb. Er zählt zu den anerkannten Diensthundrassen und wird bei der Polizei und beim Zoll eingesetzt. 1910 wurde er als Münchner Schnauzer in das deutsche Hundezuchtbuch eingetragen; zuvor war er seit Generationen von Bauern und Viehhändlern als Hüte-, Treib- und Hofhund mit Bewacherfunktion gezüchtet worden. Er ist sehr gelehrig, mutig und dank seiner Wachsamkeit der idaele Wach- und Schutzhund, aber auch ein Begleithund, der sehr treu, gehorsam und ruhig ist. Riesenschnauzer-Rüden sind 40–50 cm groß, Hündinnen etwas kleiner.

Rottweiler Als im Mittelalter zahlreiche Viehhändler die Handelsmetropole Rottweil am Neckar aufsuchten und ihr Vieh auf dem Markt verkauften, erforderte das die Begleitung eines zuverlässigen Hundes, der Schutz vor Überfällen durch Wegelagerer bot. Diesen Hund fand man in dem Rottweiler, dessen Vorfahren römische Treibhunde und Brabanter Bullenbeißer gewesen sein sollen. 1910 anerkannte man den Rottweiler als Diensthundrasse, so daß er auch im Polizeidienst Verwendung findet; er hat sich aber auch als Fährten- und Blindenführhund bewährt. Der gutmütige, 55–68 cm große Rottweiler verlangt eine konsequente Führungshand in der Haltung bzw. Erziehung.

Russisch-europäischer Laika Im Jahre 1957 wurde die Weltöffentlichkeit durch ein Ereignis auf eine bis dahin in Westeuropa weitgehend unbekannte Hunderasse aufmerksam. Als die russische Raumkapsel Sputnik in die Erdumlaufbahn startete, hatte sie das erste Lebewesen an Bord, eine Laika-Hündin gleichen Namens. Die Rassebezeichnung leitet sich ab von lajatj, was so viel wie bellen heißt. Das Verbellen nach lautlosem und selbständigem Aufstöbern, Verfolgen und Stellen des Wildes, kennzeichnet die Laikarassen als echte nordische Jagdhunde, die Einsatz bei der Jagd auf kleinere Pelztiere finden. Der 50–58 cm große Hund integriert sich gut in die Familie seines „Rudelführers".

Samojede Bereits um das Jahr 1700 wird von einem dickfelligen Hund in Nordrußland berichtet, welcher die nomadisierenden Samojeden begleitete. Dieser Volksstamm lebte mit seinen Rentierherden zwischen dem Uralgebirge und dem Fluß Jenissei von der Jagd und vom Fischfang, wobei die Hunde hauptsächlich als Hüter der Rentiere, aber auch als Jagdhelfer Einsatz fanden. Als Schlittenhund kommt ihm die außergewöhnliche Freude an der Arbeit, am Beschäftigtwerden, zugute. Als Hütehund hingegen findet er wohl kaum ein Betätigungsfeld. Der Samojede ist intelligent, aufmerksam, vor allem dem Menschen herzlich zugetan. Die Schulterhöhe bei Rüden beträgt 50–56, bei Hündinnen 46–50 cm.

Sarplaninac Der langhaarige, jugoslawische Hirtenhund von kräftiger Gestalt (55–60 cm groß) wird in seinem Ursprungsland nur auf Leistung gezüchtet. Die verschiedenen Lokalschläge jugoslawischer Hirtenhunde sind eine Art Bindeglied zwischen den Molossern und den europäischen Schäferhunden. Durch Selektion nach Leistung hat sich ein nicht zurückschreckender Hund entwickelt. Der Sarplaninac bellt kaum und macht mehr durch heulende Töne auf sich aufmerksam. Seit ihn Polizei und Armee in ihre Dienste nahmen, wird er seit 1956 planmäßig gezüchtet. Nach Deutschland kam er 1970. Der Sarplaninac ordnet sich nur einem Herrn unter. Wegen seiner Schärfe ist seine Haltung nicht unproblematisch.

Nederlandse Schapendoes So wie andere Länder Mitteleuropas, da es noch große Schafherden gab, hatten auch die Niederländer ihre eigenen Schäferhunde entwickelt, bei denen die Hüteeigenschaften in einem dicht besiedelten Land stets vorrangig waren. Ende des vorigen Jahrhunderts begann man, die hervorragenden Eigenschaften der Schäferhunde zur Entwicklung von Gebrauchshunden zu nutzen. Der Schapendoes ist eine alte Rasse, die in engen verwandtschaftlichen Beziehungen zu den vielen zotthaarigen Schäferhundschlägen Europas zu stehen scheint. Er ist ein gutmütiger, wendiger und schneller Hund, der wachsam, tapfer und stets aufmerksam ist. Die Größe beträgt 45–55 cm für Rüden und 42–50 cm für Hündinnen.

Schnauzer Schon lange bevor sich Ende des vorigen Jahrhunderts Pinscher- und Schnauzerliebhaber zusammentaten und sich um ein Zuchtprogramm bemühten, war der Schnauzer als „Rattler" bekannt, der die Aufgabe hatte, hauptsächlich Bauernhöfe von Ratten und Mäusen freizuhalten. Diese Raubzeugschärfe wohnt auch heute den Schnauzern noch inne, wobei in der landläufigen Vorstellung des „Rattlers" der pfeffer-salzfarbige Mittelschnauzer vorherrscht. Auch als Begleiter der Fuhrleute fand der Schnauzer Verwendung, indem er unermüdlich neben dem Wagen hertrabte und auch das Nachtlager mit den Fuhrleuten teilte. Der Mittelschlag-Schnauzer hat eine Schulterhöhe von 45–50, der Zwergschnauzer mißt 30–35 cm.

Schwarzer Russischer Terrier Erst 1981 wurde der Schwarze Terrier als jüngste russische Hunderasse anerkannt. Mit der Zucht des Hundes wurde allerdings schon gut 40 Jahre vorher begonnen. Die russische Armee versuchte aus Rottweiler, Riesenschnauzer, Airedale Terrier und Neufundländer einen Hund zu züchten, der imstande war, weitgehend selbständig das Bewachen der Grenzen und den Objektschutz zu übernehmen. Später nahmen sich Züchter der Vereinheitlichung des Äußeren der Rasse an. Daraus resultiert ein gelehriger, anpassungsfähiger Hund, dessen Erziehung Konsequenz erfordert und der ausgewachsen mit einem natürlichen Schutztrieb ausgestattet ist. Der bis zu 74 cm große Terrier benötigt ständige Beschäftigung.

Scottish Terrier Der Scottish Terrier, dessen Ursprung man in den Mooren von Rannoch und der Hügellandschaft von Perthshire vermutet, hatte mit dem heutigen Scottie noch nicht viel Ähnlichkeit. Er war hochläufiger und insgesamt länger im Gebäude, und auch sein Fell war wesentlich kürzer. Als vor mehr als hundert Jahren die ersten Scotties – die man damals auch noch „Aberdeen Terrier" nannte, auf Hundeausstellungen in England gezeigt wurden, fanden sie bald ihre Liebhaber. Auch in Deutschland gehörte er zu den ersten drei Rassen, die nach der Gründung des Klub für Terrier 1894 gezüchtet wurden. Der kompakte, etwa 25 cm große Terrier ist ein wachsamer Familienhund mit einem Hang zur Dickköpfigkeit.

Sheltie Nicht nur Kinder, denen der Collie Lassie bekannt ist, auch Erwachsene glauben zuweilen, beim Sheltie einen jungen Collie vor sich zu haben. Der kleine Shetland-Sheepdog hatte auf den gleichnamigen Inseln seinen Aufgabenbereich beim Hüten von Schafherden. Die Selektion nach den Erfordernissen der rauhen und karg bewachsenen Shetland-Inseln hat Haustiere (Schafe, Ziegen, Rinder, Pferde – das Shetland-Pony) in kleinerer Form als anderswo hervorgebracht, was natürlich auch einen entsprechend kleinen Hütehund erforderte, wobei der schottische Langhaar-Colli sicher mit eine Rolle spielte. Die offizielle Anerkennung des 32–38 cm großen Shelties, der viel Bewegung benötigt, erfolgte erst 1914.

Shiba-Inu „Viel Hund in kleiner Verpakkung" – so läßt sich der kleinste der japanischen „Nordischen" umschreiben. Der Shiba ist in jeder Beziehung ein „Urhund". Bei ihm hat der Mensch durch züchterische Manipulation weder eine Veränderung im Äußeren herbeigeführt, noch Einfluß auf die ureigensten Instinkte des Shiba zu nehmen versucht. Er anerkennt nach echter Art der Nordischen Hunde seine Familie und ist Fremden gegenüber zurückhaltend. Er soll „intelligent, freundlich und von Natur aus gehorsam sein, mit der Fähigkeit, auf den Befehl seines Hundeführers schnell zu reagieren". Wenn er den Sinn des Geforderten erkennt, ist der ca. 40 cm große Shiba mit Begeisterung bei der Sache.

Siberian Husky Wer einmal eine Meute sibirischer Huskies heulen hörte, dem wird die unmittelbare Verwandtschaft des Huskys mit dem Wolf bewußt. Aber auch das Äußere läßt den Ahnen Wolf erkennen. Der Siberian Husky erhielt seinen Standard zwar vom Amerikanischen Kennel-Club, der sich für die Reinzucht der Rasse einsetzte, seinen Ursprung hat er jedoch in der nordostsibirischen Gebirgslandschaft. Die Menschen dieser Regionen wären ohne ihre Hunde von der Umwelt abgeschnitten, ja – vielleicht nicht einmal überlebensfähig gewesen. Wie alle nordischen Hunde ist der Husky ein menschenfreundlicher, aber eigenwilliger Hund, der nach Beschäftigung verlangt.

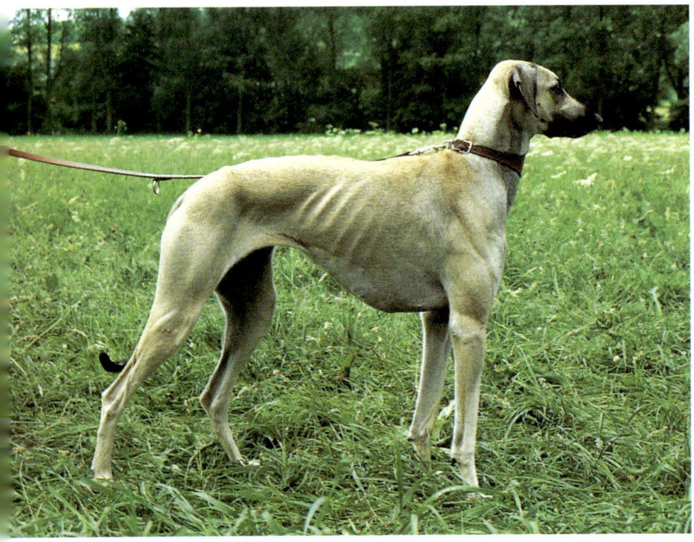

Sloughi Wie der Azawakh als afrikanischer Windhund gilt, ist die Heimat des Sloughi Arabien und Nordafrika: Bis zum Jahre 1980 war der Azawakh keine von der FCI anerkannte Rasse, er wurde den Sloughis zugeordnet. Der Azawakh ist der Jagdhund der Tuareg; seine Aufgaben liegen aber auch im Bewachen der Zelte. Obwohl beide Rassen stets bei und mit den Menschen lebten, sind sie doch sehr selbständige „Persönlichkeiten" geblieben, die der ganz individuellen Behandlung bedürfen, wenn der Mensch ihr Ver- und Zutrauen gewinnen will. Der Sloughi wird häufig mit dem Azawakh verwechselt. Die augenscheinlichsten Unterschiede sind der kürzere Rücken des Azawakh und die längeren Läufe. Die Größe beträgt 60 bis 75 cm.

Kurzhaar-Teckel Von allen Teckeln – Dachshunden oder bekannter Dackel – ist die Kurzhaar-Teckel-Varietät die älteste. In ihm ist deutlich die Herkunft von der Zwergbracke erkennbar. Die Vorfahren der Teckel sind sehr weit zurückzuverfolgen. Die in mehreren römischen Siedlungen gefundenen vollständigen Hunde-Skelette waren der Form nach unserem heutigen Dackel schon sehr ähnlich. Weiter zurückreichende Meinungen sind umstritten, doch gab es nach Funden aus Ägypten und Mexiko bereits dachsähnliche Hunde mit extrem verkürzten Läufen und niedrigem Körperbau, die bis ins Altertum zurückzuverfolgen sind. Bis vor gut 100 Jahren existierte ausschließlich ein kurzhaariger Teckel.

Rauhhaariger Teckel An der Entstehung des rauhhaarigen Dachshundes sind der englische Dandie Dinmont Terrier und der deutsche Zwergschnauzer beteiligt. Von letzterem hat der Rauhhaar-Teckel nicht nur seinen schönen Schnauzbart übernommen. In seinem Standard heißt es: mit Ausnahme von Fang, Augenbrauen und Behang am ganzen Körper eine ausgeglichene, mit Unterwolle durchsetzte, anliegende, dichte, drahtige Jacke; am Fang ist ein Bart erwünscht. Das frühere „Krummbein“ ist heute längst nicht mehr typisch – ja sogar unerwünscht bei allen Teckel-Varietäten.

Langhaariger Teckel oder Dachshund
Durch das Einkreuzen langhaariger Wachtelhunde entstand nach dem kurzhaarigen der meist in roter Farbe auftretende Langhaar-Tekkel. Der Teckel ist ein vielseitiger Jagdhund: Ein hervorragender Erdhund, als kleinste Jagdhundrasse gut zur Arbeit im Bau, als Schweißhund am langen Riemen und als spurlauter Brackierer. Teckel sind anhängliche Familienhunde, doch ist es notwendig, sie unnachgiebig zu erziehen, was bei ihrem Dickschädel“ nur durch Konsequenz möglich ist. Sie sind begeisterte Begleithunde, doch kann es dem Teckelbesitzer passieren, daß er am Waldesrand warten muß, bis sein Hund von einem „Alleingang“ wieder zurückkommt.

Weimaraner Der Weimaraner hat in seinem Stammland nicht die gebührende Verbreitung gefunden. Natürlich gab es auch in Deutschland stets Liebhaber für den schönen Jagdhund; seine Existenz war nie ernsthaft bedroht. Furore machte er jedoch jenseits des großen Teiches, wo ein regelrechter Run auf den Weimaraner einsetzte, nachdem er 1929 in die USA gelangte. Er erregte nicht nur wegen der aparten Farbe Aufsehen, er eroberte zuerst die Herzen der Jäger, die schnell erkannten, wie vielseitig der Weimaraner war. Er wurde als „The best Dog of the World" herausgestellt. Auch für den Nichtjäger ist er bei gerechter Beschäftigung ein ruhiger, angenehmer und anhänglicher Hausgenosse mit einer Größe von 57–70 cm.

Welsh Corgi Außerhalb von Wales war der Welsh Corgi bis zum Jahre 1928 völlig unbekannt. Das änderte sich schlagartig, als der spätere König Georg VI. nach dem Besuch einer Hundeausstellung Gefallen an den Corgis fand und sie bei Hofe einführte, wo sie bis zum heutigen Tage die Lieblingshunde des englischen Königshauses geblieben sind. Es werden zwei Corgi-Varietäten unterschieden, denen auch eine voneinander abweichende Herkunft nachgesagt wird. Der Cardigan ist von beiden der Größere und soll schon mit den Kelten auf die britischen Inseln gekommen sein, während angenommen wird, daß der Pembroke mit flämischen Webern nach Wales kam. Hierzulande sind Corgis nicht sehr verbreitet.

West Highland White Terrier Daß sich der großer Beliebtheit erfreuende West Highland White Terrier ein Jagdhund war, ist wohl nur wenigen Beschauern dieser fröhlichen Hunderasse bewußt. So wie Cairn, Scottish und Sky Terrier von den niederländischen Erdhunden Schottlands abstammen, ist auch der Westie ein Verwandter dieser Rassen, deren Brauchbarkeit auf der Fuchs- und Dachsjagd sehr geschätzt wurde. Man schuf den weißen Terrier deshalb, weil es auf der Jagd Verwechslungen gab, daß rötliche Tierrier mit dem Wild verwechselt wurden. Wo immer der liebenswerte Westie auftaucht, verbreitet er Fröhlichkeit; seiner Familie gegenüber ist der etwa 28 cm große Terrier sehr anhänglich.

Whippet Er ist nicht nur das verkleinerte Ebenbild des Greyhound; es wird auch angenommen, daß er aus diesem unter Einkreuzung von Windspiel, Manchester Terrier und Bedlington Terrier entstand. Wegen des Temperaments wird auch der Foxterrier in seinen Ahnen vermutet. Der Whippet galt früher als der Windhund des „kleinen Mannes", weil er von den nordenglischen Arbeitern nicht nur als Rennhund eingesetzt wurde, sondern auch als Jagdhund auf Kaninchen Verwendung fand. Von den Rennplätzen ist der Whippet auch heute nicht mehr wegzudenken, er wird aber meist lediglich als angenehmer Begleithund gehalten. Die Größe des Whippet-Rüden beträgt 42 bis 50 cm, die der Hündin bis zu 44,5 cm.

Wolfsspitz Der Deutsche Spitz gehört zu den ältesten Hunderassen, wenn man davon ausgeht, daß er vom Torfhund bzw. vom Pfahlbauspitz abstammt. Von den Großspitzen ist der Wolfsspitz meist noch etwas größer und kräftiger gebaut und auch reichlicher und derber behaart als die übrigen Varietäten. Er soll die älteste und die Grundform unter den verschiedenen Spitzarten sein und da er hauptsächlich am Rhein und im Bergischen Lande gezüchtet wurde, ist er auch bekannt als „Rheinischer Wolfsspitz". Der imposante und mit einem graugewolkten Haarkleid versehene und eine Rückenhöhe von 45–55 cm aufweisende Wolfsspitz ist ein zuverlässiger schneidiger Wachhund und anhänglicher Familienhund.

Yorkshire Terrier Über seine Ahnen gibt es einige Versionen; da die Größe anfänglich recht uneinheitlich war, sind wohl mehrere Terrier-Rassen an seiner Entstehung beteiligt. Der Yorkshire zählt auch in Deutschland zu den beliebtesten Kleinhunden. Obwohl er nur 20–24 cm Widerristhöhe aufweist, ist er ein „ganzer" Kerl und keineswegs ein Schoßhündchen, es sei denn, er wird dazu degradiert. Doch dafür ist er schon wegen seines Bewegungsanspruches und vom Temperament her ungeeignet. Obwohl sich der Yorkshire „seiner" Familie problemlos einfügt, hat er doch einen ausgeprägten Willen, und die Erziehung zum angenehmen Familienmitglied darf auch bei ihm nicht vernachlässigt werden.

Zwergspitz Was der Wolfs- oder Großspitz für den Bauernhof oder das Einfamilienhaus, ist der Zwergspitz für die nicht so groß an Raum bemessene Wohnung. Auch er ist ein wachsamer Hausgenosse. Wie bei den großen Spitzen werden seine unbestechliche Treue, sein bis an Keckheit grenzender Schneid, höchste Intelligenz sowie Anspruchslosigkeit als besondere Tugenden gerühmt. Der Zwerghund „par excellence" ist stets auf der Hut und geht für seine Familie buchstäblich durchs Feuer. Während der Zwergspitz nur 18–22 cm groß ist, gibt es noch den etwas größeren Kleinspitz mit 23–29 cm Rückenhöhe. Die Farbe ist meist einfarbig schwarz, weiß, braun, orange oder wolfsfarben.

Mit Hunden leben

Die Pflege des Hundes

Der Hund als Familienmitglied

Um den Hund bei guter Gesundheit zu erhalten, ist nicht nur eine ausgewogene Fütterung und eine sorgsame Pflege seines Äußeren notwendig; zu seinem Wohlbefinden gehört auch die richtige Unterbringung und die sorgsame Eingewöhnung. Der Hund soll sich von Anfang an in der Umgebung, in die er als neues Familienmitglied integriert wird, wohlfühlen. Die Eingliederung in die Familie, die für ihn nun sein Rudel bildet, beginnt nicht erst beim Einzug ins Haus, sondern bereits bei der Abholung von seiner bisherigen Bleibe.

Besonderes Feingefühl ist bei der Übernahme eines älteren oder alten Hundes angesagt, der – aus welchen Gründen auch immer – abgegeben wird. Dabei wird sich der Hund um so schwerer umgewöhnen, der bei seinem bisherigen Besitzer ein gutes Hundeleben führen durfte. Einer, der es weniger gut hatte, läßt sich in der Regel leichter in eine neue Familie integrieren. In jedem Fall soll der neue Besitzer gründliche Erkundigungen über das Vorleben des Hundes einholen, besonders wenn das Tier aus einem Tierheim übernommen wird und vom Vorbesitzer – im ungünstigsten Fall sind es deren mehrere – wenig zu erfahren ist. Bekommt man den Hund von seinem bisherigen Herrchen oder Frauchen, – vielleicht kann das Tier wegen einer Erkrankung des Besitzers oder infolge Wohnungswechsels nicht mehr gehalten werden, – muß man sich an Ort und Stelle ein genaues Bild darüber verschaffen, wie der Hund bisher gelebt hat und wie sein Tagesablauf war. Dann heißt es zunächst, alle seine Lebensgewohnheiten zu akzeptieren und zu übernehmen, um die Umstellung in ein neues Heim so problemlos wie möglich zu gestalten. Gut ist es, wenn sich nach Absprache mit dem Vorbesitzer einige Besuche in seiner bisherigen Bleibe vor der Übernahme arrangieren lassen.

Die Übernahme eines Welpen

Beim Erwerb eines Welpen sollte dieser etwa 12 Wochen alt sein. Dann ist er genügend lange von der Mutter entwöhnt und entwickelt schon seine eigenen Erfahrungen beim Entdecken der Umwelt. Sein Charakter ist jetzt noch weitestgehend formbar; was jetzt in seinem Lebensraum – Umfeld – geschieht, hat außerordentlich große Bedeutung im Hinblick auf sein späteres Sozialverhalten.

Es ist nicht empfehlenswert, einen Welpen vor der 8. Lebenswoche zu übernehmen. Zwar lebt er später hauptsächlich mit Menschen zusammen, doch muß er auch prägende Erlebnisse mit Artgenossen, in erster Linie mit Mutter und Geschwistern haben, da sonst die Entwicklung eines gesunden Verhaltensinventars nicht möglich ist. Der zu früh von der Mutterhündin weggenommene Welpe entwickelt eine starke Prägung ausschließlich auf den Menschen, was ihm später den Umgang mit Seinesgleichen fast unmöglich macht, zumindest aber ungeheuer erschwert.

Der domestizierte Hund lebt aber nicht mehr nur unter Artgenossen, weshalb er sich in der zivilisierten Umwelt sowohl mit anderen Hunden als auch mit dem Menschen und darüber hinaus mit anderen, in der Familie gehaltenen Tieren, sozial arrangieren muß.

Im Anfang ist der Welpe gefühlsmäßig natürlich mehr an die Mutter gebunden und erst etwas später an die Geschwister. So wie ein Menschenkind ohne Mutterliebe beziehungsweise unter einem Mangel an Zärtlichkeit nicht imstande ist, feste Bindungen zu entwickeln und zurückhaltend und unzugänglich – asozial – bleibt, wird auch dem im frühesten Alter aus der Gemeinschaft mit Mutter und Geschwister herausgerissenen Welpen die Möglichkeit genommen, eine soziale Bindung mit Artgenossen einzugehen.

Ein zu früh in die Obhut des Menschen gelangender Hund wird im Umgang mit anderen Hunden aggressiv oder aber extrem ängstlich. Hat er aber ausschließlich und zu lange nur mit Hunden zusammengelebt, wird er ausgesprochen hundbezogen sein, das heißt, er vermag zum Menschen nie eine innige Beziehung zu entwickeln, und auch in der Erziehung ist er äußerst schwierig und problematisch.

Ein Junghund aus dem Zwinger

Die Übernahme eines Junghundes ist ab einem Alter von drei bis sechs Monaten noch weitgehend komplikationslos hinsichtlich des sich schon jetzt prägenden Charakters möglich. Immerhin sind dann Bedenken angezeigt, wenn der Welpe beziehungsweise der Junghund bis zu seiner Übernahme ausschließlich im Zwinger gehalten wurde. Hier kann das zuvor Gesagte schon zum Tragen kommen. Sicher ist es unbestritten, daß sich ein Züchter mit mehreren Tieren nicht so intensiv beschäftigen kann, wie dies geschieht, wenn der Käufer den Hund sehr jung zu sich holt. Dann dreht sich beinahe alles um den jungen Hund, und es entwickelt sich natürlich ein sehr viel innigeres Mensch-/Hund-Verhältnis.

Ganz sicher erkennt auch der Zwingerhund den Züchter, oder denjenigen, der ihn meistens füttert und versorgt, als seine Bezugsperson an. Der ständige Kontakt zum Menschen ist jedoch in der Regel recht eingeschränkt, auch wenn der Hund ab und zu oder auch regelmäßig spazierengeführt wird. Mehr oder weniger erstreckt sich sein Horizont auf das nähere Umfeld des Zwingers.

Auch könnten unerwünschte Eigenschaften beim Welpen noch durch erzieherische Maßnahmen in die gewünschten Bahnen gelenkt werden; beim Junghund haben sie sich aber unter Umständen schon so manifestiert, daß eine Umerziehung zumindest unendliche Schwierigkeiten bereitet und ihr Erfolg fraglich bleibt.

Damit bei der Auswahl des künftigen Familienmitgliedes nicht allzusehr der Zufall Schicksal spielt, kann die Beobachtung einiger Verhaltensweisen schon aufschlußreich sein. Jedoch können unter anderem spätere Umwelteinflüsse noch eine Wesensveränderung des Hundes bewirken.

Das Verhalten junger Hunde

Man kann sehen, wie sich der einzelne Welpe ohne die Rückendeckung der Wurfgeschwister und der Mutter verhält, und in der Gruppe läßt sich leicht herausfinden, welches Tier sich am aggressivsten und welches sich unterordnungsbereit zeigt, was in Abwesenheit der Mutterhündin am ehesten an Aussagekraft gewinnt.

Wichtig zu beobachten ist auch das Verhalten der etwa sieben Wochen alten Welpen gegenüber der Bezugsperson, etwa dann, wenn sich diese in der Mitte des Zwingers einmal niederhockt. Es zeugt von einem großen Vertrauen und auch einer gewissen Zuneigung, wenn die Welpen mit wedelnden Schwänzchen herankommen, um ihrem Menschen die Hand abzuschlecken. Bei plötzlichem Umdrehen der im Zwinger befindlichen Person läßt sich schnell das ängstlichste Tier herausfinden, das sich augenblicklich ducken wird. Nervenstärke und Selbstbewußtsein aber beweisen die Welpen, die selbst bei lauten, unangenehmen Geräuschen buchstäblich keine Miene verziehen; ganz Mutige versuchen sogar die Ursache des Geräusches zu ergründen.

Die ängstlichen und sich in eine Ecke verkriechenden Welpen eignen sich allenfalls als Schoßhündchen, die verhätschelt werden wollen. Das für eine Verwendung als Wachhund vorgesehene Tier sollte jedoch schon ein stabiles Nervenkostüm besitzen und nicht beim ersten lauten Knall fluchtartig das Hasenpanier ergreifen. Wohl kann man fast jeden Hund geräusch- und schußfest machen, wirklich fest im eigentlichen Sinne der Bedeutung wird so ein unsicherer Kandidat jedoch nicht, und es bleibt immer eine gewisse Unzuverlässigkeit bestehen, die auch durch entsprechende Erziehungsmaßnahmen nicht völlig beseitigt werden kann. Aber auch der „Nur"-Familienhund darf nicht so ängstlich sein, daß er förmlich in Panik gerät und kopflos davonrennt, wenn es irgendwo einmal knallt oder in weiter Ferne ein Gewitter grollt.

Die mehrmalige Besichtigung eines Wurfes ist vor der endgültigen Entscheidung in jedem Fall ratsam, wobei sich die Familie nicht nur von den „treuen Augen" des Hundes leiten lassen sollte. Es gilt vielmehr, die eigenen Augen offenzuhalten und einen klaren Blick zu bewahren.

Die erste Zeit der Eingewöhnung

Wahrscheinlich erlebt der Hund in späterer Zeit nie mehr einen so gravierenden Einschnitt in sein

Eine Kinderbettmatratze eignet sich besonders gut für Reisen; eine Wolldecke muß aber auch hier für entsprechendes Wohlbefinden sorgen.

bisheriges Leben, wie es die Umstellung vom bisher Gewohnten in eine ihm völlig fremde Umgebung mit sich bringt. Täglich wirkt etwas Neues, Aufregendes, auf ihn ein. Für die Familie ist der Einzug eines jungen Hundes ähnlich den Erfahrungen mit der Ankunft eines Babys. Und wie für das zu erwartende Baby werden auch für den Hund beziehungsweise dessen Ankunft Vorbereitungen getroffen.

Das Abholen des Welpen geschieht – wenn irgend möglich – am Vormittag; es erleichtert dem Kleinen das Eingewöhnen bei Tageslicht. Manche Züchter geben ihren Welpen ein Spielzeug mit auf die Reise, damit sie der heimische Geruch begleitet. Wenn auf dem Hundelager Stroh als Einstreu diente, erfüllt eine Handvoll Stroh den gleichen Zweck.

Die Person, die den Hund in Zukunft meistens versorgt, sollte sich schon auf der Nachhausefahrt um ihn kümmern.

Ist eine Fahrt zum Züchter nicht möglich und das Tier muß per Bahn oder gar mit dem Flugzeug verschickt werden, ist das Wichtigste eine ausreichend große Versandkiste für den Transport und eine Beigabe, die ihm gewohnten Duft vermittelt. Wird der Hund per Kiste versandt, verursacht ihm dies stets einen mehr oder weniger großen Schock, und es kann daraus eine lebenslang bestehende Platzangst resultieren.

Der Welpe, der als Einzeltier keinen Anschluß bei Artgenossen und deren Trost in den ersten Tagen erfahren kann, sucht natürlich vermehrt den Kontakt zum Menschen. Ein beruhigendes Wort – ein Streicheln – das hilft dem kleinen Kerlchen. Ihn nun aber aus übergroßem Mitleid zu verzärteln, wäre ganz falsch. Später verbietet es ohnehin der Alltag, ihn rund um die Uhr zu streicheln, und deshalb soll er vom ersten Tag an nicht mit Zärtlichkeiten überschüttet werden, auch wenn es dem neuen Hundehalter schwerfällt. Auch darf sein anfänglich klägliches Winseln nicht dazu verleiten, ihn in das Schlafzimmer oder gar ins Bett zu holen, wenn ihm dies nicht als ständiger Ruheplatz zugedacht ist. Hier ist etwas Härte seitens des Hundehalters angesagt, denn der Kleine würde schnell verstehen, daß man nur so lange jammern muß, bis sich schließlich die Schlafzimmertüre öffnet und ihm Einlaß gewährt.

Unterbringung

In der Wohnung

Vor allem der einzeln gehaltene Hund wird in der Regel seinen Platz innerhalb der Familie finden. Gegen einen Wohnungshund mit Familienanschluß ist auch nichts einzuwenden, wenn dem Hund ansonsten seinem Naturell entsprechend Bewegungsfreiheit gewährt wird, das heißt, der Hund benötigt genügend Freiraum in der Wohnung; es ist aber auch sein Bewegungsbedürfnis insgesamt zu berücksichtigen. In der Regel benötigt ein großer Hund mehr Raum als ein kleiner. Wenn die Wohnung so klein und eng ist, daß beispielsweise eine Dogge mit ihrer Rute die Blumenvasen und das Geschirr vom Tisch herunterwedelt, dann scheint dieser Hund für die kleine Wohnung regelrecht eine Nummer zu groß. Das Platzbedürfnis eines Hundes ist aber nicht ausschließlich von seiner Größe abhängig. Es gibt ausgesprochen ruhige Riesen, die mit wenig Platz vorliebnehmen und kleine Hunde mit so viel Temperament, daß ihnen eine Wohnung zum Austoben gar nicht reicht. Ein Hund mit einem großen Bewegungsbedürfnis gibt sich nicht damit zufrieden, einmal am Tag an der Leine einen Spaziergang zu machen. Zum einen müssen alle Hunde – vor allem Jungtiere – öfter ausgeführt werden, zum anderen bedeutet Bewegung letztlich für den Hund, frei laufen und sich austoben zu können. Und hier setzen bereits die Schwierigkeiten ein, denn wo kann sich ein Hund heutzutage noch bar jeden Leinenzwangs richtig ausrennen? Sicher, der Hundehalter wird solche Plätze finden, wenn er sich nur darum bemüht. Voraussetzung für das freie Laufen eines Hundes ist aber absoluter Gehorsam, das heißt, der Hund muß „aufs Wort" folgen, also jederzeit „in der Hand" des Herrn sein.

Ohne Auslauf geht es nicht

Der Hund ist nun einmal ein Lauftier, und auch die kleinste Rasse kann ohne Auslauf nicht gedeihen, was man an kleinen und Zwergrassen angehörenden Hunden leider immer wieder beobachten kann. Zu der Bewegungsarmut kommt dann allerdings meist noch eine Überfütterung hinzu, was schon Tierquälerei gleichkommt, obwohl die Hundehalter meinen, nur das Allerbeste für ihren Liebling zu tun.

Ideal ist es, wenn dem Hund zum Auslaufen direkt ein Garten zur Verfügung steht. Das ersetzt zwar nicht den täglichen Spaziergang, bietet dem Hund aber doch weitgehende Bewegungsfreiheit. Daß an eine Bepflanzung des Gartens mit wertvollen Blumen und Grünpflanzen dann nicht mehr zu denken ist, leuchtet jedem Hundehalter sicher zugunsten des Spiel- und Umgrabbedürfnisses seines Hundes ein. Während des Spaziergangs muß gerade ein junger Hund Gelegenheit haben, anderen Hunden zu begegnen, um ein gesundes, normales Verhalten Artgenossen gegenüber zu entwickeln. Ein ausschließlich auf den Menschen geprägter Hund entwickelt ein gestörtes Verhältnis zu seinesgleichen.

Eingewöhnung

Schon vor der Ankunft des Hundes in sein neues Zuhause ist ihm sein künftiger Platz zu richten. Kiste oder Körbchen werden so aufgestellt, daß er sich in seine Ecke auch einmal ungestört zurückziehen kann; andererseits muß er aber von seinem Plätzchen aus alles um ihn herum Geschehende beobachten können. In der Regel ist diese Möglichkeit am ehesten in der Diele des Hauses gegeben, und hier ist auch der Berührungspunkt mit allen Familienmitgliedern. Schließlich soll der Hund bald wissen, wer zur Familie gehört und wer nicht.

Wenn der Hund eine Decke, oder auch nur einen Fetzen Stoff, der sich schon beim Züchter in seinem Lager befand, an seinem neuen Platz vorfin-

Erhält der Hund als Schlafstatt eine Kiste, so muß diese mit einem Ein- bzw. Ausstieg versehen sein. Eine Decke, die der Hund zu einem kuscheligen Lager zusammenscharren kann, benötigt er immer, denn Hunde mögen keine glatte Schlafunterlage.

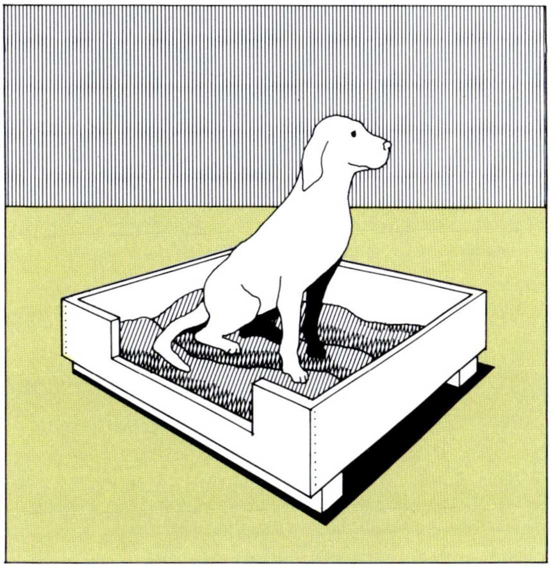

det, der dazu „heimatliche" Gerüche – nach Mutter und Geschwistern – birgt, so wird ihm das Eingewöhnen ungemein erleichtert.
Die ersten Tage im neuen Heim sind sicher mit das einschneidendste Erlebnis im Hundeleben überhaupt. Dennoch muß sich der Hundehalter bereits hier standhaft zeigen, wenn es gilt, dem neuen Familienmitglied vom ersten Tag an klar zu machen, wo künftig sein Plätzchen sein soll.
Die Menschfamilie versucht nun, soweit wie möglich für den Hund das „Rudel" zu sein, für ein junges Hundekind ist das freilich kein Ersatz für die Geborgenheit bei Mutter und Geschwistern, was es durch Winseln und Bellen auch kundtut. Der ärgste Schmerz ist dann aber nach zwei oder drei Nächten vorüber und der Hund wird brav an seinem Platz bleiben.
All das entfällt, wenn sich bereits ein anderer Hund im Haus befindet, der sich womöglich noch um den Neuankömmling bemüht, ihn zumindest aber toleriert. Dann bereitet das Eingewöhnen gar keine Schwierigkeiten.
Ein junger Hund erhält als Schlafstatt anfangs eine Holzkiste, die nur so hoch sein darf, daß er ohne Anstrengungen ein- und aussteigen kann. Anderenfalls muß die Kiste mit einem Ausschnitt versehen sein. Zum Hineinkuscheln – er würde sich sonst in der Kiste verloren vorkommen und möglicherweise auch frieren – legt man eine Wolldecke in die Kiste. Hunde mögen ihre Unterlage nicht glatt, sie bevorzugen mehr ein nestähnliches Lager. Wenn das Nagebedürfnis des jungen Hundes etwas nachgelassen hat, kann an die Anschaffung eines Hundekörbchens gedacht werden. Eine Kinderbettmatratze als Lager bedarf noch der Auflage einer zusätzlichen Wolldecke. Die Matratze hat den Vorteil, daß man sie auf Reisen bequem mitnehmen kann und der Hund immer sein gewohntes Lager vorfindet.
Da vom Hund sehr gerne erhöhte Plätze angenommen werden, erfüllt ein ausgedienter Sessel als Hundeplätzchen einen vorzüglichen Zweck. Solch ein Sessel, zusätzlich noch mit einer molligen Decke versehen, eignet sich so recht zum Hineinkringeln. Außerdem hat der Hund vom

Ein Körbchen sollte erst der ältere Hund bekommen, wenn er dem Knabberalter entwachsen ist.

Sessel aus meistens eine bessere Sicht auf das was um ihn herum geschieht. Der Hund muß von Anfang an natürlich wissen, daß eben nur dieser eine Sessel „sein" Sessel ist, und er nicht nach Belieben alle komfortablen Sitzgelegenheiten der Wohnung in Beschlag nehmen darf.
Alle für den Hund verwendeten Decken und eventuellen Bezüge müssen aus gut waschbarem Material sein.

Der Aufenthalt im Zwinger

Obwohl die meisten Hunde am liebsten bei und um Menschen herum leben, empfiehlt es sich, für manche Rassen neben dem Platz in der Wohnung auch einen Aufenthalt in einem Zwinger vorzusehen, vor allem, wenn es um die Unterbringung mehrerer Hunde geht. Auch ein Züchter mit mehreren Tieren wird dies in Erwägung ziehen.
Natürlich kann man zwei und mehr Hunde – auch einer großen Rasse angehörend – in der Wohnung halten. Doch bei der Ankunft von Welpen und noch nicht stubenreinen Jungtieren

Gerade bei einem jungen, verspielten Hund muß der Futternapf schon einige Standfestigkeit aufweisen.

ist der Halter in den meisten Fällen zu einer „Ausquartierung" nach draußen gezwungen.

Bei einem jungen Hund, der künftig in einem Zwinger untergebracht werden soll, darf zu dem Trennungsschmerz von seinem bisherigen Rudel nicht auch noch das Gefühl des Alleingelassenseins kommen. Bei ihm muß die Eingewöhnung über die Wohnung geschehen, die er ja schließlich auch später einmal bewachen soll. Für den künftigen Einzelhund wäre es schrecklich, würde er aus seiner bisherigen Geborgenheit herausgerissen und allein in einen Zwinger verbracht. Werden bereits mehrere Hunde im Zwinger gehalten, verhält es sich natürlich völlig anders. Hier wird der Hund rasch mit seiner neuen Meute vertraut sein und kaum mehr seinem alten Rudel nachtrauern.

Der einzeln gehaltene Zwingerhund bekommt sein erstes Futter von Herrchen zwar im Zwinger verabreicht, damit er mit dem Aufenthalt im Zwinger Angenehmes verknüpft, aber er muß noch nicht ständig im Zwinger bleiben. Wenn der Verbleib jeden Tag etwas länger ausgedehnt wird, geschieht die Eingewöhnung leichter.

Auch der Zwingerhund darf nicht ausschließlich im Zwinger leben. Er bedarf der menschlichen Ansprache so sehr wie der täglichen Nahrung und Bewegung. Auch der geräumigste Zwinger kann den intensiven Kontakt zum Menschen und die notwendigen Spaziergänge nicht ersetzen.

Bau eines Zwingers

Auch wenn der Hund nicht ständig im Zwinger lebt, sind bestimmte Vorschriften zu beachten. Die Rechtsverordnung zum Tierschutzgesetz schreibt vor, daß Hunde nur dann in offenen oder teilweise offenen Zwingern gehalten werden dürfen, wenn ihnen innerhalb des Zwingers oder unmittelbar mit dem Zwinger verbunden ein Schutzraum zur Verfügung steht. Dieser muß so bemessen sein, daß der Hund sich darin verhaltensgerecht bewegen und den Raum durch die eigene Körperwärme warmhalten kann. Die Öffnung des Schutzraumes darf nur so groß sein, daß der Hund ungehindert hindurch gelangt. Sie muß der Wetterseite abgewandt sein und Schutz gegen Wind und Niederschlag bieten.

Die einfachste Art der Unterkunft für den Hund im Freien ist eine doppelwandige Hundehütte mit einem Sack davor, der vor Wind und Wetter weitgehend schützt.

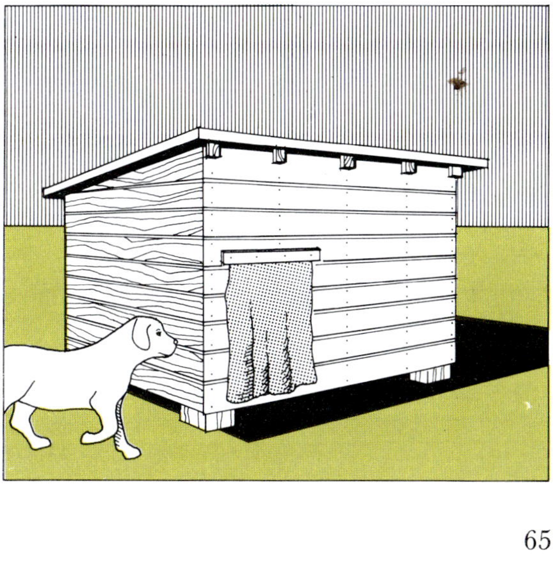

Zwingeranlage zur Unterbringung mehrerer Hunde. Die Einzäunung des Zwingers darf nicht zu niedrig sein und richtet sich nach der darin unterzubringenden Rasse. Für Hunde in der Größe einer Dogge muß der Zaun etwa 2,20 bis 2,50 m hoch sein. Bei jungen Hunden ist darüberhinaus in der Größe des Hundes ein feinmaschiger Draht anzubringen, um die kleinen Hundepfoten vor Verletzungen zu schützen.

Eine als Schutzraum dienende Hundehütte wird zumeist doppelwandig gebaut. Ein vor den Ausschlupf genagelter Sack schützt den Hund vor Zugluft.

Etwas komfortabler ist eine Hundehütte mit einem Vorbau. Der Hund kann hier auch einmal seine Nase herausstecken, ohne dem Regen oder Wind direkt ausgesetzt zu sein. Auch vermag er trockenen Fußes in sein Lager zu gelangen. Außerhalb der Schutzhütte muß der Hund vor allem im Sommer über einen schattigen Platz verfügen.

Daß Hunde im Zwinger nicht angebunden werden dürfen, sollte eigentlich nicht besonders erwähnt werden müssen.

Bei der Haltung von mehreren Hunden im Zwinger empfehlen sich zusammenhängende Hundehäuser, die auch die bessere Möglichkeit der Erwärmung bieten. Solche Häuser kann man nach eigenen Vorstellungen erstellen lassen oder im Fertig- beziehungsweise im Montagebau kaufen. Die einzelnen Holzwände werden nach Anleitung zusammengeschraubt, was jeder, auch handwerklich nicht so begabte Hundehalter

selbst tun kann. Innen lassen sich die Häuser – je nach Bedarf – in getrennte Boxen einteilen.
Vor der Errichtung von Hundehäusern – ob nun in Holz- oder Massivbauweise – sollte man sich nach regionalen baubehördlichen Auflagen erkundigen, um nicht im nachhinein Ärger zu bekommen.
Zwinger und Schutzraum müssen so gestaltet sein, daß sich der Hund nirgendwo Verletzungen zuziehen kann. Vom Zwinger aus sollte er wenigstens an einer Seite einen ungehinderten Ausblick erhalten. Die Einzäunung des Zwingers darf nicht zu niedrig und muß natürlich der Größe der darin unterzubringenden Rasse angemessen sein. Man verwendet einen verzinkten Maschendraht, denn mit Plastik ummantelter Draht wird gerade vom jungen Hund gerne angenagt, so daß die freigelegten Stellen bald rosten. Nicht ganz billig in der Herstellung, auf Dauer aber unverwüstlich, ist eine Einzäunung mit Baustahlgewebe, vor allem wenn Hunde einer großen und schweren Rasse im Zwinger Unterkunft finden sollen. Da dieser Draht sehr weitmaschig ist, muß er bei Unterbringung eines Junghundes zumindest anfangs noch durch einen feinmaschigen Draht ergänzt werden und zwar

Ein etwas komfortableres Hundehaus ist mit einem Windfang bzw. Vorraum versehen.

bis in die Höhe, die der junge Hund noch erreichen kann. So kann er mit den kleinen Pfoten nicht etwa im Draht hängenbleiben.
Die Größe eines Zwingers richtet sich nach der Zahl und der Rasse der in ihm gehaltenen Hunde. Das Tierschutzgesetz schreibt für einen über 20 kg schweren Hund eine Grundfläche – den Schutzraum nicht mitgerechnet – von mindestens 6 Quadratmetern vor und für jeden weiteren, im Zwinger gehaltenen Hund nochmals 3 Quadratmeter. Diese Forderung bewegt sich jedoch an der alleruntersten Grenze, denn ein Hund sollte sich in jedem Fall über das bloße Füßevertreten hinaus im Zwinger bewegen können. Jedoch eignet sich auch der räumlich großzügig angelegte Zwinger nicht zum Daueraufenthalt für den Hund. Ein Hund, der ausschließlich im Zwinger untergebracht wird und von seiner Umwelt kaum etwas zu sehen bekommt, verkümmert allmählich an Körper und Seele. Der ständige Kontakt zum Menschen muß unbedingt gegeben sein.
Die sich nicht im ständigen Sichtbereich des Hundehalters befindliche Zwingeranlage muß so gesichert sein, daß sie für Unbefugte unzugänglich ist.
Aus zweckmäßigen Erwägungen heraus wird man für den Zwinger einen praktischen und leicht sauberzuhaltenden Bodenbelag wählen. Angerauhte Gehsteigplatten eignen sich gut, und wenn der Belag insgesamt mit etwas Gefälle angelegt wird, ist das Reinhalten des Zwingers unproblematisch, vor allem dann, wenn sich in unmittelbarer Nähe ein Wasseranschluß befindet. Auch entfällt dann das lästige Wasserschleppen von der Wohnung zum Zwinger.
Um Liegebeulen vorzubeugen, sollte der Hund außerhalb seiner Schutzhütte nicht auf dem Plattenboden liegen, weshalb sich eine Holzpritsche im Zwinger empfiehlt.
Rechtzeitig vor dem Einzug des Hundes werden alle Holzteile zur besseren Haltbarkeit mit einem entsprechenden Mittel imprägniert. Ein Imprägnieren erst kurz vor seinem Einzug könnte Gesundheitsschäden verursachen, wenn nämlich die frische Farbe eingeatmet wird.

Hunde halten sich im Freien gerne auf einer Holzpritsche auf.

Was der Hund alles benötigt

Um einen Hund optimal halten und pflegen zu können, benötigt er bestimmte Dinge, die am besten gleich im voraus besorgt werden und die man in Zoofachgeschäften oder in den Zooabteilungen von Kaufhäusern, zum Teil auch in entsprechend sortierten Einkaufsmärkten erhält.

Halsband und Leine

Wird ein junger Hund beim Züchter abgeholt, so ist er meist noch nicht im Besitz eines Halsbandes, es sei denn, er wurde bereits beim Vorbesitzer an ein Halsband gewöhnt und ist bereits leinenführig. Für den jungen Hund genügt anfangs ein einfaches Lederhalsband. Bei manchen Rassen gehört ein extrem breites und mitunter noch extra verziertes Lederhalsband gewissermaßen zum „Statussymbol". Für den Hund einer großwüchsigen und starken Rasse kann später die Anschaffung eines Kettenhalsbands sinnvoll sein, es darf aber nicht zu schmal sein; an beiden Enden ist es mit einem Ring versehen. Zum Anlegen gleitet die Kette durch einen der Ringe, wodurch eine Schlaufe entsteht, durch die der Hundekopf hindurchgehen muß. Um bequem über- und abgestreift zu werden, benötigt die Kette etwa 5 cm Spiel. Bei zu viel Spiel kann der Hund die Kette leicht verlieren.

Da der Hund nicht überall frei laufen kann und vor allem der ganz junge Hund noch nicht zuverlässig folgt, benötigt er eine Leine, die mit einem Karabinerhaken versehen ist und in den Ring des Halsbandes eingeklinkt wird. Eine überlange Leine mit einem Auf- bzw. Abrollmechanismus ermöglicht ein größtmögliches Maß an Bewegungsfreiheit; sie eignet sich jedoch nicht als Dressurleine. Die beiden Ringe des Kettenhalsbandes haben verschiedene Funktionen; hakt man den Karabinerhaken in den sogenannten „tätigen" Ring ein, bewirkt jeder Zug an der Leine einen würgenden Effekt am Hundehals, der sich mit dem Nachlassen des Zugs wieder lokkert. Beim Einhaken der Leine in den „toten" Ring – das heißt in den Ring, der keinen Zug aus-

An einem Ring des Lederhalsbandes wird der Karabinerhaken der Leine befestigt. In einem kleinen Lederbehältnis sind Name, Anschrift und Telefon-Nr. des Besitzers hinterlegt, falls sich der Hund einmal verlaufen sollte.

Trägt der Hund anstelle des Lederhalsbandes eine Gliederkette, so wird der Karabinerhaken in den sogenannten „toten" Ring eingehakt, um eine ständige Zugwirkung zu vermeiden.

übt, erzielt ein Ruck nach oben eine effektive, aber keine würgende Einwirkung.
Ein Stachelhalsband sollte nur in der Hand eines erfahrenen Ausbilders Anwendung finden, das heißt nur bei so dickfelligen Hunden, die eine kurze Einwirkung damit vertragen. In unkundiger Hand ist ein Stachelhalsband hingegen ein wahres Marderwerkzeug für den Hund, ebenso wie das Kettenhalsband, das ständig „auf Zug" arbeitet.
Eine einfache Holzkiste mit einem Ausschnitt zum Ein- und Aussteigen erfüllt anfangs seinen Zweck als Lagerstatt. Ein schickes Körbchen sollte erst dann angeschafft werden, wenn der Hund dem unvermeidlichen Nagealter entwachsen ist. In das Hundebett gehört eine dicke, kuschelige Wolldecke, denn Hunde lieben keine glatte Unterlage.
Für die Futter- und Wassergabe ist je eine stabile Schüssel notwendig. Sie sollte so standfest sein, daß sie der Hund nicht ohne weiteres umwerfen kann.

Für die Fellpflege

Für die tägliche Fellpflege ist der Kauf einer Bürste unerläßlich. Ihre Beschaffenheit richtet sich nach Art und Länge des Hundehaares und wird im Kapitel Pflege genauer beschrieben. Manche Langhaar-Rassen benötigen zudem noch einen breitzinkigen Stahl-Kamm.
Ob der Hund ein Mäntelchen braucht, richtet sich nach der Rasse und der Strenge des Winters. Bei kurzhaarigen und empfindlicheren kleinen Rassen ist dies durchaus empfehlenswert. Hunde mit dicker Unterwolle benötigen es normalerweise nicht. Solche Mäntel sind außen abwaschbar – also wetterfest – und innen mit Webpelz ausgefüttert.

Zum Nagen und Spielen

Zum Nagen erhält der Hund einen Knochen aus Büffelhaut, der nach einiger Zeit des Daraufherumkauens so weich wird, daß ihn der Hund verzehren kann. Diese Knochen gibt es in verschiedenen Größen – sogar gefüllt. Verständlicherweise werden sie allmählich recht schmierig und damit unappetitlich in der Wohnung. Sauberer und sehr gut für die Zähne des Hundes sind Rinderklauen, die man ebenfalls verschieden groß im Fachhandel erstehen kann. Der Hund vermag daran seine Beißwerkzeuge ordentlich zu wetzen.
Hunde – vor allem junge – wollen auch spielen. Der beliebte alte Pantoffel wird zwar mit Begeisterung als Spielzeug angenommen; dem Hund ist aber schwierig klarzumachen, daß eben nur dieser eine Schuh zum Spielen Verwendung finden darf. Für den Hund besteht zwischen dem Spielschuh und Herrchens Sonntags-Ausgehschuhen kein Unterschied. Es darf dann konsequent kein anderer Schuh in der Wohnung für den Hund erreichbar sein.
Den Hund mit einem Hartgummiball spielen zu sehen, bedeutet auch für die Zuschauer ein wahres Vergnügen, wenn er – wie ein Kätzchen – danach springt, es wegwirft und wieder fängt.
Die schönsten Spielsachen sind für den Hund mitunter ein Papprohr einer WC-Rolle oder eine alte Gebäckdose oder anderes aus Pappe. Zwar

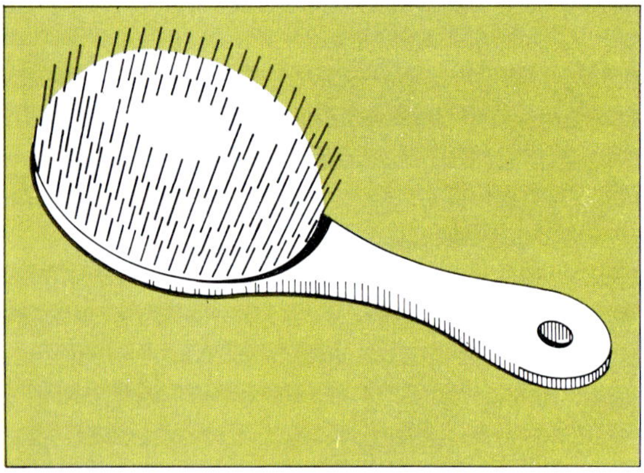

Eine Haarbürste mit Metallzinken entfernt bei lang- und rauhhaarigen Hunden gut das abgestorbene Haar.

währt die Freude an solchen Dingen nicht lange, aber immerhin bergen sie den Reiz von etwas Neuem, da auch der Hund Abwechslung sowohl im Benutzen von Spielzeug wie auch in allen anderen Dingen des Lebens schätzt. Plastikspielzeug kann leicht splittern und gehört deshalb nicht in die Hunde-Spielkiste.

Tägliche Pflege des Felles und Bartes

Bei der Verschiedenartigkeit der Haarstruktur einzelner Hunderassen ist auch die tägliche Fellpflege eine unterschiedliche. Die an dieser Stelle gegebenen Ratschläge sind allgemeiner Natur; besondere Pflege- und Trimmhinweise finden sich am Ende dieses Kapitels.
Ein Sprichwort – allerdings mehr im hippologischen Bereich – sagt: „Gut gefüttert ist halb geputzt." In gewisser Weise trifft dies auch für den Hund zu. Ein gesunder Hund, mit ausgewogener Nahrung versorgt, wird auch ein schönes, glänzendes Fell aufweisen (das aber trotzdem der regelmäßigen Pflege bedarf), während ein solcher mit ernährungsbedingten Mangelzuständen und einer, der in schlechten hygienischen Verhältnissen lebt und auch kaum einmal gebürstet wird, kein ansprechendes Äußeres zeigt. Ein gut gepflegter Hund spricht nicht nur für seinen Besitzer und Pfleger, das tägliche Bürsten ist auch eine Wohltat für den Hund und dient letztlich auch der „Kommunikation" zwischen Herrn und Hund.

Kurz- und Langhaar

Naturgemäß sind kurzhaarige Hunde pflegeleichter als langhaarige. Dem Bürsten des Kurzhaares dient eine mittelharte Borstenbürste. Damit wird zunächst gegen den Strich – das heißt von hinten nach vorn – gebürstet. Anschließend gelangt eine Gumminoppenbürste – in Fachhandel auch als Noppenhandschuh erhältlich – zum Einsatz und zwar diesmal in der Verlaufsrichtung des Fells, was zusätzlich die Hautdurchblutung anregt und auch festsitzenden Schmutz auf der Haut löst. Ein anschließendes Nachreiben mit einem Woll- oder Frottiertuch bringt natürlichen Glanz in das Fell.
Die zuweilen in Fachgeschäften angebotenen reinigenden Puder sollten weder bei kurz- und schon gar nicht bei langhaarigen Hunden angewandt werden. Der Puder verklebt leicht und ist dann nur noch durch ein Bad zu entfernen, was bei starker Verschmutzung ohnehin anzuraten wäre.
Bei langhaarigen Hunden tritt eine Stahlborstenbürste in Aktion, mit der man gut bis auf die Haut des Hundes gelangt, aber nur bis auf die Haut!

Langhaarige Hunde benötigen einen breitzinkigen Kamm.

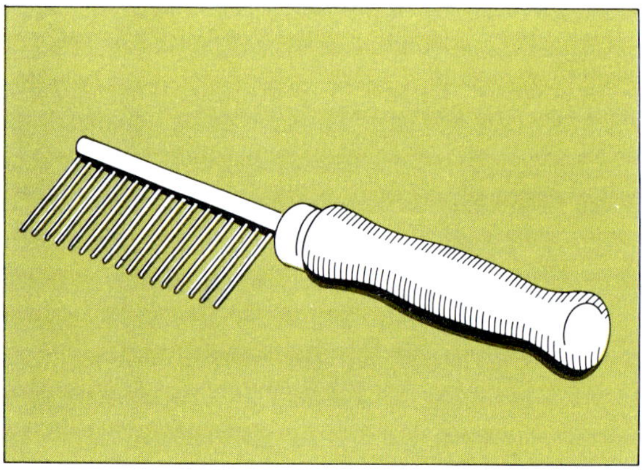

Die Haut selbst darf mit einer harten Bürste nicht verletzt werden. Nach dem Bürsten kämmt man strähnchenweise mit einem breitzinkigen Kamm das Fell durch.

Wenn das Fell verfilzt

Geschieht das Bürsten täglich, macht es letztlich wenig Mühe, wohingegen bei mangelhafter Pflege das Fell gerade bei Hunden mit langem Haar leicht verfilzt. Abgesehen von der dann für den Hund recht schmerzhaften Prozedur kann vernachlässigte Pflege Hautkrankheiten begünstigen, weil die Luft zwischen Haut und verfilztem Fell nicht zirkulieren kann. Ist das Haar des Hundes erst einmal verfilzt, muß man versuchen, mit den Fingern den Filz Stück für Stück auseinanderzuzupfen und mit dem Kamm herauszuziehen. Im Hundefachhandel sind dafür eigens sogenannte Entfilzungskämme erhältlich. Bei zu starker Verfilzung hilft nur noch ein Herausschneiden der schlimmsten Stellen, um den Hund nicht zu sehr zu quälen. Sein Aussehen wird allerdings unter Umständen dadurch leiden und seine „Frisur" möglicherweise nicht mehr standardgerecht sein. Wollhaarige Rassen werden nach dem Vorbürsten gegen den Strich gebürstet und gekämmt.

Zwischen den Zehen und Ballen müssen ebenfalls die Haare bei entsprechender Länge mit einem Kamm behandelt werden, allein schon, um dem Hängenblieben von Fremdkörpern vorzubeugen, wodurch der Hund schlecht laufen könnte.

Nach jedem Spaziergang sind Kletten, Gras und andere Mitbringsel aus dem Fell des langhaarigen Hundes sorgfältig zu entfernen.

Kleinere Rassen lassen sich am besten bürsten und kämmen, wenn man sie dazu auf einen Tisch stellt. Bei frühzeitigem diesbezüglichen Training kann man kleine Hunde sogar auf den Tisch legen, was auch ein Arbeiten unter den Achseln und in der Leistengegend gut ermöglicht.

Während des Haarwechsels bedarf das Fell einer besonders sorgfältigen Behandlung mit der Bürste, um abgestorbene Haare zu entfernen. Das schont zum einen die Teppiche durch unnötig häufiges Saugen, das Bürsten ist aber gerade in dieser Zeit eine Wohltat für den Hund und regt zudem neues Haar zum Wachstum an.

Bei langhaarigen Hunden ist das Säubern des Hinterteils nicht zu vernachlässigen, da leicht Kotreste in den Haaren hängenbleiben. Man benutzt dazu am besten einen feuchten Lappen.

Wenn der Standard einer Rasse ein „Trimming" des Hundes vorschreibt, sollte dies von jemandem mit entsprechenden Vorkenntnissen vorgenommen werden, die sich aber der Hundehalter natürlich auch selbst aneignen kann.

Fellpflege im Winter

Besondere Aufmerksamkeit ist der Fellpflege im Winter zu widmen. Es ist unumgänglich, den Hund auch bei Schnee und Eis hinauszuführen, zumal ein Herumtollen im weichen Schnee den meisten Hunden Freude bereitet. Das hat natürlich zur Folge, daß bei langhaarigen Rassen und solchen mit sogenannten „Hosen" ganze Schneeklumpen an den Beinen und am Bauch hängenbleiben. Mit einem grobzinkigen Kamm lassen sich kleinere Schneeklümpchen entfernen. Wenn es die Größe der Rasse erlaubt, stellt man den Hund am besten in die Badewanne oder unter die Brause und duscht ihm mit warmem Wasser die Beine ab.

Selbstverständlich muß der Hund danach gut abgetrocknet werden. Unter Zuhilfenahme eines Föns kann man die Beine vom Schnee befreien und sie zugleich wieder trocknen.

Der Schnee kann sich von vornherein nicht so gut festsetzen, wenn Beine und Bauch des Hundes vor dem Spaziergang mit einem ölhaltigen Fellpflegespray eingesprüht werden.

Die Pfoten müssen immer dann gründlich abgewaschen werden, wenn sie während des Spaziergangs mit Streusalz oder ähnlichem in Berührung kamen. Danach empfiehlt sich ein Eincremen mit Vaseline-Creme oder das Besprühen mit einem speziell für diesen Zweck geeigneten Spray, zumal auf Eis, Salz und Split die Hundepfoten leicht wund und rissig werden können.

Bei sehr langhaarigen Hunden empfiehlt es sich, die Haare im Winter zwischen den Ballen vor-

sichtig abzuschneiden. Das verhindert zumindest an dieser Stelle die Bildung von Eisklumpen. Um Verletzungen zu vermeiden, benutzt man eine Schere mit abgerundeter Spitze.
Wenngleich ein Hundemäntelchen immer wieder Anlaß zu Kritik gibt und Hunde mit Mäntelchen milde belächelt werden, hat dieser „Wetterschutz", den freilich normalerweise ein Hund nicht benötigt, weil sein Fell bereits schon entsprechenden Schutz vor Witterungsunbill bietet, doch den unbestrittenen Vorteil, daß man seinen Hund zum einen nicht lange trockenfönen muß, und sich zum anderen bei langhaarigen Rassen weniger Schneeklumpen im Fell bilden können. Es bleibt daher jedem Hundehalter selbst überlassen, ob er für seinen Hund – wenn überhaupt, handelt es sich ohnehin um einen Vertreter einer Klein- oder Kleinstrasse – ein Mäntelchen anschaffen möchte oder nicht.
Es ist durchaus angezeigt, für Rassen, die sich durch einen schönen Bart auszeichnen, einen Waschlappen und ein Handtuch parat zu halten, um nach jedem Fressen die Barthaare mit dem nassen Lappen abzuwaschen und anschließend abzutrocknen. So bleibt der ins Auge fallende, gepflegte Bart erhalten, während sonst durch angetrocknete Essensreste beim Kämmen des Bartes zu viel von der schönen Pracht ausgekämmt würde. Sehr helle Bärte verfärben sich zudem binnen kurzer Zeit bräunlich und wirken dadurch ebenfalls unansehnlich.

Augenpflege

Das Sehorgan des Hundes bedarf normalerweise keiner besonderen Pflege, außer daß man morgens mit einem nicht fusselnden, feuchten Leintuch oder einem angefeuchteten Papiertaschentuch vorsichtig die Augen von außen nach innen auswischt, damit sich keine Tränenklümpchen bilden. Das Entfernen des angetrockneten Sekrets ist für den Hund schmerzhaft, wenn es nicht vorher mit warmem Wasser aufgeweicht wird. Bei täglichem Auswischen kommt es erst gar nicht zum Antrocknen.

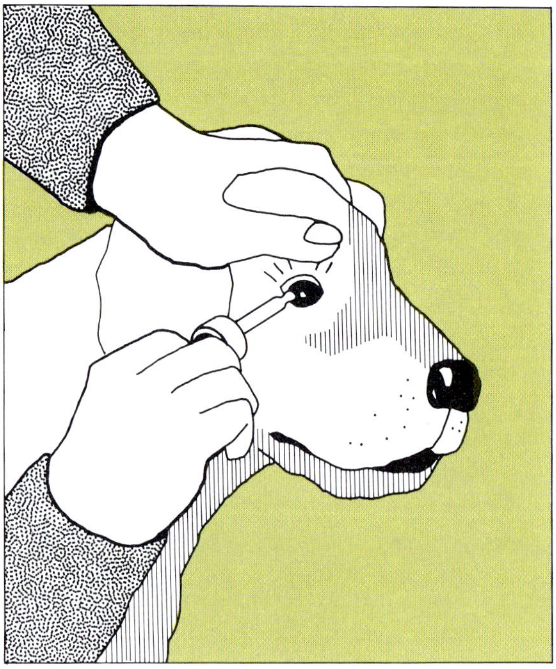

Augentropfen träufelt man in die untere Augenecke, nachdem das Augenlid nach oben gezogen wurde. Eine Hilfsperson erweist sich dabei von Vorteil.

Ständiges Augentränen kann darauf hinweisen, daß Wimpern oder Brauenhaare das Auge reizen, was durch Kurzschneiden der Haare in diesem Bereich verhindert wird.
Für das Auge des Hundes gilt das gleiche wie für das menschliche Auge: Es darf keiner Zugluft ausgesetzt werden! Leider ist dies immer wieder in offenen Autos zu beobachten, oder daß der Hund bei voller Fahrt den Kopf aus dem geöffneten Autofenster steckt.
Gerötete Bindehaut, vermehrter Tränenfluß, Entzündung, Eiterung, Schwellung des Lidrandes, eitriger Ausfluß, Trübung oder Glanzlosigkeit der durchsichtigen Hornhaut, Trübung der normalerweise bis zum 8. Lebensjahr nicht sichtbaren Linse, hautähnliche Auflagerungen auf Binde- und Hornhaut, Vergrößerung des Augapfels, Zittern und rollende Bewegungen des Augapfels sind Anzeichen einer Augenerkrankung und bedürfen der tierärztlichen Behandlung.

Wenn der Hund dauernd ein oder beide Augen zukneift, bei Rötung des dem Augapfel anliegenden Teiles der Bindehaut und bei allen rasch aufgetretenen Veränderungen der Hornhaut, insbesondere bei gräulich-bläulicher Verfärbung, Trübung, Glanzlosigkeit ist ein unverzügliches Aufsuchen des Tierarztes notwendig.
Eine nur leichte Rötung der Lidbindehaut kann man mit angewärmtem Leitungswasser oder sehr dünnem Kamillentee selbst spülen. Es ist jedoch zu bedenken, daß bei einer längeren derartigen Behandlung die das Auge einfassenden Haare ausgehen können, was dem Aussehen des Hundes recht abträglich wäre.
Manche Hunderassen sind mit einem stark herunterhängenden unteren Augenlid (z. B. Bulldogge, Basset, mitunter auch Bernhardiner und Deutsche Doggen) ausgestattet; hier ist besonders sorgfältige Augenpflege angesagt.

Äußere Parasiten

Zur täglichen Pflege gehört auch das gründliche Absuchen des Fells und der Haut des Hundes nach Parasiten. Wenngleich man heute auch nicht mehr davon auszugehen hat, ein gesunder Hund habe auch Flöhe, so kann es doch vorkommen, daß auch ein sonst gepflegter Hund sich irgendwo einmal diese Schmarotzer einfängt, die es natürlich auf schnellstem Wege zu beseitigen gilt. Es ist jedoch gar nicht so sicher, daß man die Flöhe entdeckt; meist entdeckt man eher ihren dunklen rotbraunen Kot zwischen den Haaren. Der Hund wird von starkem Juckreiz geplagt, hauptsächlich hinter den Ohren und am Hals. Durch das Kratzen mit den Pfoten können leicht Hautentzündungen auftreten.
Der unter Flohbefall leidende Hund wird mit einem speziellen Flohpuder (es wird gegen den Strich in das Fell gebürstet) oder -spray behandelt, wobei darauf zu achten ist, daß diese (im Zoofachhandel und in der Apotheke erhältlich) immerhin giftigen Mittel nur unter genauer Beachtung der Gebrauchsanweisung zu verwenden sind. Dies gilt vor allem auch im Hinblick auf die Anwendung bei Welpen. Besonders die Augen des Hundes sind vor Flohpuder zu schützen.
Nicht nur der flohbefallene Hund bedarf der Behandlung, auch sein Lager muß mit Anti-Flohpuder oder -spray behandelt werden, und die sich darin befindenden Decken usw. sind täglich zu reinigen.
Der Hundefloh ist der Zwischenwirt des Bandwurmes, weshalb über die eigentliche Flohbehandlung hinausgehend eine Wurmkur angezeigt ist. Der Hundefloh kann zwar auf den Menschen übergehen, verläßt ihn aber nach kurzer Zeit.
Vorbeugend gegen Flohbefall wirkt ein sogenanntes Floh-Halsband.

Laus und Haarling

Läuse siedeln sich bevorzugt am Kopf des Hundes an; am häufigsten werden Welpen davon befallen. Während die Laus Blut saugt, ernährt sich der Haarling von Hautschuppen. Übertragen werden sie durch direkten Kontakt oder über gemeinschaftlich genutztes Putzzeug. Weiße „Schäppchen“ am Haar und „Eierpakete“ an einzelnen Haaren lassen den Befall unschwer erkennen.
Da auch der Haarling als Überträger des Hundebandwurmes in Frage kommt, ist zum einen eine entsprechende Entwurmung angesagt und zum anderen rasche Behandlung wie bei Flohbefall, die zuweilen wiederholt werden muß.

Zecke

Vom Frühjahr bis in den Herbst hinein werden Hunde vom sogenannten Holzbock (Zecke) heimgesucht, der sich in Wald und Wiese von Halmen auf den Hundekörper fallen läßt und sich dort festsaugt. Wird die Zecke nicht entfernt, fällt sie, sobald sie sich mit Blut vollgesogen hat – wobei sie ihre Größe bis auf die einer kleinen Weintraube vervielfacht – wieder herunter. Wenn man eine solche „satte“ Zecke zerdrückt, wird man erstaunt sein, wieviel Blut sie gesaugt hat, und es ist auch verständlich, daß dies dem Hund unendlich viele Qualen bereitet.

Im Gegensatz zum Hundefloh und der Laus ist eine Zecke leichter zu erkennen, denn sie läßt sich vorwiegend an nicht oder wenig behaarten Stellen nieder, so zum Beispiel im Nasenbereich, in der Augenregion, an den Lefzen, Ohren oder Schenkelinnenseiten, wo sie ihren Saugmechanismus leichter einbohren kann.

Das Entfernen der Zecke erfordert allerdings schon etwas Übung und Routine; der Körper darf nicht etwa abgerissen werden, und dabei der Kopf unter der Haut des Hundes verbleibt und dort zu Entzündungen führt. Manche Erhebung in der Hundehaut ist auf unsachgemäßes Entfernen einer Zecke zurückzuführen.

Das vielfach angeratene Beträufeln der Zecke mit Öl bewirkt zwar ohne Frage ihren Erstickungstod und sie läßt sich dann auch leicht entfernen; bevor sie jedoch erstickt, stößt sie noch einmal ihr giftiges Sekret aus.

Wer sich selbst nicht soviel Fingerfertigkeit zutraut, eine Zecke so zu entfernen, daß auch der Kopf auf jeden Fall herauskommt, kann sich der neuerdings im Fachhandel erhältlichen Zecken-Entfernungszange bedienen. Mit etwas Geschick tut es aber auch eine gut greifende Pinzette.

Das ebenfalls im Fachgeschäft erhältliche Zekken-Halsband schützt relativ gut vor Zeckenbefall vor allem im Kopfbereich; in den hinteren Regionen ist es nicht hundertprozentig zuverlässig.

Milben

Hunde jeden Alters können von Milben befallen werden, die sich bevorzugt am Ohrrand, an der Achsel und den Schenkelinnenflächen breitmachen. Starker Juckreiz, das heißt, wenn sich der Hund ständig kratzt, kann auf Milben hindeuten. Davon kommt es zu Hautentzündungen, Unruhe und Ohrrandverdickungen.

Bei der Sarkoptes-Räude bohrt sich die Milbe in die äußere Schicht der Haut und legt auch dort ihre Eier ab.

Bei der Demodikose *(Demodex canis)* bohrt sich der Schmarotzer ebenfalls, allerdings tiefer, in die Haut. Junge Hunde kurzhaariger Rassen sind gefährdeter als langhaarige Hunde. Man nimmt an, daß sich Welpen bereits über den Saugakt anstecken. Auf einen gesunden Hund eines anderen Wurfes ist die Demodikose nicht übertragbar, ebenso nicht auf den Menschen.

Ohrmilben haben ihren Sitz im äußeren Gehörgang; dort stecken sie in der Haut und saugen sich voll. Die Eier werden in die Haut gebohrt. Die Ansteckung erfolgt von einem Hund auf den anderen oder auch über eine befallene Katze.

Die Herbstgrasmilbe, die wie der Name schon sagt, vorwiegend im Herbst vorkommt, ist nur mit der Lupe als gelb-rötliches Pünktchen auszumachen. Der bevorzugte Sitz ist zwischen den Zehen, aber auch am Bauch, an den Schenkelinnenflächen und an und um die Geschlechtsteile herum.

Beim Verdacht auf Milbenbefall ist unverzüglich der Tierarzt aufzusuchen, der eine entsprechende Behandlung einleitet, die sehr langwierig sein kann.

Das Lager des Hundes

Es ist wenig sinnvoll, den Hund zu bürsten und zu pflegen, wenn er sich anschließend in ein ungepflegtes Lager legen muß. Seine Schlafstatt sauberzuhalten, ist ebenso wichtig wie auch den Hund zu pflegen. Von vornherein ist darauf zu achten, daß alle Decken, Unterlagen etc., die auf dem Hundelager Verwendung finden, in der Waschmaschine waschbar sind. Pflegeleicht und schnell trocknend – das sind die Materialien, aus denen Hundebetten gefertigt werden.

Der überwiegend oder zeitweilig im Zwinger lebende Hund wird in der Regel Stroh als Unterlage bekommen. Steht dem Hund eine genügend große Box – und davon sollte immer ausgegangen werden – zur Verfügung, wird er den Teil des Lagers trockenhalten, in dem er zu ruhen pflegt. Wenn es sich um eine Zwingeranlage handelt, deren Hundehäuser nachts verschlossen werden können, so wird der Hund den anderen Teil des Lagers dazu benutzen, seine dringende Notdurft – weil er ja nicht in den Zwinger heraus kann –

dort im Stroh zu verrichten, was vor allem bei jungen Hunden, die noch nicht so lange durchhalten, der Fall ist.
Es macht aber wenig Mühe, morgens das verunreinigte Stroh aus der Box zu entfernen und durch frisches zu ersetzen, so daß das Lager weitgehend trocken ist. Völlig falsch wäre es, auf das durchnäßte Lager – im Sinne einer in der Pferdehaltung bekannten Matratzenstreu – frisches Stroh zu geben und nur von Zeit zu Zeit auszumisten. Ein feuchtes Hundelager ist eine Brutstätte für Bakterien und darum in der Hundehaltung unhygienisch. Schließlich bleibt der Hund nicht ständig im Zwinger und die Gerüche, die ein durchnäßtes Hundelager verbreitet und die dann auch dem Hund anhaften, sind der menschlichen Nase doch arg zuwider.
Bei Verwendung eines Strohlagers muß zudem sichergestellt sein, daß der Hund gegen Stroh – in der Regel gegen Haferstroh – nicht allergisch ist. Jedenfalls ist an eine Allergie zu denken, wenn der Hund – und das kann durchaus nur ein einziges Tier eines Wurfes sein – entzündliche Hautreaktionen zeigt.
Eine Alternative zum Strohlager bietet sich in der Verwendung von einer Zeitungsunterlage, was sich gerade bei jungen Hunden sehr bewährt hat. Die verunreinigten Zeitungen werden mehrmals am Tage durch neue ersetzt. Dieses Vorgehen ist bei einer Welpenaufzucht in der Wohnung schon lange gebräuchlich, und schon die Wurfkiste ist mit einem dicken Packen Zeitungen versehen, der äußerst saugfähig ist. Man kann auf diese Weise sogar den Hund stubenrein bekommen, indem man ihn daran gewöhnt, sein Geschäftchen in einer mit Zeitungen ausgelegten Kiste zu besorgen. Dabei ist jedoch zu bedenken, daß ein solcher Hund nur schwer umzugewöhnen ist, weil er nicht gelernt hat, von Anfang an im Freien seine Notdurft zu verrichten. Bei einem kleinen oder einer Zwergrasse angehörenden Hund kann man sich das Lösen in einer dafür vorgesehenen und entsprechend mit Zeitungen präparierten Kiste nach Art eines Katzenklos vielleicht noch vorstellen, aber bei einem Hund vom Kaliber etwa einer Dogge wohl kaum.

Regelmäßige Kontrollen

Ohren

Einmal im Monat werden die Ohren einer Kontrolle – soweit das durch den Hundehalter möglich ist – und Reinigung unterzogen, bei Hunderassen mit langen Hängeohren ist es besser, die Ohren alle 14 Tage zu inspizieren. Von Fall zu Fall muß der Hundehalter selbst entscheiden, ob sein Hund zu starker Ohrenschmalzbildung neigt und er demzufolge öfter nachschauen muß, oder ob der Vier-Wochen-Rhythmus ausreicht. Es ist außerordentlich wichtig, daß der Gehörgang stets sauber ist, um von daher ein funktionstüchtiges Hörorgan zu gewährleisten.
Bei Hunden mit starker Behaarung im Ohr wird empfohlen, mittels Daumen und Zeigefinger von Zeit zu Zeit die Haare aus dem Gehörgang herauszuzupfen. Bei wenig Geschick und Erfahrung kann auch eine entsprechend lange Pinzette mit runden Spitzen verwendet werden. Mit einem in Babyöl getränkten Wattebausch unterzieht man dann das Ohr einer sorgsamen, aber gründlichen Säuberung.
Die Benutzung eines Wattestäbchens zur Reinigung des Ohres ist nicht ratsam, da zum einen damit zu leicht die Gefahr von Verletzungen besteht und zum anderen bereits festes Ohrenschmalz nur noch weiter in den Gehörgang hereingedrückt würde.
Wer jegliche Möglichkeit der Verletzung im Ohr umgehen möchte, kann sich eines speziellen Ohrreinigungsmittels bedienen, das in das Ohr eingefüllt wird. Anschließend massiert man den Gehörgang leicht von unten nach oben und tupft danach mit einem Papiertaschentuch das Öl wieder aus. Überschüssige Reste befördert der Hund durch heftiges Schütteln selbst zutage.
Von denjenigen, die die Unsitte befürworten, manchen Hunderassen ein natürliches Hängeohr durch teilweises Abschneiden (Kupieren) zu einem Stehohr hochzudressieren, wird immer wieder ins Feld geführt, Hunde mit herunterhängenden Ohren seien für Ohrentzündungen geradezu prädestiniert. Das mag allenfalls bei Rassen

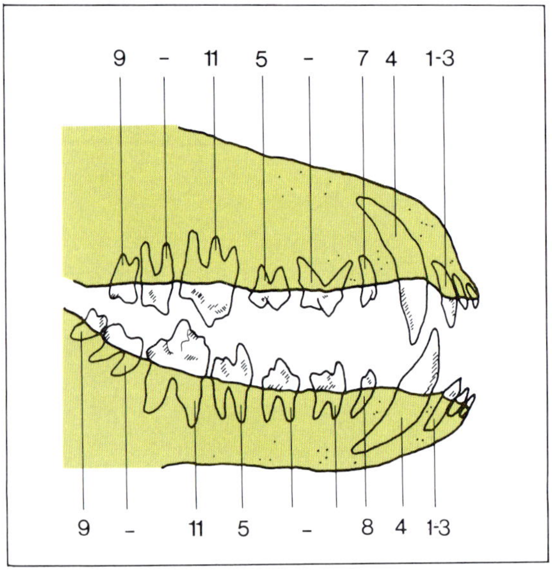

Normales Gebiß des Hundes: 1–3 Schneidezähne, 4 Fangzahn, 5–8 Backenzähne (Prämolaren), 9–11 Mahlzähne (Molaren)

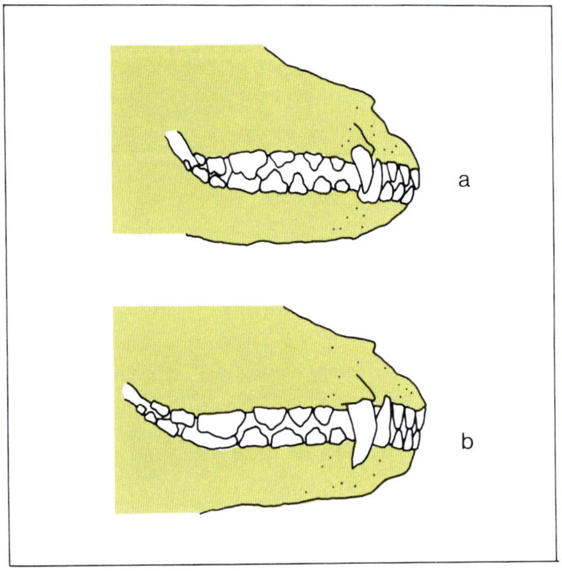

a) Scherengebiß, b) Zangengebiß.

mit extrem langen Schlappohren der Fall sein, und vergleichende Untersuchungen bestätigen dieses Argument keineswegs eindeutig.

Ein Hund, der ständig an einem oder beiden Ohren kratzt, leidet an einer Ohreninfektion, was sich zuweilen auch durch einen üblen Geruch bestätigt. Das dauernde Kratzen kann wiederum eine Verletzung des Gewebes hervorrufen, was zu einem Bluterguß (Hämatom) führt und sich durch eine Schwellung zeigt.

Die Behandlung von Ohrinfektionen kann schwierig sein, da die Ursache meist nicht einwandfrei zu ermitteln ist. Es kann sich dabei um Bakterien, Pilze, aber auch um Ohrmilben handeln. Manchmal sprechen antibiotische Mittel auch deshalb in der Behandlung von Ohrinfektionen nicht an, weil die frühere Verabreichung von Medikamenten zu einer Antibiotika-Resistenz geführt hat. In jedem Fall zieht sich die Behandlung über einen längeren Zeitraum hin, nicht zuletzt deshalb, um ein Wiederaufflackern der Krankheit zu verhindern.

Bei Hunden, bei denen unverhofft eine Ohrerkrankung auftritt, kann eventuell auch ein Fremdkörper im Ohrbereich der Auslöser sein, weshalb rasche tierärztliche Konsultation angesagt ist.

Zähne

Schon der Welpe muß es lernen, daß man seine Zähne regelmäßig kontrolliert – man muß ihm generell aus vielerlei Gründen den Fang öffnen können. Schon bei dem etwa 5 Monate alten Jungtier ist eine Gebißkontrolle notwendig. Es kann vorkommen – häufig bei Kleinhundrassen – daß die zweiten Zähne erscheinen, ohne daß die Milchzähne ausgehen. Wird in diesem Stadium – normalerweise Zahnwechsel genannt – nichts unternommen, stehen die neuen und die Milchzähne nebeneinander. Der Tierarzt muß die Milchzähne, die nicht von alleine ausfallen, rechtzeitig ziehen. Zu spät gezogene Milchzähne hinterlassen nicht nur häßliche Zahnlücken, und in den Zwischenräumen lagern sich ständig Essensreste ab, die unablässig Bakterienherde bilden. An einem Schönheitswettbewerb hat ein Hund mit schlechten Zähnen zudem wenig Gewinnchancen.

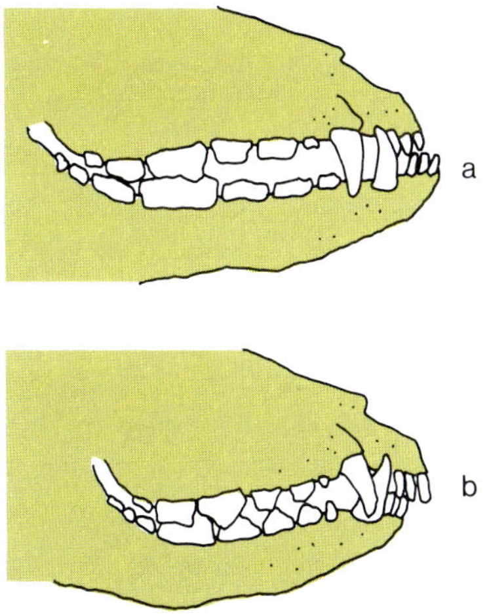

a) **Vorbiß, b) Unterbiß.**

Auch Hunde, denen regelmäßig Hundekuchen und rohe Karotten zum Nagen verabreicht werden, können Zahnsteinbeläge bekommen. Es scheint, als seien kleine Rassen davon noch mehr betroffen als große. Solange die Beläge noch weich sind, können sie mit einem in 3%iger Wasserstoffsuperoxydlösung getränkten Wattebausch abgerieben oder mit einer entsprechenden, im Zoofachhandel erhältlichen Lotion gesäubert werden.

Vorbeugend wirkt auch das tägliche Zähneputzen mit einer medizinischen Zahncreme für Hunde. Dazu hebt man zunächst die Lefzen hoch und nimmt sich die Backenzähne – die meistens auch stärker befallen sind – vor und zum Schluß die Schneidezähne. Hunde, die diese Prozedur von klein auf gewohnt sind, nehmen das hin, wie die Schnauzer das Bartabwischen.

Wird man jedoch trotz aller Maßnahmen des Zahnsteins nicht Herr, ist der Besuch beim Tierarzt angezeigt, der mittels Ultraschall unter Narkose das Übel beseitigt. Beim älteren Hund werden anläßlich dieser Behandlung nicht mehr fest sitzende Zähne gezogen, da auch sie, ebenso wie unbehandelter Zahnsteinansatz Zahnfleischentzündungen verursachen können, was wiederum Zahnverlust bedeutet und das vielleicht in einem relativ frühen Lebensalter.

Krallen

Zu lange, nicht genügend abgelaufene und den natürlichen Bewegungsablauf behindernde Krallen sind eine Erscheinung unserer Zeit – wenn sie nicht auf der Vererbung von sogenannten Hasenpfoten beruhen –, da es den Hunden kaum noch möglich ist, auf entsprechendem Boden ihre Krallen zu wetzen. Hinzu kommt, daß es gerade Kleinhundrassen an Bewegung mangelt.

Das bedeutet, daß die Krallen – etwa alle zwei Wochen – zu kürzen sind. Dazu eignet sich eine normale Nagelschere oder -zange nicht, da sie das Horn zusammenquetscht und dem Hund Schmerzen bereitet. Jeder Hundehalter sollte im Besitz einer für den Hund eigens entwickelten Krallenschneide-Zange sein, die die Krallen nicht zusammendrückt und den Nagel schräg abnimmt, ohne daß der Hund gegen diese Prozedur allzusehr protestiert.

Der Umgang mit dieser Zange bedarf allerdings einiger Übung und ein gewisses Fingerspitzengefühl ist vonnöten, um beim Schneiden keinen Nerv zu beschädigen. Verständlicherweise würde sich sonst der Hund vor dem nächsten Krallenschneiden energisch zur Wehr setzen. Sollte trotz größter Sorgfalt doch einmal eine blutende Verletzung entstehen, ist es nützlich, wenn ein blutstillendes und ätzendes Mittel zur Verfügung steht, um auch späteren Entzündungen entgegenzuwirken.

Mit Wolfskralle (Afterklaue, Afterkralle, Afterzehe) wird die auf die wölfischen Vorfahren zurückgehende, verkümmerte erste Zehe bezeichnet. Sie befindet sich in der Regel an der Innenfläche des vorderen Mittelfußes (Daumenkralle), im Hinterfußskelett aller Hundeartigen ist sie weitgehend verschwunden, wo nicht, tritt sie als mehr oder weniger entwickelte, teilweise sogar verdoppelte Afterzehe in Erscheinung. Da Wolfskrallen für den domestizierten Hund keinerlei Gebrauchswert besitzen und vielmehr beim Laufen stören und beim Hängenbleiben

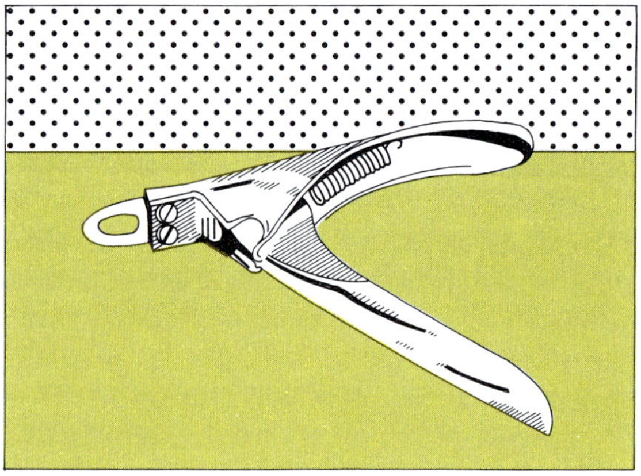

Mit einer Spezial-Krallenzange werden dem Hund die Krallen von Zeit zu Zeit gekürzt.

leicht einreißen, werden sie – wenn der Standard nichts anderes vorschreibt – gleich nach der Geburt der Welpen entfernt.
Bei mangelhafter Krallenpflege kann die noch vorhandene Afterkralle, vor allem wenn sie durch Haare bedeckt ist, durch „Ringeln“ in das Fleisch einwachsen.

Der Hund wird gebadet

An der Frage, ob der Hund baden muß oder darf, scheiden sich die Geister. Um es vorwegzunehmen: Er darf (ausgenommen Welpen unter 12 Wochen) – aber er muß nicht. Für sein Wohlbefinden und seine Gesunderhaltung ist es nicht notwendig, ihn regelmäßig zu baden. Hundespezifischen Geruch kann man durch Baden ohnehin nicht unterbinden, – im Gegenteil: langhaarige Hunde mit dichter Unterwolle riechen nach dem Bade nur noch intensiver nach Hund. In erster Linie ist es eine Frage der Haltung/Unterbringung und der Ernährung, wie ein Hund riecht. Meist ist es auch gar nicht der Hund sondern vielmehr ein nachlässiges Hundelager, das unangenehmen Geruch verbreitet, weshalb noch einmal auf die Dringlichkeit der waschbaren/pflegeleichten Decken für die Hundekiste hinzuweisen ist.

Ein Vollbad

Nun kann es natürlich vorkommen, daß sich der Hund einmal genüßlich im Schmutz gewälzt hat, und daß er dann Düfte mit nach Hause bringt, die die menschliche Nase verabscheut. In diesem Falle ist selbstverständlich ein „Vollbad“ angesagt. Für das Hundebad dürfen keine alkalihaltigen Seifen oder Waschmittel Verwendung finden; es wird ein rückfettendes Hundeshampoo benutzt, auch um die als Schutzmantel dienende Säureschicht auf der Haut nicht zu zerstören. Die Temperatur des Badewassers beträgt zwischen 35 und 37C. Augen und vor allem die Ohren sind vor eindringendem Wasser zu schützen.
Wenn es das Wetter zuläßt, sollte das Bad im Freien stattfinden. Es ist nicht jedermanns Sache, den Hund mit „Dreck und Speck“ in die Badewanne zu stellen und diese später wieder selbst zu nutzen.
Ein Hund, der noch nie mit einem Waschzuber konfrontiert wurde, wird sich anläßlich des ersten Bades energisch dagegen sträuben. Für den Anfang empfiehlt es sich, nicht zu viel Wasser einzufüllen. Der Hund wird ohne Gewaltanwendung sanft in das Wasser gestellt und unter gutem Zureden gießt man mit einer Schöpfkelle zuerst etwas Wasser über die Hinterbeine und nach und nach wird der ganze Hund „begossen“. Dann geschieht das Einschäumen mit Shampoo. Nach gründlichem Waschen hebt man den Hund aus der Wanne, gießt das Schmutzwasser ab und wiederholt mit sauberem Wasser den Vorgang, bis schließlich alles Haarwaschmittel entfernt ist. Schon die Tatsache, daß sich der Hund – der Wanne enthoben – gründlich schütteln wird, verdeutlicht die Empfehlung, den Hund im Freien zu waschen.
Nach dem Bad wird der Hund gut abfrottiert und eventuell trockengeföhnt. Im Sommer geht die Badeprozedur im Freien recht unproblematisch vor sich. Bei kalter Witterung hingegen soll der Hund möglichst zwei Stunden nach dem Baden nicht ausgeführt werden und so lange an einem warmen und zugfreien Platz verbleiben.
Auf diese Weise werden kleine und allenfalls noch mittelgroße Hunde in dringend notwendi-

gen Fällen gebadet. Hunderiesen wie Deutsche Doggen, Bernhardiner, Berner Sennenhund u. a. können freilich nur unter einer Dusche entsprechend gesäubert werden, sei es, daß eine solche im Garten installiert ist oder von vornherein im Keller als Hundedusche geplant wurde.
Hunden, die freiwillig in einem Bach/Gewässer baden, ist dies natürlich gestattet. Da sich der Hund anschließend bewegt, ist die Gefahr einer Erkältung nicht groß.
Eine Trockenshampoo-Reinigung ist kein Ersatz für ein normales Bad. Die Puder-Bestandteile haben den Zweck, überschüssiges Fett und Schmutzteilchen im Fett aufzusaugen, nachdem das Shampoo über den gesamten Körper des Hundes verteilt und eingerieben wurde. Danach wird das Shampoo wieder ausgebürstet. Abgesehen davon, daß Hunde mit dunklem Fell danach alles andere als „rein" aussehen, reizt es manche Hunde zum Niesen, vor allem, wenn es in Kopfnähe benutzt wird. Das Ausbürsten auch des letzten Restchens Puder ist jedenfalls eine mühevolle Angelegenheit und es ist fraglich, ob dies weniger zeitaufwendig ist wie ein Bad.
Bei Verwendung einer Nylonborstenbürste lädt sich das Fell statisch auf; bei langhaarigen Hunden läßt sich das Haar dann kaum frisieren. Allenfalls bei hellen Hunden kann Trockenshampoo zumindest den Eindruck gründlicher Reinigung erwecken, es ist jedoch nicht imstande, groben Schmutz zu entfernen.

Reinigen des Hinterteils

Wenn der Hund auf dem Hinterteil rutscht, „Schlitten fährt" muß das nicht immer – wie meistens angenommen – auf Wurmbefall hinweisen. Es kann sich dabei auch lediglich um festgetrocknete Kotreste handeln, die aus unerklärlichen Gründen auch bei sonst gepflegten Hunden oft vernachlässigt werden.
Während mit einem Vollbad eher sparsam umzugehen ist, sollte die Reinigung des Hinterteils fast täglich erfolgen; beim Rüden werden bei dieser Gelegenheit auch Urinspritzer entfernt.
Das Schlittenfahren kann aber auch auf eine Analbeutelentzündung hinfolge übermäßiger Ansammlung von Drüsensekret zurückzuführen sein. Die Analdrüsen bilden Geruchstoffe, welche mit den ausgestoßenen Kotmassen die Aufmerksamkeit von Artgenossen am Kot und der Aftergegend erregen. Diese Drüsen befinden sich beidseits des Afters und sind mit grützartig brauner Flüssigkeit gefüllt. In der Regel kann eine manuelle Entleerung der Sekretansammlungen weitere Funktionsfähigkeit der Drüsen schaffen; es obliegt dem Tierarzt, festzustellen, ob bereits eine eitrige Entzündung vorliegt, die dann seiner Behandlung bedarf.

Trimmen und Scheren

Die Begriffe Trimmen und Scheren werden häufig derart durcheinandergeworfen, daß der Laie nie so recht weiß, welche Hunde nun getrimmt und welche geschoren werden. Allein die Übersetzung des englischen Wortes „trim“ läßt vielerlei Deutung zu. So besagt es zum einen soviel wie: ordentlich; schmuck; gepflegt (Bart etc.) und zum anderen: in Ordnung bringen, zurechtmachen; herausputzen, schmücken; Bart etc. stutzen. Auf den Hund angewandt heißt das: Rupfen der Haare, Scheren mit der elektrischen Maschine oder dem Klipper, sowie das Schneiden mit einer Friseurschere.

Man unterscheidet 1.) trimmen: Herauszupfen toter Haare oder Kürzen langer, gesunder Haare mit dem Trimm-Messer oder mit Daumen und Zeigefinger; 2.) scheren oder klippen: Abschneiden der Haare mit einer Schermaschine oder Klippschere; 3.) schneiden: Haareschneiden mit einer Schere.

Je nach Rasse wird ein Hund deutlich sichtbar zurechtgemacht und ihm dadurch ein „modisches Aussehen“ verschafft oder es wird nur totes Haar entfernt, wozu wenig Formgebung notwendig ist.

Wenn später von „trimming“ die Rede ist, ist damit das allgemeine Zurechtmachen des Hundes mit der Haarpflege, dem Haarschneiden oder dem Herauszupfen von Haaren gemeint.

Bevor auf das „Zurechtmachen“ der einzelnen Rassen eingegangen wird, sollen die in Frage stehenden Hunde für diese Schönheitsprozedur vorbereitet werden.

Tischtraining

Das Zurechtmachen von Hunden – sei es nun, daß sie nur gebürstet und gekämmt, oder getrimmt und geschoren werden – ist alleine schon ein Geduldspiel. Wie schwierig, ja fast unmöglich gestaltet sich das Ganze, wenn der Hund nicht ruhig steht und sich ungebärdig aufführt. Es ist wichtig, daß er von klein an gelernt hat, stillzustehen, und das geht am besten vor sich, wenn der Hund auf einen entsprechenden Tisch gestellt wird. Solche „Trimmtische“ sind zusammenklappbar, und man sieht sie allenthalben auf Hundeausstellungen, und Herrchen oder Frauchen sind unaufhörlich damit beschäftigt, letzte Hand an den künftigen Champion zu legen. Der Trimmtisch ist mit das wichtigste „Gerät“, wenn es darum geht, den Hund standardgemäß zu richten, und er erleichtert die Arbeit ungemein, die im Bücken an einem auf dem Boden stehenden Hund natürlich gar nicht auszuführen wäre.

Ob der unschöne „Galgen“ zwingend notwendig ist, an dem der Hundekopf so hoch wie möglich fixiert wird, wenn der Hund doch ohnehin ruhig steht, sei dahingestellt.

Auch das Stillestehen will gelernt sein

Schon der Welpe wird damit vertraut gemacht, daß man seine Haare kämmt, ihn bürstet, hier etwas geschnitten und da etwas gerupft wird, die Ohren gesäubert werden, und auch eine Augenbehandlung muß er ruhig über sich ergehen lassen. Das alles „lernt“ er schnell über eine nach bravem Stehenbleiben verabreichte Belohnung. Dazu gehört auch, daß er sich ruhig verhält, wenn einmal eine Zecke entfernt werden muß, was bei einem herumhampelnden Tier nicht möglich ist; man würde die Zecke allenfalls ohne den Kopf abreißen.

Es macht ein gar häßliches Bild, wenn ein Hund nicht rechtzeitig vor einer Hundeausstellung gelernt hat, sich das Gebiß anschauen zu lassen. Wahre Ringkämpfe konnte man da schon beobachten, und es ist absolut verständlich, wenn ein Richter einen solchen Hund, mit dem offensichtlich vor der Ausstellung so gut wie nichts trainiert wurde, aus dem Ring schickt, weil er ihn so nicht beurteilen kann.

Doch zurück zum „Tischtraining“. Der Tisch muß vor allem fest stehen, ein wackelndes Gestell ist ganz und gar ungeeignet, denn darauf kann ein Hund gewiß nicht lernen, sich ruhig zu verhalten. Weiter ist wichtig, daß der Tisch über eine rutschfeste Standfläche – meist handelt es sich um einen gerillten Gummibelag, der auch leicht sauberzuhalten ist – verfügt. Darauf wird der Hund gestellt, mit einer Hand hebt man seinen Kopf an, und bei vielen Terrier-Rassen muß die andere Hand nachhelfen, die Rute in ihre korrekte Haltung zu bringen. Der routinierte Terrier wird dann praktisch mit zwei Handgriffen hingestellt, und er verbleibt in dieser Stellung. Natürlich muß all das sehr ruhig vor sich gehen, das heißt es ist beruhigend auf den Hund einzureden, er wird immer wieder – wenn er sich wunschgerecht verhält – gelobt und gestreichelt, und ganz wichtig ist das zum Schluß der Übung verabreichte „Leckerle", in Form dessen, was der Hund bevorzugt mag.

Leider ist es aber häufig so, daß Hundehalter, bei denen schon das Tischtraining nicht auf Anhieb gelingt, schnell die Flinte ins Korn werfen und sich damit herausreden, der Hund sei ja noch so jung für diese Dinge. Aber auch hier gilt, wie überhaupt in der Hundeerziehung das Sprichwort: „Was Hänschen nicht lernt. . ." Wenn sich der Hund einmal erfolgreich zur Wehr gesetzt hat, ist es nur schwer, ihn wieder ruhig auf den Tisch zu bekommen. Irgendwann einmal sieht der Hundehalter aber doch, daß es an der Zeit ist, seinen Hund „etwas richten" zu lassen, und weil er selbst zu bequem dazu war, dem Hund die ersten Anstandsregeln selbst beizubringen, begibt er sich mit seinem Hund in einen Hundesalon. Nun sind bei weitem nicht alle dieser Institute gleichermaßen für die Pflege aller Rassen eingerichtet. Manche nennen sich deshalb korrekterweise von vornherein „Pudelsalon", was bedeutet, daß dort ein Schnauzer in der Regel nicht fach- bzw. standardgerecht „zurechtgemacht" wird und schon gar nicht ein Vertreter der zahlreichen Terrier-Rassen. Hier ist der Hundehalter gut beraten, wenn er sich beim Züchter oder im zuständigen Klub Rat holt, wo für ihn beziehungsweise seinen Hund ein Fachmann zu finden ist.

Rat und Hilfe vom Fachmann

Mit einem nicht rechtzeitig zu Hause an den Pflegetisch gewöhnten Hund, der nicht mit den notwendigen Handgriffen vertraut gemacht wurde, wird man nur schwer einen „Trimmer" finden, der mehr Zeit und Geduld aufbringt als das eigene Herrchen. In einem Hundesalon, der ja von der Hundepflege und nicht von der Hundeerziehung lebt, kann sich niemand stundenlang mit einem Hund beschäftigen und ihm gute Manieren beibringen. Wenn sich der Hund wie ein Verrückter gebährdet, knurrt und womöglich noch um sich beißt, wird man ihm kurzerhand das Maul zubinden, denn wer will sich noch von ihm schnappen lassen; auch sonst wird man nicht zimperlich mit dem durch die Nachlässigkeit des Besitzers so störrisch und eigensinnig gewordenen Hund umgehen.

Fazit: Der Hund ist erst einmal verdorben, und die Mühe und Zeit, die nun aufzubringen sind, dem Hund sein ungebührliches Verhalten abzugewöhnen, erfordern ungleich mehr Zeit, wie sie bei den ersten Tischversuchen mit dem Welpen notwendig gewesen wären.

Nachdem der Hund mit dem Tisch beziehungsweise dem darauf Stehen hinreichend vertraut ist, muß ihm ja auch klar gemacht werden, daß, wenn er auf dem Tisch steht, etwas an ihm „getan" wird. So beginnt man zuerst einmal mit leichtem Kämmen und Bürsten. Bei Wohlverhalten darf zwischendurch auch das Lob nicht vergessen werden.

Nun kann sich also der Neuling daran wagen, den Hund standardgemäß zurechtzumachen. Dazu ist es notwendig, daß er sich eingehend mit den diesbezüglichen Vorschriften befaßt. Vermutlich hat er sich bereits vor dem Kauf mit der Rasse und den rassespezifischen Besonderheiten eingehend beschäftigt. Der Besuch von Rassehunde-Zuchtschauen bietet ausgezeichnete Möglichkeiten der Orientierung, wie nun der Hund der Wahl als „fertiges" Exemplar aussehen soll. Natürlich wird auch jeder Züchter behilflich sein und wenn möglich, vielleicht den „ersten Schnitt" vornehmen.

Und nun sollte der frischgebackene Hundehalter mutig den ersten Versuch wagen und mit der Arbeit beginnen. Danach wird der Hund auf Anhieb selten so aussehen, wie man es sich vorgestellt hat, was aber weiter nicht schlimm ist, denn alles an der falschen Stelle und zuviel Weggenommene wächst wieder nach. Es muß also niemand verzweifeln, wenn das erste Herrichten etwas mißlungen ist. Nur Übung macht den Meister, und bis zur ersten Hundeausstellung ist es noch eine Weile hin.

Das richtige Handwerkszeug

Daumen und Zeigefinger

Dieses „Werkzeug" ist zwar das preiswerteste, weil schon vorhanden, in der Handhabung aber ziemlich anstrengend und zeitraubend dazu. Doch sollte das Herauszupfen von Haaren der Rassen, bei denen dies vorgeschrieben ist, auch mit dem Daumen und Zeigefinger geschehen, denn die besten Ergebnisse werden mit dieser Methode erzielt. Dazu benötigt man neben Geduld und Zeit vor allem kräftige Fingernägel und Finger, die sich auch getrauen, die Arbeit zu verrichten. Leider gibt es nur noch wenige „Trimmer", die es verstehen, so vorzugehen.
Der Anfänger sollte sich ohnehin lieber erst dann an das Trimmen mittels Daumen und Zeigefinger heranwagen, wenn er sich mit dem Trimmvorgang generell vertraut gemacht hat.
Mit den nachfolgend aufgeführten Werkzeugen sollte er sich jedoch auskennen.

Trimm-Messer

Das Trimm-Messer ist neben Daumen und Zeigefinger das klassische Werkzeug für den Trimmvorgang. Die Einsatzmöglichkeiten sind breit gefächert und der häufige Gebrauch des Trimm-Messers hat wohl dazu beigetragen, daß manche Hundefreunde mit dem Begriff Trimmen nur das Abrupfen toter Haare verbinden.
Im Fachhandel werden zahlreiche in- und ausländische Fabrikate angeboten, und letztlich muß jeder „Trimmer" selbst entscheiden, welches Trimm-Messer er vorzugsweise benutzen möchte.
Drei Ausführungen seien wegen der unterschiedlichen Ergebnisse bei ihrer Anwendung aufgeführt:

1.) Grob – wird hauptsächlich für das „Runterputzen", z. B. beim Abtrimmen während des Haarwechsels, aber auch zum Abtrimmen der kurzen Unterwolle (in Wuchsrichtung über das Haar streichen) verwendet.
2.) Mittelfein – hauptsächlich zum Nachputzen und zwischenzeitlichen Trimming, aber auch für einige Übergänge geeignet.
3.) Fein – hauptsächlich für Übergänge und besonders kurz zu haltende Fell-Regionen.

Mit dem Trimm-Messer wird in der Weise gearbeitet, daß man kurz vor der Trimmstelle das Fell mit der einen Hand festhält, mit der anderen das Trimm-Messer, wobei man den angewinkelten Zeigefinger an den Messerrücken drückt und mit dem Daumen die zu entfernenden Haare gegen die gezahnte Klingenschneide. Dann werden die erfaßten Haare in der Wuchsrichtung ruckartig herausgezupft. Der Vorgang wird um so leichter, je weniger Haare man auf einmal abtrimmt.

Haarschneideschere

Die Haarschneideschere sollte nicht zu groß, sehr scharf und leichtgängig sein. Die Handhabung einer Schere bedarf sicher keiner besonderen Erläuterung. Die Schneiden sollen gerade sein und nach Möglichkeit keine spitzen Enden haben, um die Verletzungsgefahr bei einer plötzlichen Bewegung des Hundes zu verringern.
Eine zweite kürzere Schere mit abgerundeten Spitzen benötigt man für die Entfernung der Haare zwischen den Zehen und Ballen.

Effilierschere

Flächen, die besonders dicht bewachsen sind, werden mit der Effilierschere ausgedünnt. Sie dient auch dem Ausdünnen mancher Übergänge von den längeren zu den kürzeren und ganz kurzen Haarpartien. Wenn die Effilierschere unsachgemäß angewandt wird, kann es zu unerwünschten Stufenschnitten kommen, weshalb man sich dieses Werkzeug vorher von einem Fachmann erklären lassen sollte.
Eine Art der Effilierschere ist an beiden Schneiden ausgezahnt, die andere nur an einer Schneide. Beide Typen sind für den Anfänger

problematisch in der Handhabung, wobei die Schere mit nur einer ausgezahnten Schneide für den Anfänger am wenigsten geeignet ist. Die Effilierschere ersetzt keineswegs das Trimm-Messer. Sie darf nie gegen den Haarstrich angesetzt werden, und mit dem Trimm-Messer übernimmt man das Nachputzen.
Der Anfänger tut gut daran, zuerst nur ein Trimm-Messer zu verwenden und die Übergänge entsprechend häufiger zu bearbeiten.

Klippschere
Die Anwendung der Klippschere bewirkt dann einen unterschiedlichen Erfolg, wenn mit oder gegen den Strich geklippt wird. Bei Haarstellen, die nicht gerade liegen wie etwa bei Wirbeln oder am Hals, ist die Klippschere von mehreren Seiten anzusetzen.
Bei den Ohren muß man besonders vorsichtig sein, und es besteht Verletzungsgefahr, wenn man mit der Klippschere an die Ohrränder kommt und sich der dünne Behang zwischen die Zinken der Schere schiebt.

Elektrische Haarschneidemaschine
Wo das Haar großflächig kurz zu halten ist, ist der Einsatzbereich der elektrischen Haarschneidemaschine. Sie ist auch mit wenig Kraftaufwand leicht zu handhaben. Ihr Anschaffungspreis ist nicht ganz billig und sie kann dort, wo die handbetriebene Klippschere Einsatz findet, nicht angewandt werden. Bei Vorhandensein einer Klippschere und eines Trimm-Messers kann auf die elektrische Haarschneidemaschine auch verzichtet werden, umgekehrt kann aber die Haarschneidemaschine die vorgenannten Werkzeuge nicht ersetzen.
Die Bedienungsanleitung des Herstellers muß unbedingt beachtet werden.

Kamm
Die Beschaffenheit des Kamms richtet sich nach der Fellstruktur des Hundes. In der Regel ist ein stabiler Stahlkamm geeignet, der nicht engzahnig sein darf, damit man nicht mit alten, abgestorbenen Haaren auch nachgewachsene Haare herauszieht. Der Kamm sollte zudem keine zu spitzen Zinken haben, wenn er einen handgerechten Holzgriff aufweist, ist er leichter zu handhaben. Bei manchen Rassen empfiehlt es sich, das Fell zuerst gegen den Strich und dann in seiner Verlaufsform zu kämmen.

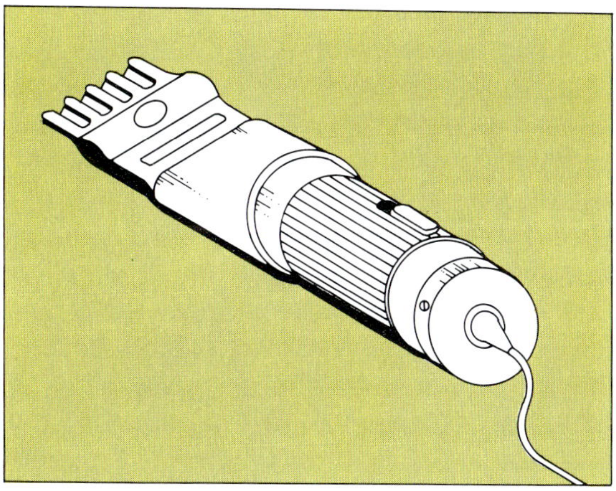

Zu scherendes Haar wird am besten mit einer elektrischen Haarschneidemaschine bearbeitet.

Drahtbürste
Mit Drahtbürsten, deren Borsten in einem nicht starren Gummibett gelagert sind, kann man sich vielfach das anschließende Kämmen ersparen. Nicht für alle Rassen eignet sich eine sogenannte Pudelbürste, bei welcher die Drahtborsten fest und unnachgiebig im Holz eingebettet sind. Aus dem großen Angebot an Drahtbürsten reichen noch die ovale Bürste heraus, die man nur über die Hand stülpen kann, und der Bürstenhandschuh.
Abgestorbene Haare der Unterwolle werden mit einer Kardätsche (oder Striegel) entfernt. Ihre Bürstfläche besteht meist aus harten Natur- und feinen Messingdrahtborsten.

Haarbürste
Hunde mit langem, seidigen Haar und solche, die ein kurzes, glänzendes Fell aufweisen, vertragen die Anwendung einer Drahtbürste nicht. Hier empfiehlt sich neben dem Kamm eine weiche Haarbürste. Für das übrige Haar bediene man

sich einer Bürste mit härteren Borsten. Bürsten, deren Borsten aus synthetischem Material hergestellt wurden, sollten in der Hundepflege keine Verwendung finden.
Beim Bürsten kommt es vor allem auf Sorgfalt an, und es ist darauf zu achten, daß keine gesunden Bein- oder Barthaare mit herausgerissen werden.
Mit dem richtigen „Handwerkszeug" ausgerüstet und ein wenig gutem Willen und natürlich mit viel Geduld ausgestattet, sollte es eigentlich jedem Hundehalter möglich sein, seinen Hund standardgerecht herzurichten. Der Anfänger solle sich nicht entmutigen lassen, wenn zunächst noch nicht alles so perfekt klappt. Er wird von Mal zu Mal mit seinem Werk zufriedener sein; schließlich ist noch kein Meister vom Himmel gefallen.

Trimmen der Terrier

Bei der Vielzahl der anerkannten Terrier-Rassen (über 30) wird verständlich, daß sich diese sowohl in der Größe, Gestalt und Farbe voneinander unterscheiden, als auch in der Verschiedenartigkeit ihrer Haarstruktur. So gibt es Terrier mit hartem, rauhem, griffigem, weichem, seidigem, flockigem, gewelltem oder auch glattem Haar, das kurz, mittellang, lang oder gar überlang sein kann. Alle diese voneinander abweichenden Haararten bedürfen natürlich auch einer ganz verschiedenartigen Pflege und infolge anatomischer Unterschiede ist auch eine spezielle Handhabung beim Trimmen erforderlich. Daher gelten für jede Terrier-Rasse beim Zurechtmachen eigene Regeln.
Generell wird das Haar der Terrier entweder nur gekämmt beziehungsweise gebürstet, nicht aber geschnitten, oder nach sorgfältigem Kämmen oder Bürsten gerupft oder geschnitten. Aus den nachfolgenden Angaben geht hervor, welche Terrierhaare nun gebürstet, welche gebürstet und gekämmt, welche mit der Schere geschnitten und welche mit dem Trimm-Messer zu bearbeiten sind.
Australian, Silky, Skye, Soft Coated Wheaten, Tibet, Yorkshire Terrier werden lediglich gebürstet und gekämmt; bürsten und abreiben muß man Boston, Bull (alle), Deutscher Jagd, English Toy, Glatthaar Fox, Manchester und Staffordshire Terrier.
Border, Cairn, Dandie, Dinmont, Norfolk und Norwich Terrier soll man möglichst nur mittels Daumen und Zeigefinger rupfen, Airedale, Irish, Lakeland, Rauhhaar, Fox, Scottish, Sealyham, Welsh, West Highland White Terrier werden überwiegend mit dem Trimm-Messer gerupft; mit Klippschere und Haarschneideschere schneidet man Bedlington, Cesky und Kerry Blue Terrier.
In der Regel wechseln die Hunde zweimal im Jahr ihr Fell: Im Frühjahr wird der Winterpelz abgestoßen und gegen Ende des Sommers wird das Haar nochmals gewechselt.
Wenn man bei den rauhhaarigen Rassen das abgestorbene Haar herausrupft, kürzt das den Vorgang des Haarwechsels erheblich ab. Bei überständigem Fell läßt sich das tote Haar besonders leicht abtrimmen.
Während dies früher nur mit Daumen und Zeigefinger vorgenommen wurde, bedient man sich – um die doch sowohl für den Herrn als auch für den Hund anstrengende Prozedur abzukürzen – hauptsächlich des Trimm-Messers, aber auch anderer Hilfsmittel. Allerdings gibt es auch heute noch Rassen, die nach wie vor ausschließlich mit Daumen und Zeigefinger zurechtgemacht werden sollten. Bei ihnen ist jedoch der gesamte Trimmkomplex nicht ganz so umfangreich.
Bei Rassen mit einer „Rundumbehandlung" kommen gelegentlich auch noch Daumen und Zeigefinger zum Einsatz.
Das Fell der langhaarigen Terrierrassen wird während des Haarwechsels besonders oft und sorgfältig gekämmt sowie gebürstet. Dabei können gleichzeitig die abgestorbenen Haare entfernt werden, was zum Wohlbefinden und für die Gesundheit des Hundes wichtig ist.
Die Aufgabe des Besitzers eines langhaarigen Terriers ist es, das Haar seines Hundes regelmäßig, vorsichtig, aber gründlich zu bürsten. Damit

wird auch gleichzeitig die Haut massiert und das Haar zu neuem Wachstum angeregt.
Die Haare bei den kurzhaarigen Terrierrassen sind oft und kräftig zu bürsten. Man kann ein übriges tun, und den Hund anschließend mit einem feuchten, weichen Ledertuch abreiben, was schönen, natürlichen Glanz verleiht.
Die rauhhaarigen Terrierrassen werden – je nach Rasse – mit dem Trimm-Messer oder auch mit Daumen und Zeigefinger überarbeitet. Vorausgesetzt, das Haar dieser Rassen wird oft und gründlich mit Kamm und Drahtbürste gepflegt.
Bedlington und Kerry Blue Terrier unterscheiden sich mit ihrem Haar von den zuvor genannten Arten. Eine Eigenheit besteht darin, daß sie ihre Haare, obwohl diese vom Körper abgestoßen werden, nicht verlieren. Wenn nun das tote Haar im Fell verbleibt, verfilzt es sehr schnell. Deshalb muß das Haar durch häufiges Kämmen herausgearbeitet werden.
Bei den Rassen Airedale, Bedlington, Cesky, Irish, Kerry Blue, Lakeland, Rauhhaar, Fox, Scottish, Sealyham und Welsh Terrier darf man das angewandte Trimming deutlich erkennen, während man es bei den Rassen Australian, Border, Cairn, Dandie Dinmont, Deutscher Jagd, Norfolk, Norwich und West Highland White Terrier fast nicht sehen soll. Sie „sollen nach dem Trimmen aussehen, als seien sie nicht getrimmt worden“! Um dieses Bild zu erreichen, muß schon ein Routinier am Werke sein.

Wann wird der Terrier getrimmt?

In der Regel hat der Züchter den Terrierwelpen, wenn er einer Rasse angehört, die später regelmäßig getrimmt werden muß, vor dem Abholen des neuen Hundehalters an Köpfchen, Ohren, Rute und Pfötchen zurechtgemacht. Nun muß der Hundehalter bestimmen, wann der junge Hund das nächste Mal getrimmt werden soll. Es sollte nicht zugewartet werden, bis das kleine Kerlchen einem Wollknäuel mehr ähnelt denn einem Terrier, das heißt spätestens im Alter von vier bis fünf Monaten ist das erste Trimmen fällig. Je früher das Babyhaar abgerupft oder geschnitten wird, um so günstiger entwickelt sich die Felldecke bei jenen Rassen, bei denen später ein regelmäßiges Trimming nötig ist.

Wie oft wird getrimmt?

Bei der Vielzahl der Rassen und dem unterschiedlichen Haarwuchs können natürlich keine exakten Angaben darüber gemacht werden, wie oft ein Terrier zu trimmen ist. Wenn sich das Deckhaar zu teilen beginnt und wenn bei der täglichen Pflege ungewöhnlich viel Haare ausgekämmt werden und sich das Haar mit den Fingern leicht herausrupfen läßt, ist es an der Zeit, den Hund zu trimmen.
Bei den meisten zu trimmenden Terrier-Rassen ist ein gutes Aussehen schon dadurch zu erreichen, daß etwa alle drei bis vier Wochen Kopf, Ohren, Kehl- und seitliche Halspartien, Rute, Afterregion und Pfoten zwischendurch zurechtgemacht werden.

Anleitung zum Trimmen der in diesem Buch beschriebenen Terrier-Rassen

Die einzelnen Schritte erfolgen in der empfohlenen Reihenfolge. Als Werkzeuge werden verwendet:
(1) elektrische Schermaschine,
(2) Klippschere,
(3) Haarschneideschere,
(4) Trimm-Messer,
(5) Daumen-Zeigefinger.
Erläuterung: Wenn als Werkzeuge beispielsweise (1) und (2) angegeben werden, so sind diese wahlweise zu verwenden – ebenso bei den Angaben (4) und (5).

Airedale Terrier

Hals (obere Partie – Nacken): (4) Mittellang trimmen, bei viel Unterwolle auch diese kürzen.
Seitliche Partie: (1), (2), (4) Kurz trimmen, eventuell scheren oder klippen; Übergang zur oberen Halspartie (Nacken) schaffen.
Untere Partie: (1), (2), (4) Kurz scheren oder klippen, Übergänge trimmen.
Kopf (Oberkopf – Schädeldecke): (4) Kurz trimmen zur Betonung eines flachen Kopfes; Übergang zur Nackenpartie schaffen.

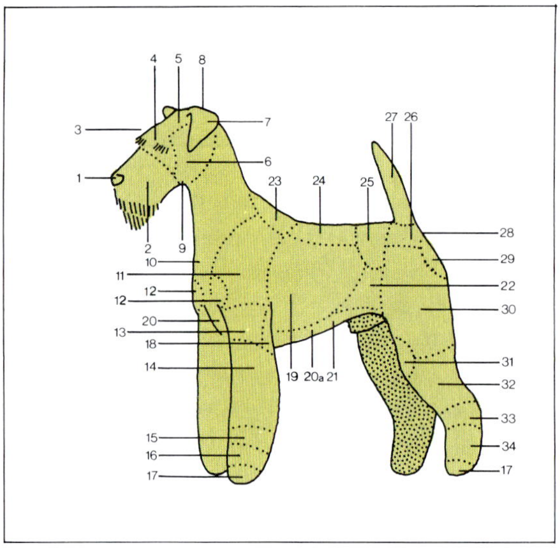

Terrier-Trimmanleitung dargestellt am Airedale Terrier – Körperteile, wie sie in den einzelnen Trimmbeschreibungen vorkommen.
1. Nase
2. Schnauze
Vorgesicht
3. Stop, Stirnabsatz
4. Augenregion
5. Oberkopf, Schädeldecke
6. Wangenpartie
7. Ohr,
8. Hinterhauptbein (vom Ohr verdeckt),
9. Kehle
10. Hals
11. Schulterpartie
12. Schultergelenk (Buggelenk)
13. Oberarm,
14. Unterarm
15. Vorderfußwurzelgelenk
16. Vordermittelfuß
17. Pfoten
18. Ellenbogen,
19. seitl. Brust
20. Vorbrust, 20 a. untere Brust,
21. Unterleib, Bauch
22. Flanke
23. Widerrist,
24. Rücken
25. Lende (Nierenpartie)
26. Kruppe, 27. Rute
28. Afterregion (verdeckt)
29. Sitzbeinhöcker, 30. Oberschenkel,
31. Kniegelenk, 32. Unterschenkel,
33. Sprunggelenk, 34. Hintermittelfuß.

Wangenpartie: (2), (4) Kurz klippen zur Betonung eines schmalen Kopfes; Übergang zum Bart mit dem Trimm-Messer schaffen.
Augenpartie: (3), (4) Brauen ausdünnen und keilförmig nachschneiden. Von den Augenwinkeln Übergang zum Bart mit dem Trimm-Messer schaffen.
Bart: (3), (4) Ausdünnen, Übergänge mit Trimm-Messer zu den Augenwinkeln und Wangen, vor den Augen nicht aushöhlen, am vorderen Drittel des Kopfes das Barthaar ungekürzt belassen.
Ohren: (3), (4) Flächen innen und außen kurz trimmen; Haare der Ohrränder den Konturen folgend kurz schneiden.
Körper – Schulter: (4) Bis hinab zum Ellenbogen kurz trimmen, Übergänge zum Widerrist, zur seitlichen Brust und zu den Beinhaaren schaffen.
Vorbrust: (4) In Wuchsrichtung (mit dem Strich) kurz trimmen; ab Brustbein etwas Haar keilförmig stehen lassen, das in das Haar der Unterbrust übergeht; Übergang zum Beinhaar.
Rücken – Lende: (4) Mittellang trimmen, bei viel Unterwolle auch diese kürzen. Übergänge zur seitlichen Brustpartie und zu den Schenkeln schaffen.
Rute – oben: (4) Mittellang trimmen, gleichmäßig rund; überstehende Haare am Rutenende mit den Fingern abtrimmen.
Rute – unten: (2) Kurz klippen.
Seitliche Brust: (4) Nicht zu sehr durchtrimmen, Übergänge zur Unterbrust schaffen.
Flanke: (3) Unterer Flankenrand dem Profil folgend schneiden.
Unterbrust: (3), (4) Nur zum Bauch hin mit Trimm-Messer kürzen, dabei gebogene Linie schaffen; nur überstehende Haare zurückschneiden.
Bauch: (2), (4) Von ganz hinten bis vor zum Nabel leicht übertrimmen oder klippen, nicht zu kurz.
Afterregion: (1), (2), (4) Kurz scheren oder klippen. Dabei auch Übergänge zu den Schenkeln schaffen.
Läufe – Vorderläufe/Beine: (4) Gleichmäßig rund, überstehende Haare möglichst nur mit den Fingern abtrimmen; Übergang zum Ellbogen schaffen.

Vorderläufe/Pfoten: (3) Krallenbett frei schneiden, Ballenränder umschneiden, Haare zwischen Ballen und Zehen entfernen.
Hinterläufe/Schenkel: (4) Nur wenig durchtrimmen, aber Pluderhosen vermeiden; Innenseiten kurz halten; hinteres Schenkelprofil kurz, vorderes Profil so, daß Kniewinkelung betont wird.
Sprunggelenk: (4) In Schenkel und Hintermittelfuß integrieren, Höcker kurz trimmen, Übergänge schaffen.
Hintermittelfuß: (4) Gleichmäßig rund trimmen; mittellang.
Hinterläufe/Pfoten: (3) wie Vorderpfoten.

Australian Terrier
Kopf – Ohren: (3), (5) Federn abtrimmen; Haare der Ohrränder den Konturen folgend kurz schneiden.
Körper – Afterregion: (3) Haare unter der Rute und um den After kürzen.
Läufe – Vorderläufe/Pfoten: (3) Ballenränder umschneiden; Haare zwischen Ballen und Zehen entfernen.
Hinterläufe – Pfoten: (3) wie Vorderpfoten.

Bedlington Terrier
Hals – untere Partie: (2), (3) Kurz scheren oder klippen.
Unterkiefer: (1), (2) Kurz scheren oder klippen bis hoch zur Unterlippe.
Hals – seitliche Partie: (1), (2) Kurz scheren oder klippen.
Schulter: (1), (2), (3) Kurz scheren oder klippen; Übergänge zur seitlichen Brust und Läufen schneiden.
Hals – obere Partie/Nacken: (1), (2), (3) Obere Halsseiten vom hinteren Ohransatz bis zur Mitte des Widerrists kurz scheren oder klippen; dabei keilförmige Fortsetzung des Schopfhaares stehen lassen, die zum Widerrist kürzer bis ganz kurz geschnitten wird.
Kopf – Wangenpartie: (2) Kurz klippen, und zwar im Dreieck: äußerer Augenwinkel – vorderer Ohrenansatz – Punkt, ca. 2–3 mm hinter Lippenwinkel; Übergänge zum Schopf und Vorgesicht schaffen.
Ohren: (2), (3) Äußere und innere Flächen kurz klippen; außen nicht über den Ohransatz hinaus; am Ohrende bleibt eine Daumenbreite der Fransen ungekürzt; Ohrränder den Konturen folgend beschneiden (Vorsicht bei den Taschen am hinteren Ohrrand!).
Lefzen: (3) Ober- und Unterlippen von überstehendem Haar befreien.
Vorgesicht (seitliches): (3) Auf 2–3 cm Haarlänge in Linie mit Wangenpartei schneiden.
Kopf – Schopf: (3) Von der Nasenwurzel bis Hinterhauptbein lang lassen, dabei eleganten Bogen im Profil schneiden; in der Breite halbrund egalisieren, keilförmig, jedoch mehr parallel als spitz.
Augenpartie: (3) Leichter Rückschnitt vor den Augen zur Sichtverbesserung, dabei unter den Augen nicht aushöhlen.
Körper – Vorbrust: (1), (2), (3) Kurz scheren oder klippen; Übergänge zu den Läufen schneiden; eventuell Kragenbildung zurückschneiden.
Läufe – Vorderläufe/Beine: (3) Gleichmäßig rund schneiden; gerade Linie schaffen; Ellenbogen kurz, Vordermittelfuß zur Pfote hin kürzer halten.
Vorderläufe/Pfoten: (3) Haar zwischen Zehen und Ballen entfernen; Krallen freischneiden; Hasenpfote betonen, dabei Übergang zum Vordermittelfuß schaffen (keine Pudelpfoten entstehen lassen!).
Körper – seitliche Brust: (3) Haar gleichmäßig, pelzähnlich auf ca. 1 cm Länge schneiden; Übergänge zum kürzeren Haar der Schulter und Flanke schaffen.
Körper – Flanke: (3) Flankenbogen kurz klippen, überstehendes Haar am Flankenrand den Konturen folgend schneiden; Übergänge schaffen.
Körper – Unterbrust: (3) Haare lang belassen, nur überstehende Spitzen kürzen, dabei unteres Brustprofil betonend, zum Bauch hin kürzer.
Rücken – Lende: (3) Vom kurzen Haar des Widerrists über länger zu belassendes Haar des Rükkens, zum kürzer zu haltenden Haar auf der Kruppe schneiden, den Rückenbogen damit betonend.
Bauch: (2) Nicht zu kurz klippen, aber gut aussäubern.

Rute: (2), (3) Vom Rutenende an etwa $^2/_3$ kurz klippen; oberes Drittel mittellang, mit sauberem Übergang zur Kruppe schneiden; Rutenunterseite, auch des oberen Drittels, kurz.
Afterregion: (3) Haare der Afterregion kurz schneiden.
Hinterläufe/Schenkel: (3) Ober- und Unterschenkel (äußere und innere Flächen) gleichmäßig pelzähnlich mittellang schneiden, dabei „Pluderhosen“ vermeiden; vorderes und hinteres Schenkelprofil betonen.
Hinterläufe/Sprunggelenk: (3) Winkelung des Gelenkes betonen, seitliche und vordere Haare in Schenkel und Hintermittelfuß einbeziehen, auf dem Höcker kurz.
Hinterläufe/Hintermittelfuß: (3) Gleichmäßig rund schneiden, zur Pfote hin kürzer halten.
Hinterläufe/Pfoten: wie Vorderpfoten.

Border Terrier
Kopf – Oberkopf/Schädeldecke: (4), (5) Alle langen weichen Haare abtrimmen, dabei Kopfform (breiter Oberkopf mit flacher Schädeldecke) betonen.
Wangenpartie: desgleichen.
Augenpartie: (4), (5) Längere Haare über den Augen und vor den inneren Augenwinkeln entfernen. Nicht unter den Augen austrimmen.
Fang/Bart: (4), (5) Überstehende Haare entfernen; etwas Bart belassen, aber keinen „Schnauzbart“ stehen lassen.
Ohren: (3), (4), (5) Sowohl Außen- als auch Innenflächen kurz trimmen, Ohrränder den Konturen folgend schneiden.
Hals – obere Partie/Nacken: (4), (5) Kurz bis auf Unterwolle abtrimmen.
Hals – seitliche Partie: (4), (5) desgleichen.
Körper – Schulter: (4), (5) desgleichen.
Hals – untere Partie: (4), (5) desgleichen.
Körper – Vorbrust: (4), (5) desgleichen.
Seitliche Vorbrust: (4), (5) desgleichen.
Flanke: (4), (5) desgleichen.
Rücken/Lende: (4), (5) desgleichen.
Rute – oben: (4), (5) Gleichmäßig abtrimmen, damit sie am Ansatz dick und zum Ende hin allmählich dünner wird.
Rute – unten: (4), (5) Kurz trimmen.
Körper – Unterbrust: (4), (5) Kurz bis auf Unterwolle abtrimmen.
Bauch: (4), (5) desgleichen.
Afterregion: (4), (5) desgleichen.
Läufe – Vorderläufe/Beine: (4), (5) Gleichmäßig abtrimmen, lange Fransen an den Rückenseiten entfernen, auch an Ellenbogen.
Vorderläufe/Pfoten: (3) Überstehende Haare an den Kanten zurückschneiden; Haare zwischen Ballen und Zehen entfernen.
Hinterläufe/Schenkel: (4), (5) Innen- und Außenflächen gleichmäßig bis auf Unterwolle abtrimmen.
Hintermittelfuß: (4), (5) Überstehende Haare entfernen.
Hinterläufe/Pfoten: (3) wie Vorderpfoten.

Cairn Terrier
Hals – obere Partie/Nacken: (4), (5) Totes Haar austrimmen, neues Haar nur leicht übertrimmen. Bei schwerem oder grobem Hals mehr abtrimmen.
Rücken/Lende: (4), (5) Totes Haar austrimmen, neues Haar nur wenig übertrimmen, bis Rücken gerade Linie zeigt.
Hals – seitliche Partie: (4), (5) Leicht übertrimmen.
Körper – Vorbrust: (4), (5) Leicht übertrimmen.
Schulter: (4), (5) Gleichmäßig, aber nicht zu viel übertrimmen, Haar mittellang belassen.
Seitliche Brust/Flanke: (4), (5) Den Körperlinien folgend übertrimmen.
Läufe – Hinterläufe/Schenkel: (4), (5) Obere äußere Schenkelflächen leicht übertrimmen, Haar an den unteren Flächen länger und zottiger bis über die Sprunggelenke lassen.
Rute: (4), (5) Übertrimmen, dabei am Ansatz dick belassen, zum Rutenende dünner, Haare, die die Rutenspitze überstehen entfernen, Rute soll buschig, nicht aber struppig wirken.
Afterregion: (4) Gleichmäßig kurz trimmen.
Kopf – Oberkopf/Schädeldecke: (4), (5) Nur soviel Haare abtrimmen, bis obere Ohrhälften freistehen.
Wangenpartie: (4), (5) Den Umrissen des Kopfes folgend leicht übertrimmen.
Ohren: (4), (3) Oberflächen ganz kurz trimmen;

Haare der Ohrränder den Konturen folgend kurz schneiden.
Läufe – Vorderläufe/Pfoten: (3) Pfoten rund schneiden, überstehende Haare der Ballenränder gleichmäßig kürzen; Haare zwischen Zehen und Ballen entfernen.
Hinterläufe/Pfoten: (3) wie Vorderpfoten.

Irish Terrier
Kopf – Oberkopf/Schädeldecke: (4) Möglichst kurz trimmen.
Wangenpartie: (4) desgleichen.
Augenpartie: (4), (5) Kurze, nicht zu buschige Brauen stehen lassen, innen länger, zum äußeren Augenwinkel kürzer; unter den Augen zu den Lippenwinkeln in den Bart hinein Übergänge schaffen; nicht unter den Augen aushöhlen.
Unterkiefer: (2), (4) Von der Kehle bis zu den Lippenwinkeln möglichst kurz klippen; Übergänge zum Barthaar trimmen.
Bart: (3), (4) Übergänge herausarbeiten.
Ohren: (4), (5), (3) Innen- und Außenflächen ganz kurz trimmen. Haare der Ohrränder den Konturen folgend kurz schneiden.
Hals – obere Partie/Nacken: (4), (5) Unmittelbar hinter Kopf und Ohren ganz kurz trimmen, dann Haare in Richtung Rücken allmählich länger belassen.
Rücken/Lende: (4), (5) Haare etwas länger belassen, hier soll das harte, griffige Haar gut zur Geltung kommen.
Rute: (4), (5) Rute soll mit harschem Haar umschlossen bleiben, deshalb vom Ansatz bis zur Spitze gut ausgleichen; Rutenende in einer sich verjüngenden Rundung auslaufend.
Rute – oben: (4), (5) Nicht zu kurz trimmen, keine Fransen stehen lassen.
Hals – seitliche Partie: (4), (5) Ganz kurz trimmen; zur Nackenlinie und zur Schulterpartie Übergänge schaffen.
Körper – Schulter: (4), (5) Kurz trimmen, Übergänge zur Brust und zu den Vorderläufen gut bearbeiten und ausgleichen.
Hals – untere Partie: (2), (4), (5) Von der Kehle bis zur Vorbrust ganz kurz klippen, Übergänge zur Schulterpartie herausarbeiten.
Vorbrust: (2), (4), (5) Kurz klippen; Übergänge zu den vorderen Beinen heraustrimmen.
Seitliche Brust: (4), (5) Kürzer als Rückenhaar trimmen.
Flanke: (4), (5) Kurz trimmen, dabei Übergänge zu den Schenkeln herausarbeiten.
Hinterläufe – Schenkel: (4), (5), (3) Rückseite kurz trimmen, dabei Bogen der Hinterhand betonen; Außenseiten länger belassen, hartes Haar zeigend; „Hosen“ vermeiden. Innenseiten bis Bauchpartie kurz klippen.
Unterbrust: (4), (5) Brusttiefe betonend, wird das Haar dem Brustprofil folgend dicht und länger belassen.
Bauch: (2), (4) Gut aussäubern, nicht allzu kurz halten.
Afterregion: (2), (5) Kurz klippen oder trimmen.
Rute – unten: (4), (5) Kurz trimmen.
Läufe – Vorderläufe/Beine: (4), (5), (3) Gleichmäßig rund trimmen, so daß sie wie Säulen wirken; Haare der Ellenbogen kurz halten; weiches Haar unter den Achseln herausschneiden.
Vorderläufe/Pfoten: (3) Ballenkanten rund und kurz beschneiden; Übergänge zum Beinhaar schaffen; Haare zwischen Zehen und Ballen herausschneiden.
Hinterläufe/Sprunggelenkhöcker: (4), (5) Kurz trimmen, gute Übergänge zum Haar des Hintermittelfußes herausarbeiten.
Hintermittelfuß: (4), (5) Gleichmäßige Rundung von mittlerer Haarlänge trimmen, überstehende Spitzen egalisieren.
Hinterläufe/Pfoten: (3) wie Vorderpfoten.

Kerry Blue Terrier
Kopf – Wangenpartie: (1), (2) So kurz wie möglich im Dreieck: äußerer Augenwinkel – vorderer Ohrenansatz – Lippenwinkel scheren bzw. klippen.
Augenpartie: Brauen von den äußeren Augenwinkeln an stehen lassen und über die Augen nach vorn kämmen.
Vorgesicht: (3) Haare der Brauen und des Nasenrückens in den Bart einbeziehen, nur egalisieren.
Fang/Bart: (3) Bart nach vorn kämmen und mit Schere wenig beschneiden; nur soviel, daß der

Kopf dadurch eine rechteckige Form erhält; Bartlänge nicht kürzen, nur überstehende Haare zurückschneiden.
Unterkiefer: (2), (3) Von der Kehle bis zu den Lippenwinkeln kurz klippen; Übergang zum Barthaar schaffen.
Kopf – Oberkopf/Schädeldecke: (1), (2), Kurz, jedoch nicht kahl scheren bzw. klippen; über den Augen genügend Haar für die Brauen stehen lassen.
Ohren: (2), (3) Innen- und Außenflächen kurz klippen; Ohrränder den Konturen folgend beschneiden.
Hals – obere Partie/Nacken: (2) Nicht zu kurz klippen, Übergänge zu Widerrist und Rücken schaffen.
Hals – seitliche Partie: (1), (2) Kurz scheren oder klippen.
Hals – untere Partie: (1), (2) desgleichen.
Körper – Schulter: (1), (2), (3) desgleichen; Übergang zur seitlichen Brustpartie schneiden.
Vorbrust: (1), (2), (3) desgleichen; Übergänge zu den Beinhaaren schneiden.
Rücken/Lende: (3) Obere Linie absolut gerade schneiden; jedoch ausreichend lang belassen, Welle (nicht Locke) muß klar zu erkennen sein; gleichmäßige Übergänge zur Brust schneiden.
Seitliche Brust: (3) Gleichmäßig mittellang belassen, Welle beachten.
Flanke: (3) desgleichen; Übergänge zu den Schenkeln schneiden.
Unterbrust: (3) Haare gründlichst nach unten kämmen, dann dem unteren Brustprofil folgend eleganten Bogen schneiden, der zur Bauchpartie hin im Haar kürzer wird.
Bauch: (2), (3) Bauchhaare kurz aber nicht kahl klippen bzw. schneiden.
Afterregion: (3) Kurz schneiden.
Rute – unten: (2) Unterseite in Wuchsrichtung klippen.
Rute – oben: (3) Mittellang mit gutem Übergang zum Rückenhaar schneiden, überstehende Haare kürzen.
Läufe – Vorderläufe/Beine: (3) Voll und rund belassen, dabei gerade vertikale Linien schneiden; überstehende Haare zurückschneiden; Ellenbogenhaare kürzen.
Vorderläufe/Pfoten: (3) Ballenränder umschneiden; Übergänge zum Beinhaar schaffen; Haare zwischen Zehen und Ballen entfernen.
Hinterläufe/Schenkel: (3) Innenseiten kurz aber vertikal gerade schneiden; Flächen der Außenseiten gleichmäßig mittellang schneiden; „Pluderhosen" vermeiden. Hinteres Schenkelprofil kurz, vorderers Schenkelprofil den Kniebogen betonend schneiden.
Hinterläufe/Sprunggelenk: (3) Winkelung betonen, dabei seitliche und vordere Haare in Schenkel und Hintermittelfuß einbeziehen, auf dem Hökker kurz.
Hintermittelfuß: (3) Voll belassen, aber gleichmäßig rund schneiden.
Hinterläufe/Pfoten: (3) wie Vorderpfoten.

Scottish Terrier

Kopf – Oberkopf/Schädeldecke: (1), (2), (4), (5) Von Brauen bis Ohransatz kurz scheren oder klippen; zwischen den Ohren Haare bis auf ca. 1 cm Länge trimmen; Übergang zum Nackenhaar.
Wangenpartie: (1), (2) Zwischen äußeren Augenwinkeln und Ohrenansatz kurz klippen oder scheren.
Augenpartie: (4), (5), (3) Zwischen den Augen zum Nasenrücken kurz trimmen; Haare vor den inneren Augenwinkeln entfernen; Augenbrauen ausdünnen und von außen nach innen abschrägen, unter den Augen nicht aushöhlen.
Vorgesicht: (4), (3) Nasenrücken kurz trimmen, Haare des seitlichen Vorgesichtes in den Bart einbeziehen.
Fang/Bart: (3) Barthaare lang belassen, nach vorn kämmen und überstehende Spitzen kürzen; langen Kopf betonen.
Unterkiefer: (2), (3) Von der Kehle bis zu den Lippenwinkeln kurz klippen; Übergang zum Bart schaffen.
Ohren: (1), (2), (3), (4), (5) Haare der seitlichen äußeren Ohransätze klippen; Außenflächen kurz scheren oder klippen; vor den Ohren die Haare wenig kürzen; Ohrränder den Konturen folgend begradigen.
Hals – obere Partie/Nacken: (4), (5) Haar mittellang belassen, gleichmäßig durchtrimmen.

Hals – seitliche Partie: (4), (5) Kurz trimmen, Übergang zum längeren Nacken schaffen.
Körper – Schulter: (4), (5) Saubere Übergänge vom kurzen Haar der unteren Halspartie zum längeren Nacken- und Körperhaar herausarbeiten.
Hals – untere Partie: (1), (2) Von der Kehle (bzw. Bartansatz) bis herab zum Brustbein kurz scheren oder klippen.
Vorbrust: (4), (5) Absatzloser Übergang von unterer Halspartie herausarbeiten, längere Haare unterhalb des Brustbeins zurücktrimmen.
Rücken/Lende: (4), (5) Widerrist und Rücken gut durchtrimmen, Haare mittellang belassen; nicht zuviel Haar vor dem Rutenansatz stehen lassen.
Seitliche Brust: (4), (5) Haare mittellang belassen, dabei eine gerade Seitenlinie vom Ellenbogen bis Kniegelenk schaffen; absatzloser Übergang zu den längeren Haaren der Unterbrust herausarbeiten.
Unterbrust: (4), (5) Behang der unteren Brust, der in Ellenbogenhöhe beginnen darf, lang belassen, nur überstehende Spitzen kürzen.
Bauch: (4), (5) desgleichen.
Afterregion: (1), (2), (4), (5) Kurz halten, jedoch nicht die gesamte Hinterpartie. Übergänge zu den Schenkeln heraustrimmen.
Läufe – Vorderläufe/Beine: (4), (5) Gerade Form heraustrimmen, besonders außen, dabei Ellenbogen kurz halten, gerader Übergang zum seitlichen Brusthaar.
Vorderläufe/Pfoten: (3) Ballenkanten sauber umschneiden; Haare zwischen den Ballen entfernen; Krallen und Zehen nicht freischneiden.
Hinterläufe – Schenkel: (4), (5) Innen- und Außenflächen gut übertrimmen, nicht zu kurz halten.
Sprunggelenk: (4), (5) Höcker darf nicht besonders hervortreten, daher gute Übergänge vom hinteren Schenkelprofil zur hinteren Linie des Hintermittelfußes schaffen.
Hintermittelfuß: (4), (5) Überstehende Haare kürzen, gleichmäßig rund trimmen.
Hinterläufe – Pfoten: (3) wie Vorderpfoten.
Rute – oben: (4), (5), (3) Gut durchtrimmen, Haare mittellang belassen; Haar am Ansatz wesentlich länger lassen, allmählich zur Spitze kürzen.
Rute – unten: (3) Kurz schneiden. Übergang zum Rutenansatz nachschneiden.

Soft Coated Wheaten Terrier
Läufe – Vorderläufe/Pfoten: (3) Ballenränder umschneiden, Haare zwischen Zehen und Ballen entfernen.
Hinterläufe/Pfoten: (3) wie Vorderpfoten.

West Highland White Terrier
Kopf: (3) Kopfhaar dicht und voll belassen; die Kopfkrause gleichmäßig rund und kugelförmig gestalten, damit sie einen guten Rahmen für das Vorgesicht abgibt.
Augenpartie: (3) Augenbrauen voll belassen.
Unterkiefer: (4), (5) Übergang zur unteren Halspartie schaffen.
Ohren: (5), (3) Übertrimmen bis obere Ohrflächen samtartig kurz sind; innere Flächen kürzen. Haare der unteren Ohrhälften stehen lassen, dabei so schneiden, daß sie in die Kopfkrause übergehen.
Hals – obere Partie/Nacken: (4), (5) Hinter Kopfkrause mit Übergang beginnend, überständiges Haar abtrimmen, bis dichtes, gleichmäßiges mittellanges Deckhaar erzielt wird.
Hals – seitliche Partie: (4), (5), (3) Übergänge vom Nackenhaar herausarbeiten; Haar etwas länger belassen, eventuell ausdünnen.
Körper – Schulter: (4), (5) Gleichmäßig mittellang halten, mit gutem Übergang zum längeren Körperhaar.
Hals – untere Partie: (2), (4), (5) Kurz trimmen oder klippen.
Vorbrust: (4), (5), (3) Übergang von unterer Halspartie zu längerem Haar des Brustbeins schaffen; überstehende Spitzen kürzen; eventuell ausdünnen.
Rücken/Lende: (4), (5) Fortsetzung vom Nackenhaar bis Rutenansatz in gerader Linie trimmen; Übergänge zum seitlichen Körperhaar herausarbeiten.
Seitliche Brust: (4), (5), (3) Gleichmäßig länger als Rückenhaar trimmen; eventuell ausdünnen.
Flanke: (4), (5) Ohne Betonung gleichmäßig durchtrimmen.

Unterbrust: (4), (5) Von Brustbein bis zum Bauchhaar dicht und voll belassen, nur überstehende Spitzen entfernen.
Bauch: (4), (5) Dicht und voll belassen, mit Brusthaar eine leicht ansteigende Linie bildend, nur überstehende Spitzen kürzen.
Afterregion: (4), (5) Kurz trimmen.
Läufe – Vorderläufe/Beine: (4), (5) Möglichst nur Spitzen kürzen; Federn an den Rückseiten der Beine nicht entfernen, seitlich und vorne jedoch gleichmäßig rund; Haare an den Ellenbogen kürzen.
Vorderläufe/Pfoten: (3) Ballenkanten umschneiden; Haare zwischen Zehen und Ballen entfernen; Pfoten „rund“ schneiden, aber voll belassen.
Hinterläufe/Schenkel: (4), (5), (3) Lange Haare abtrimmen, nicht zu kurz, aber auch nicht zu lang belassen, „Hosenbildung“ vermeiden; hinterer Bogen des Schenkels ausgefüllt belassen, nur Spitzen entfernen; eventuell ausdünnen.
Sprunggelenkhöcker: Nicht betonen.
Hintermittelfuß: (4), (5) Gleichmäßig rund trimmen.
Pfoten: (3) wie Vorderpfoten.
Rute – oben: (4), (5) Gleichmäßig rund trimmen; am Ansatz voll belassen, zum Rutenende kürzer.
Rute – unten: (4), (5) Mittellang trimmen, Federn entfernen; Übergang zur Afterregion.

Yorkshire Terrier

Kopf – Ohren: (4), (5) Langes Haar von Innen- und Außenseiten abtrimmen; vorzugsweise mit Daumen und Zeigefinger, dabei etwa 1/3 vom Ohransatz ungekürzt belassen.
Läufe – Vorderläufe/Pfoten: (3) Ballenränder umschneiden; Haare zwischen Ballen entfernen.
Hinterläufe/Pfoten: (3) wie Vorderpfoten.

Drahthaar Foxterrier

8 Wochen vor der Ausstellung:
Halsoberseite und Rücken: Abtrimmen.
Läufe: Überstehende Haare auszupfen – Haare zwischen Mittel- und Zeigefinger der linken Hand nehmen und die überstehenden Fransen mit rechts auszupfen.
Bauch: Haare kürzen auf eine Länge von etwa 4–5 cm. Bauchbehaarung soll die Stelle zwischen den Vorderläufen gut ausfüllen.
Achselhöhlen: Austrimmen.
Übergang zu den Schenkeln: Leicht abtrimmen.
4 Wochen vor der Ausstellung:
Rippenseiten: Abtrimmen, jedoch nicht zu stark.
Rute: Von der Rutenwurzel bis zur Spitze gleichmäßig stark herausarbeiten. Sie darf nicht spitz zulaufen. Vorderseite durch Auszupfen oder mit der Effilierschere lichten. Hinterseite ganz abtrimmen.
3 Wochen vor der Ausstellung:
Kopf – Oberkopf: Sehr kurz abtrimmen.
Backen: desgleichen.
Ohren: desgleichen.
Kehle und untere Halspartie: Scheren.
Sitzbeingegend (Hose): desgleichen.
Aftergegend: desgleichen.
Bart: Barthaar am Unterkiefer bleibt stehen. Bakken und Barthaar müssen eine Linie bilden. Zu volles Barthaar durch Trimmen ausdünnen und mit Schere in gewünschter Form begradigen.
Schulterpartie: Stark abtrimmen.
Hinterhand – Mittelfüße: desgleichen.
2 Wochen vor der Ausstellung:
Brust und Halsseiten: Mit der Effilierschere die auftretenden Wirbel angleichen.
Pfoten: Bis zur Ausstellung mindestens einmal wöchentlich glatt nach unten kämmen, über die Zehenspitzen und Ballen hinausragende Haare abtrimmen. (Nägel sollen eben noch zu sehen sein; Fuß muß klein und schmal wirken).
Wichtig: Stufenlos trimmen, unauffällige Übergänge schaffen!
Einen Tag vor der Ausstellung:
Rundum letzte störende Härchen entfernen.
Beim nicht auszustellenden Drahthaar-Foxterrier werden die genannten Arbeitsvorgänge auf einmal ausgeführt.

Glatthaarfoxterrier

Er gehört nicht zu den Trimmrassen.
Backen, Hals, Rute und Hinterseite der Schenkel: Sofern dort reichlicher Haarwuchs – mit der Effi-

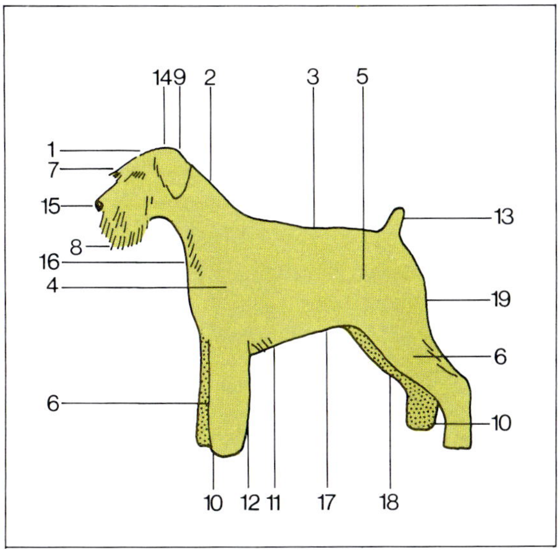

Trimmanleitung für Zwergschnauer
Mit dem Trimm-Messer bearbeiten:
Stirn (1)
Nacken (2)
Rücken (3)
Brustseiten (4)
Lenden (5)
Läufe (6)

Mit der Schere bearbeiten:
Augenbrauen (7)
Bart (8)
Ohrränder (9)
Pfoten (10)
Unterlinie (11)
Fahnen (12)
Rute (13)

Mit der Haarmaschine bearbeiten:
Ohrmuscheln (14)
Backen von Ohren bis Augenwinkel (15)
vordere Halsseite (16)
Bauch (17)
Innenseite der Hinterläufe (18)
Hose (19)

lierschere (gegen die Haarwachstumsrichtung) bearbeiten.
Schnauzhaare und Härchen über den Augen werden mit einer gewöhnlichen Schere entfernt, ebenso wie überstehende Haare an den Pfoten. Haarbüschel, Wirbel und überzählige Haare mit Effilierschere ausdünnen.

Das Herrichten des Schnauzers

Auch der Schnauzerwelpe wird ab dem Alter von 5–6 Wochen an den Trimmtisch gewöhnt, freilich ohne zu diesem Zeitpunkt viel an ihm zu richten. Ein Hund, der in frühester Jugend mit dem Trimmen und allem, was dazugehört, vertraut gemacht wurde, wird als ausgewachsener Hund kaum Schwierigkeiten bereiten, wenn er rundherum zurechtgemacht wird.
Das Herrichten des Schnauzers geschieht etwa 3–4mal im Jahr. Dabei muß das Körperhaar immer so lang bleiben, daß sowohl gegen Kälte als auch gegen Hitze ein Schutz gegeben ist. 15 mm Haarlänge beim Zwergschnauzer und 20 mm beim Riesenschnauzer sind schon zu kurz. Hat der Hund wenig Unterwolle, müssen die Grannen länger bleiben. Bei der Auswahl der Zuchttiere sollte schon auf den Haaraufbau, wie ihn der Standard vorschreibt, geachtet werden.
Der günstigste Zeitpunkt zum Trimmen ist, wenn der natürliche Haarwechsel einsetzt, weil dann das ohnehin lose Haar leicht zu entfernen ist. Das Trimmen verkürzt den Haarwechsel ganz beträchtlich, was letztlich der Hausfrau zugute kommt, wenn der Hund in der Wohnung weniger haart.
Auch für den Schnauzer besteht das Werkzeug zum Herrichten aus: Weitgezahntem Hundekamm, Trimm-Messer (oder Zeigefinger und Daumen), eine vorn abgerundete Schere und eine Haarmaschine – wahlweise elektrisch oder per Hand zu bedienen.
Kopf: Mit der Haarmaschine (mit 3-mm-Scherkopf) am Kopf beginnen, zunächst vom unteren Ohransatz die Backen bis zu den Augenwinkeln.

Bei den Pfeffersalz-farbigen wird in Kauf genommen, daß die Backen geschoren aussehen. Soll eine Zuchtschau besucht werden, beginnt man mit dem Zurechtmachen – je nach Haarqualität 2–4 Wochen vor der Ausstellung. Wenn der Hund einen etwas kräftigeren Oberkopf hat und die Linien von den Ohransätzen bis zu den Augenwinkeln keine Parallele bilden, wird von den Ohransätzen aus parallel nach vorn geschnitten, wobei die äußeren Augenwinkel dann etwas mehr innen liegen. Der Schnauzerkopf soll nicht lang und schmal wirken, er soll eher gestreckt sein. Darunter sind Formen wie bei einem Kastenbrot zu verstehen, wobei die Breite zweimal auf die Länge paßt. Häufig kommen dann untypische Köpfe zur Vorstellung, wenn gestreckt mit schmal in der Kopfform verwechselt wurde.
Der robuste Schnauzer soll sich auch in seinem Kopf darstellen. Durch geschicktes Trimmen werden mitunter nicht nur Mängel in den Kopfproportionen zu kaschieren versucht.
Bart: Das Besondere am Schnauzer bedarf natürlich auch besonders sorgfältiger Pflege. Nach vorn hin soll der Schnauzbart etwas keilförmig und sehr viel deutlicher nach unten auseinanderstreben, jedoch nicht wie ein Ziegenbart. Unter den Augen darf der Bart nicht eingeschnürt wirken. Bis zur Nasenspitze muß er die gewünschten Linien bringen. Schnauzer mit weichem Haar zeichnen sich meist durch einen üppigeren Bart aus, jedoch gibt ein übermäßig betonter Bart dem Kopf ein unharmonisches Aussehen. Die Augenbrauen werden mit der vorn abgerundeten Schere von den Augenwinkeln ab keilförmig nach vorn beschnitten. Damit die Stirn nicht zu kurz aussieht, sollen die Augenbrauen nicht schon in der Stirnmitte beginnen.
Schädel und Nasenrücken: Dem Standard entsprechend sollen Schädel und Nasenrücken in etwa die gleiche Länge haben, was durch die Betonung der Parallelität von Oberkopf und Nasenrücken gut zur Geltung kommt. Das ausreichend lange Kopfhaar geht ohne Absätze harmonisch in den geschwungenen Nacken über.
Ohren: Die Ohrmuscheln mit einem 1-mm-Scherkopf vom Haar befreien. Außen sind die Ohrhaare kürzer als am Kopf, aber es soll kein Rasierschnitt wie innen sein. Mit der Schere werden die Außenkanten des unkupierten Ohres in einem Zuge beschnitten.
Hals: Am Hals wird das Haar gegen den Strich von der Vorderbrust her bis oberhalb des Kehlkopfes mit der Haarmaschine 3–5 mm kurz gehalten.
Ohne daß man Absätze erkennen kann, soll das Haar des Halses fließend vom Oberkopf in den Nacken zum Widerrist übergehen. Bis zu den typischen Kragenwirbeln wird das Haar am Hals an den Seiten am besten mit der Maschine kurzgehalten. Zu längerem Haar müssen alle Übergänge fließend sein, was mit dem Trimm-Messer oder mit dem 3-mm-Scherkopf mit dem Strich – wie überhaupt nie gegen den Strich getrimmt werden darf – vor sich geht.
Vorderfront: Sie wird wie die Halsunterseite etwa 5–10 mm mit der Maschine kurzgehalten. Die Haut darf nicht durchscheinen. Es empfiehlt sich, Kopf, Hals und Front zuerst zu schneiden, weil anfangs der Hund noch ruhiger ist, was bei diesen Körperteilen von Vorteil ist. Ist der Hund aber schon zu Beginn der Arbeit unruhig, kann man, um ihn zu beruhigen, auch mit einem anderen Körperteil beginnen. Beim Kopf sollte er aus begreiflichen Gründen absolut ruhig stehen.
Rückseite (Hose): Das Haar kann von den Pfoten bis zum Sprunggelenk mit der Maschine (3 mm) gekürzt werden. Auch die Hinterbacken bis zum After sind kurzgehalten. Die Haare am After sollten immer kurz sein, um Verunreinigungen durch Kot zu vermeiden.
Rücken und Rumpf: Das neue Haarkleid, das eigentlich unter dem reifen Haar schon fertig entwickelt ist, muß hier noch mehr als bei anderen Körperteilen an die Oberfläche gebracht werden. Am Ende soll das Haar in voller Pracht, drahtig mit Deckhaar und natürlicher Länge gut zu erkennen sein.
Ein ideales Haarkleid macht da kein Problem. Die sogenannten Flusen kann man mit der Maschine (3- bis 7-mm-Scherkopf mit 10-mm-

Vorstecker) gegen den Strich entfernen. Dabei darf man jedoch das Haarkleid darunter nicht verderben. Man beginnt an den Oberschenkeln und nimmt von den Seiten her zum Rücken und Hals das überflüssige Haar weg.
Mit dem klassischen Trimmen, also dem Auszupfen des Haares mit Daumen und Zeigefinger erreicht man natürlich den gleichen Effekt – allerdings mit mehr Kraft und Zeitaufwand.
Bauch, Brust und Lenden: Das überschüssige Haar der Oberschenkelinnenseiten und am Bauch entfernt man mit der Haarmaschine (3 mm). Das Auszupfen würde hier dem Hund Schmerz bereiten. Wegen der Brustwarzen ist ohnehin größte Vorsicht vor Verletzungen angeraten, ebenso bei den Hautfalten der Lenden. An der Unterseite der Brust läßt man bei einer tiefen Brust nur so wenig Haar stehen, daß sich die Unterlinie harmonisch in die Vorbrust einfügt.
Rücken, Nacken, Seiten: Bei den Pfeffersalz-farbenen werden häufig Fehler derart gemacht, daß zuerst die Grannen weggeschnitten oder durch Trimmen weggenommen wurden, was bedeutet, daß einige Wochen vergehen müssen, bis alles wieder nachgewachsen ist. Da ja das Haar bei Pfeffersalz-farbenen abwechselnd aus einem schwarzen, einem hellen und einem schwarzen Teil bestehen, und es kommt nun darauf an, welche Schicht beim Trimmen erwischt wurde, ob ein heller oder dunkler Hund dabei herauskommt. Deshalb sollte man sich tunlichst den Rücken zuletzt vornehmen, wenn man über die Haarstruktur des Hundes nichts weiß. Mitunter kann man nur an den Brustseiten mit der Maschine (3- bis 7-mm-Scherkopf mit 10-mm-Vorstecker) vorgehen, weil der Rücken unter dem Deckhaar nur sehr dunkles oder helles Unterhaar zeigt. Das Rückenhaar wird dann mit dem Trimm-Messer bearbeitet und mit dem gleichen Werkzeug werden die Übergänge beigeputzt.
Läufe, Pfoten und Schultern: Der Schnauzer soll auf kräftigen Läufen stehen, weshalb die Vorderläufe nicht mit der Haarmaschine bearbeitet werden. Das Beischneiden der Pfote erfolgt mit der Schere, die Zehennägel dürfen sichtbar sein. An den Rückseiten der Läufe werden die Fahnen mit der Schere kurzgeschnitten. Von vorn gesehen sollen zwischen dem Schulterblatt und dem Oberarm keine Absätze zu sehen sein. Die Hinterläufe können mit der Maschine (3 mm) von den Fußballen bis zu den Sprunggelenken bearbeitet werden. Im gleichen Arbeitsgang kann man mit dem Strich beiputzen. Vorn an den Läufen bleibt alles Haar bis hinunter zu den Pfoten, die wie vorn mit der Klippschere zu besäumen sind.
Ein Könner seines Fachs kann die vorgeschriebenen Arbeitsgänge bei Zwergen in etwa einer halben Stunde bewältigen und bei den Mittelschlägen und Riesen benötigt er etwa eine Stunde.
Der Anfänger, der längere Zeit an dem Hund arbeiten muß, sollte auch nach der genannten Zeit für diesen Tag unterbrechen und am anderen Tag fortfahren, um den Hund nicht über Gebühr durch Ruhighalten zu strapazieren. Nach einer Pause geht es dann um so besser für die Beteiligten weiter.

Das Trimmen des Affenpinschers

Der Affenpinscher wird am Körper ähnlich wie der Schnauzer zurechtgemacht, er behält nur überall etwas volleres Haar. Der typische Kopf mit dem reichhaltigen, radial abstehenden Kopfhaar wird ohne Haarmaschine zurechtgemacht. Der Kopf darf nicht unproportional zum Körper hervorstechen.

Pudel-Schuren

Da ein Pudel stets gepflegt aussehen soll, gehört er ohne Frage nicht zu den pflegeleichten Rassen. Ein schöner Pudel ist immer ein gut geschorener Pudel, der schon die Aufmerksamkeit der Beschauer auf sich lenkt. Doch nutzt auch die schönste Schur nichts, wenn dem Pudel zwischenzeitlich nicht die nötige Pflege zukommt. Die tägliche Pflege besteht in wenigstens 15 Mi-

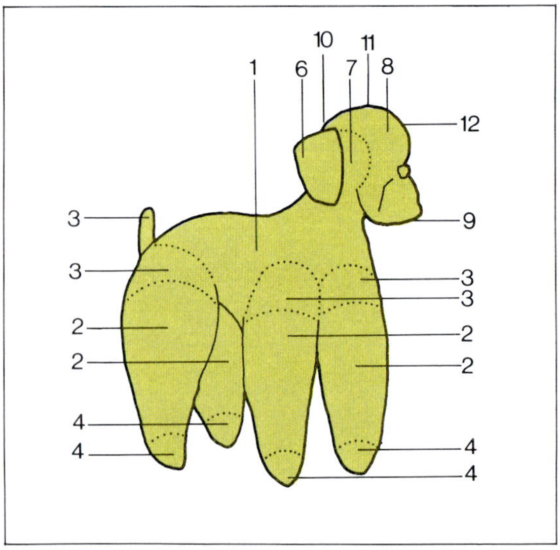

Karakul-Schnitt beim Pudel

nuten Kämmen und Bürsten (in der Gegenrichtung des Haarwuchses).

Nicht alle Pudel-Schuren, die man zu sehen bekommt, entsprechen dem Standard. Auf von der FCI (Fédération Cynologique Internationale) genehmigten Ausstellungen sind erlaubt: Neue Schur, Alte Schur und English Saddle Clip. Was dem Pudel aber eigentlich zu seiner Popularität verholfen hat, ist die „Schäfchenschur“, der sogenannte Karakul-Schnitt.

Der Karakul-Schnitt

(nach einem Muster von Hans Thum)

Der Pudel wird nicht getrimmt, sondern geschoren.

Als Scheren sind dazu notwendig: 1.) Die große Handschere, 2.) die kleine Handschere, 3.) die lange Friseurschere. Es dürfen auch die ganz kurz gehaltenen Partien nie gegen den Strich geschoren werden, damit die „Karakullocke“ (Vergleich mit dem Karakul-Persianerlamm) erhalten bleibt.

Feld 1: Das Haar wird ganz runter geschoren mit einem Scherkopf Nr. 3 oder Nr. 5, je nach Beschaffenheit der Haarart, damit der Rücken nicht nackt erscheint.

Feld 2: Das Haarkleid bleibt lang stehen. Hervorstehende Haarspitzen werden mit Schere Nr. 3 ausgeglichen.

Feld 3: Die Übergänge von Feld 1 zu Feld 2 (Feld 3) werden mit Schere 3 geschnitten. Die säulenartige Form der Vorderbeine muß ohne Stufen in Feld 1 übergehen. Bei den Hinterbeinen verläuft die Übergangslinie ohne jede Stufe weich und ansteigend in weitem Bogen. Die Stärkeverhältnisse der Profillinie von Vorder- und Hinterbeinen müssen in Einklang gebracht werden.

Feld 4: Die um den Zehenteil der Pfoten überstehenden Haare werden bis zum Erscheinen der Krallenspitzen weggeschnitten (Schere), wodurch eine sich nach unten verjüngende Rundung entsteht.

Feld 5: Das Haar der Rute wird mit Schere Nr. 2 ganz runtergeschoren.

Feld 6: Der Ohrenbehang wird ganz runtergeschoren (Schere Nr. 2) und der Rand der Form nach glatt geschnitten. Das Haar des Ohrenansatzes darf nicht über diesen hinaus weggenommen werden, da sonst die Haube (Krone) – Feld 8 – zu schmal erscheint.

Feld 7: Die Partie wird mit Schere Nr. 2 vom äußeren Augenrand in Richtung zum Ohr kurz geschoren. Das Feld darf nach oben nicht zu groß bemessen werden, nach unten geht es in Feld 1 über.

Feld 8: Die Haube wird mit Schere Nr. 3 von vorn gesehen rund bzw. in der Längslinie des Kopfes (von der Seite gesehen) nach vorn ansteigend bis Punkt 12, geschnitten. Danach fällt die Linie in möglichst großem Bogen zur Nase ab. Die Felder 7 und 8 müssen (von vorn gesehen) ohne Stufen eine senkrechte Linie bilden.

Feld 9: Die vordere Kinnlinie des Bartes wird waagrecht geschnitten. Der Bart bleibt hier, soweit dieser dicht ist, möglichst lang stehen. Die Seitenlinie des Bartes verläuft schräg ansteigend in Richtung zum vordersten Punkt des Ohransatzes.

Feld 10: Der Übergang von Feld 1 zu Feld 8 beginnt an der Verbindungslinie über dem Nakken zwischen den beiden Ohren. Dieser wird mit

Schere Nr. 3, nach oben ansteigend, ohne Stufen geschnitten.
Feld 11 und 12: Der höchste Punkt in der Profillinie des Kopfes darf nicht Punkt 11, sondern muß Punkt 12 sein, da sich sonst ein unerwünschter Eierkopf ergibt.
Alle anderen Formen, wie z. B. der Brustansatz nach Kerry-blue, Ohrenbehang (zur Hälfte oder voller Behang) oder Nackenrolle nach Bedlington, ausgeschorene Pfoten, wie auch ganz oder teilweise ausgeschorenes Gesicht, ebenso Rute mit Quaste nach Standard-Pudelschur, oder mit Stufen angesetzte Übergänge gelten nicht als Karakul-Schnitt.

Alte Schur (Standard Schur)

Die Vorbedingung ist ein gut ausgefönter Hund. Die Scherkopflänge für die Hinterhand für schwarz, braun und apricot 3–5 mm mit dem Strich, für weiß und silber je nach Wolltextur 2 mm mit oder gegen den Strich scheren.
1.) Die Hinterhand wird mindestens zwei Fingerbreit (oder eine Maschinenbreite quer gesetzt) vom Hüftbeinhöcker nach vorne angesetzt abgeschoren. Die Hinterläufe werden bis auf das Sprunggelenk abgeschoren, um die Hinterhandwinkelung zu betonen. Die Rute wird etwa einen Fingerbreit von der Schwanzwurzel aus geschoren, um einen möglichst schönen Pompon zu bekommen. (Bei sehr lang kupierten Hunden wird der Pomponansatz entsprechend höher angelegt.)
2.) Der Kopf und das Stück Vorderlauf zwischen Rollen und Jacke wird mit 2–3 mm bei schwarz, braun und apricot und mit 1–2 mm bei weiß und silber geschoren. Das Gesicht zunächst vom Augenwinkel zum Ohr in schräger Linie unter dem Jochbogen entlang, dann gegen den Strich zurück am unteren Augenrand entlang, dann den Fang zur Nasenkuppe hin, an der Oberlippe bleibt vorne ein kleiner Schnurrbart stehen, der Unterkiefer wird glattgeschoren, der Hals wird etwa zwei Drittel abgeschoren, von der Mitte in halbrundem Bogen zum Ohr hin. Das abgeschorene Stück am Vorderlauf beginnt etwa einen Fingerbreit über dem Gelenk (bei uns das Handgelenk) und endet zwei Fingerbreit unter dem Ellbogengelenk.
3.) Die Vorder- und Hinterpfoten werden bis etwa über das Ende der Zehen ausgeschoren, damit hinten und vorne schöne runde, etwa in gleicher Höhe sitzende Rollen entstehen. Nach dem Vorscheren wird der Hund zuerst einmal gründlich gekämmt, bevor die Jacke mit der Schere in Form geschnitten wird. Man beginnt hinten an der Jacke mit dem Egalisieren, kämmt

Oben: (Alte) Standard Schur: Die klassische, kontinentale (standard) Schur ist ohne „Top Knot". Ein Vermischen der beiden Schurarten Saddle clip und Standardschur ist verboten.

Unten: Moderne Schur „Toilette 1960". In der Modernen Schur ist der „Top Knot" verboten.

die Haare aus dem Ansatz nach hinten heraus und schneidet sie halbrund nach oben ansteigend ab. Das Endergebnis soll möglichst rund sein. Die Jacke soll von hinten zum Hals hin in schräger Linie ansteigen und von der Seite gesehen soll der Ansatz gerade sein und nicht schräg nach hinten verlaufen. Die untere Linie soll ebenfalls in rundem Bogen über die Vorderläufe zur Vorbrust verlaufen. Die Haare am Ellbogengelenk werden so lange unten herausgekämmt und vom Bein nach oben leicht gerundet nach oben abgeschnitten, bis keine Zipfel mehr herausfallen. Das Haar der Vorbrust wird ebenfalls im Bogen nach oben ansteigend, sich zum Halsansatz der Jacke hin leicht verjüngend, abgeschnitten. Nun kämmt man die Haare zwischen den Vorderläufen nach unten heraus, vor allem direkt am Bein und schneidet sie gerade ab. Auch diese Linie soll von vorne gesehen voll und rund aussehen. Die Krone soll möglichst breit auf die Ohren fallen, um den Kopf so elegant wie möglich erscheinen zu lassen. An der Basis ist sie breit und verjüngt sich nach oben leicht. Dann schneidet man Rollen und Pompon schön rund und kürzt die Krallen.

Neue Schur

Die Vorbedingung für eine gute Frisur ist ein tadellos ausgefönter Hund.

1.) Der Rücken wird vom Hals bis zum Rutenansatz (mit dem Strich) geschoren. Eine Maschinenbreite (Scherkopfhöhe 5–7 mm) dann die Seiten ebenfalls eine Maschinenbreite angesetzt am Ende des Rippenbogens. Die Krone beginnt am Hals, etwa in der Linie des doppelten Ohres, hier zum Rücken hin wird der Hals mit 5 mm geschoren. Verlauf seitlich des Ohres bis zur Schulter. Die Vorderseite des Halses wird mit 2–3 mm geschoren (enggezahnte Scherköpfe), ebenfalls das Gesicht, der Bauch (bis zur Brustspitze) und der Rutenansatz etwa einen Fingerbreit, je nach Länge der Rute, bis zum Beginn des Pompons.

2.) Der Kopf wird gegen den Strich geschoren, bis auf das untere Stück Hals zur Vorbrust hin, hier mit dem Strich scheren, um einen harmonischen Übergang zu bekommen. Das Gesicht

Oben: Puppy Clip: In dieser Schurart ist der „Top Knot" vorgeschrieben. Der Puppy Clip als Vorstufe zum Engl. Saddle Clip ist nur bis 15 bzw. 18 Monate (Jugendklasse) erlaubt.

Unten: Kontinentaler Puppy Clip – ebenfalls nur in der Jugendklasse.

wird zunächst vom Augenwinkel zum Ohr geschoren (Kronenansatz), dann vom Ohr zum Auge, am unteren Augenrand entlang, der Fang vom Stop zur Nasenkuppe, am Ober- und am Unterkiefer bleibt ein kleiner Schnurrbart höchstens 1 cm stehen. Der Übergang vom Ohr zur Krone wird mit der Maschine nur angedeutet. Abgeschorener Unterkiefer ist zulässig!

Allgemein übliche Pudel-Schur (mit oder ohne Bart)

3.) Jetzt werden die Seiten (mit 5 mm) zunächst vom Rippenbogen zur Schulter langsam ansteigend und dann vom Rücken nach unten vorgeschoren, und der Ansatz der hinteren Hosen ebenfalls vom Rücken nach unten.
4.) Die Füße werden mit 1 mm geschoren. Von unten werden die Sohlen und die Fußkanten geschoren und von oben die beiden mittleren Zehen bis zum ersten Knöchel, so erhält man beim Schneiden der Hosen eine schöne Form und der Stand des Hundes ist gut zu sehen, ohne die ganze Pfote auszuscheren.
5.) Die Rute wird mit dem Strich geschoren, ein Pompon ist zulässig (für das Ausland Vorschrift). Nach Beendigung der Maschinenarbeit beginnt das Egalisieren und Beischneiden mit der Schere. Die Seiten werden hochgekämmt und so egalisiert, daß man keinen Übergang mehr sieht. Die Hosen vorne werden aufgekämmt und beigeschnitten, so daß sie in leichtem Bogen auf die Füße zulaufen. Die vordere Linie vom Hals auf die Zehen soll gerade sein, die Haare auf der Vorbrust werden so kurz geschnitten, daß beim Aufkämmen das Bein bis zum Halsansatz eine Linie bildet. Bei den hinteren Hosen verfährt man ähnlich. Der Übergang zum Rücken wird hochgekämmt und die herausstehenden Haare abgeschnitten. Die Beine werden seitlich und innen so egalisiert, daß keine O-Beine entstehen. Dann wird von hinten und von vorne die Winkelung der Hinterhand betont. Die Haare unter der Rute werden sehr kurz geschnitten, um den Hund nicht länger erscheinen zu lassen, als er ist. Nun wird der Pompon schön rund geschnitten und die Krallen gekürzt. Die Krone wird hinten der Halslinie harmonisch angepaßt. Vom Ohr zur Halsmitte in halbrundem Bogen verlaufend. Vorne soll sie in sanftem Schwung über die Nase und Augen gehen und seitlich auf den Jochbögen zum Ohr verlaufen. An der Basis ist die Krone breiter und wird nach oben etwas schmaler (in halbrundem Bogen), damit die leicht gestuft geschnittenen Haare sich gegenseitig stützen, um eine möglichst hohe, geschlossene Krone zu erhalten.

English Saddle Clip

Es beginnt mit leichter Maschinenarbeit. Gesicht, Halsausschnitt (3–4 cm über dem Brustbein), Pfoten, Rutenansatz und Bauch mit Scherkopf 1–2 mm.
Teil 1): Die Scherenarbeit beginnt am Oberteil der Hinterhand. Dieser Oberteil hat ungefähr die Form eines Sattels. Man schneidet vom Rutenansatz bis Jackenansatz (ein bis drei Fingerbreit hinter dem Kreuzbein) ziemlich kurz eine gerade Linie (1 a). Dann kommt der Einschnitt auf dem

English Saddle Clip: In dieser Schurart ist der „Top Knot" (Haarschopf auf dem Oberkopf) vorgeschrieben.

Knie (1 b) ganz gerade ringsum, die Schräge (1 c) vom Knie bis Jackenansatz, vom hinteren Rutenansatz bis Kniebeuge (1 b) wird leicht gerundet geschnitten. Nun die Seitenteile in sogenannter Sattelform den Endpunkten anpassen.
Teil 2): Der Einschnitt (2 a) wird 1 cm über dem Sprunggelenk schräg geschnitten, von (1 b bis 2 a) fast gerade und nur leicht gerundet, (2 c) in der oberen Hälfte stark gerundet, in der unteren Hälfte lang abgeschrägt. Auch hier die Seitenlinien in Rundformen den Endpunkten anpassen.
Teil 3): (3 b) wird gerade oder nur leicht gerundet bis Pfotenansatz und (3 a) in der oberen Hälfte stark nach hinten gerundet. In der unteren Hälfte lang abgeschrägt zum Pfotenansatz geschnitten. Ebenfalls die Seitenlinien in Rundformen den Endpunkten anpassen.
Teil 4): Vordere Pompons werden oval geschnitten, daher höher ansetzen als bei normaler Standard-Schur (4 a).
Teil 5): Tiefe der Jacke 2–3 cm unter dem Ellbogen.
Teil 6): Die Jacke wird in der Form wie ein großes Ei von unten nach oben geschnitten, wobei das Haar ständig aufgekämmt werden muß. Die Krone wird mit einem kleinen Gummi gehalten, dazu scheitelt man das Haar 1 cm hinter dem Augenwinkel und bindet es mit einem kleinen Gummi fest zusammen, dann zieht man mit der Kammzacke eine Tolle (Wölbung) (6 a).
Teil 7): Der Rutenpompon wird in der Größe den Teilen 2–3 und 4 angepaßt geschnitten.
Die Schur ist individuell dem jeweiligen Pudel anzupassen.

Regelmäßige Bewegung

Für Hunde mit einem geringen Bewegungsbedürfnis mag der tägliche Spaziergang drei- bis viermal um den Häuserblock ausreichend sein, doch sollten auch etwas laufmüdere Naturen zu einem gewissen Bewegungssoll gezwungen werden. Allerdings gibt es nur ganz wenige Hunderassen, die so träge sind, daß sie sich beim Anblick der Hundeleine nicht auf den Ausgang mit Herrchen oder Frauchen unbändig freuen. Es ist vielmehr so, daß manche Rassen von vornherein als wenig bewegungsfreudig apostrophiert werden, und wenn dann noch eine unvernünftige Ernährung hinzukommt, bieten sich bedauernswerte Anblicke, vornehmlich bei kleinen und Zwergrassen.

Natürlich ist mit bestimmten Hunderassen – wie etwa den Windhunden – unabdingbar eine große Laufleistung verknüpft, und es wäre nicht sinnvoll, einen Hund dieser Rassegruppe angehörend als wenig bewegungsfreudig zu beschreiben, wobei ein Whippet oder Windspiel dahingehend weniger Ansprüche stellt als ein Greyhound oder Barsoi.

Für alle Hunderassen gleichermaßen wichtig ist die regelmäßige Bewegung. Man kann nicht erwarten, daß ein Hund, der täglich gerade eben zur Verrichtung seiner Notdurft herausgelassen wird, am Wochenende genügend trainiert ist, um einen über Stunden währenden und sich über viele Kilometer erstreckenden Gewaltmarsch zu absolvieren.

Der Spaziergang mit dem jungen Hund setzt wieder völlig andere Maßstäbe wie der mit dem ausgewachsenen Tier. Der junge Hund darf noch nicht über Gebühr strapaziert werden. Gerade bei jungen Hunden einer großen Rasse angehörend, sollen sich durch die Bewegung die Muskeln und Sehnen stählen, um bei dem ausgewachsenen Tier ein gutes Gangwerk durch belastungsfähige Extremitäten zu erreichen. Ein Zuviel würde jedoch genau das Gegenteil bewirken, und es ist hier schon sehr viel Fingerspitzengefühl vonnöten, das rechte Maß herauszufinden. Der Hund bietet sich meist nur für so viel Bewegung an, wie ihm guttut, und darauf muß der Hundehalter achten. Wenn der junge Hund anläßlich eines Spazierganges ohne Leine laufen kann, wird man spätestens dann erkennen, wenn er sich buchstäblich „hinschmeißt", daß für dieses Mal seine Kraft erschöpft ist, doch sollte es eben bis zum Rande der Belastbarkeit gar nicht erst kommen. Zu schnell ist da ein irreparabler Schaden entstanden.

Wieviel Bewegung oder Auslauf braucht der Hund?

Das Bewegungssoll eines Hundes hängt nicht nur von der Rasse ab, sondern auch vom Alter des Vierbeiners und seinem allgemeinen Gesundheitszustand. In der Regel benötigt der Hund einer großen Rasse mehr Bewegung als ein kleines Tier, aber auch da gibt es ganz gravierende Unterschiede. So ist beispielsweise bei den Kleinhunden der West Highland White Terrier ein außerordentlich bewegungsfreudiges Mit-

verschiedene Trabphasen (von rechts nach links): gewöhnlicher Trab, geworfener Trab, geschwungener Trab, übereilter Trab.

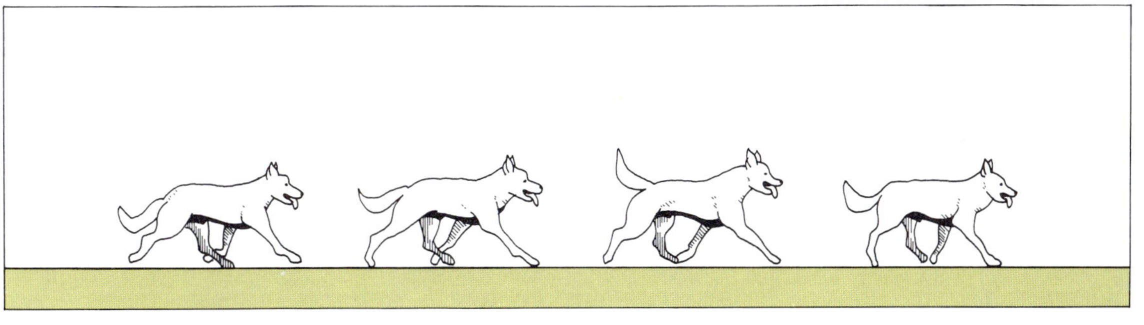

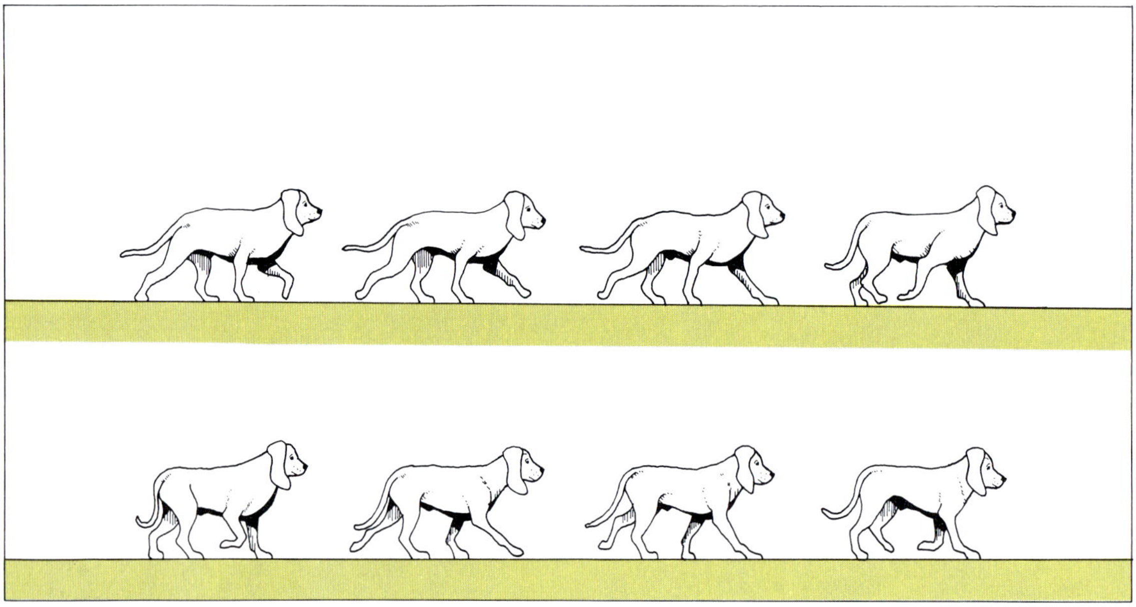

Bewegungsphasen des gewöhnlichen Schritts.

glied der Terrier-Gruppe, und der Chihuahua etwa ist nicht so laufhungrig. Er begnügt sich auch mit einem Gang – natürlich mindestens dreimal täglich – um den Häuserblock.

Ebenso sind ältere Hunde, vor allem wenn sie schon unter gewissen Altersbeschwerden leiden, mit einem kleinen Spaziergang zufrieden. Doch auch hier gibt es keine Normangaben; das Bewegungsbedürfnis eines älteren oder alten Hundes richtet sich in erster Linie danach, wie fit der Hund noch ist. Wichtig sind regelmäßige Spaziergänge mit dem alten Hund und nicht die Veranstaltung von Gewaltmärschen.

Die in der Literatur angegebenen Kilometer für das tägliche Bewegungssoll müssen nur dann voll erbracht werden, wenn der Hund angeleint ist. Läuft er frei, so ist zu berücksichtigen, daß er die Strecke mehrmals zurücklegt. Die Angaben sind lediglich als Anhaltspunkte zu betrachten.

Der tägliche Auslauf sollte betragen für

Irish Wolfshound	14 Kilometer
Deutsche Dogge	9 Kilometer
Labrador	13 Kilometer
West Highland White Terrier	$1^1/_2$ Kilometer
Chihuahua	$^3/_4$ Kilometer.

Lauftraining am Fahrrad

Wer seinen Hund am Fahrrad mitlaufen läßt, sollte das nicht tun, weil er – der Hundehalter – zum Laufen zu bequem ist, sondern weil sich damit eine Form der Bewegung anbietet, die dem Lauftier Hund entgegenkommt. Dazu ist natürlich Voraussetzung, daß Herrchen etwas sportliche Fitneß mitbringt, und daß es gut mit dem Fahrrad umzugehen weiß und es beherrscht.

Da bei dieser Möglichkeit des Auslaufs leicht die Gefahr einer Überforderung für den Hund besteht, sind einige wichtige Punkte zu beachten: Das Lauftraining am Fahrrad ist für den Hund so sorgsam aufzubauen wie das Training eines Leistungssportlers, wobei der Hund zuallererst einmal lernen muß, neben dem Fahrrad zu laufen. Während er bis jetzt gelernt hatte, links „Bei Fuß" zu gehen, empfiehlt es sich, am Fahrrad den Hund rechts davon laufen zu lassen, um ihn so vor dem Straßenverkehr abzusichern. Das heißt, daß der bisherige Befehl „Bei Fuß" jetzt keine Gültigkeit hat, und daß ein anderer Befehl Einsatz finden muß, der je nach Belieben „Geh

rechts“ oder „Geh Rad“ lauten kann, aber es muß stets der gleiche Hörlaut benutzt werden. In der Regel hat der Hund sehr schnell begriffen, daß für das Gehen am Fahrrad andere Regeln gelten, und daß das „Rechts-laufen“ nur in Verbindung mit dem Rad gestattet ist.
Nun kann man mit dem unerfahrenen Hund nicht etwa einfach losradeln. Der Hund muß mit dem Fahrrad vertraut gemacht werden; er muß lernen, einen Sicherheitsabstand einzuhalten und daß er nicht wie ein Verrückter davonrennen kann. Hier gilt, wie für alle anderen Lektionen in der Hundeerziehung auch: Anfangs etwas weniger fordern und keine Fehler begehen, die nur schlecht wieder zu korrigieren sind.
Zum Vertrautmachen mit dem Fahrrad geht der Hundehalter zu Fuß neben dem Gefährt und führt den Hund an der Leine mit. Dabei gibt man das gewählte Kommando „Geh rechts“ oder „Geh Rad“. Versucht der Hund hinter dem Hundeführer herumzulaufen und auf die linke Seite zu gehen, muß er mit der Leine nach rechts geholt und immer wieder das Kommandowort gegeben werden. Nur so verbindet er allmählich das Kommando mit dem Rechtsgehen neben dem Fahrrad. Des Wortes eigentliche Bedeutung versteht er freilich nicht – er vermag aber mit dem Hörlaut das von ihm Geforderte zu assoziieren.
Ist diese Übung soweit gelungen, setzt sich der Hundeführer auf sein Fahrrad und fährt sachte an. Das ist sicher leichter gesagt als getan, denn der Hund weiß anfänglich noch nicht recht, ob und wie schnell er laufen soll und der Radfahrer kann sich nur mit Mühe auf dem Fahrrad halten, vor allem dann, wenn seine Beine nicht so lang sind, daß er ohne weiteres auf dem Rad sitzenbleibend anhalten kann. Wenn das gar nicht klappen will, kann der Hund abgeleint und frei laufend mit dem entsprechenden Kommando „Bei Rad“ gehalten werden. Da es aber nicht Sinn der Übung sein kann, den Hund ohne Leine frei herumtoben zu lassen, während sich der Führer mehr auf sein Fahrrad konzentrieren muß, ist von vornherein das Bewegen an der Leine anzustreben. Notfalls muß immer wieder zwischendurch „zu Fuß“ geübt werden.
Ungehorsam ist unverzüglich zu ahnden, wobei sich natürlich ein kräftiger Leinenruck nach der Sitzfestigkeit des Hundeführers zu richten hat.
Der Fahrradfahrer muß die Geschwindigkeit so wählen, daß sich der Hund in der Gangart Trab bewegt, bei der am wenigsten die Möglichkeit

Bewegungsphasen des Mittelgalopps.

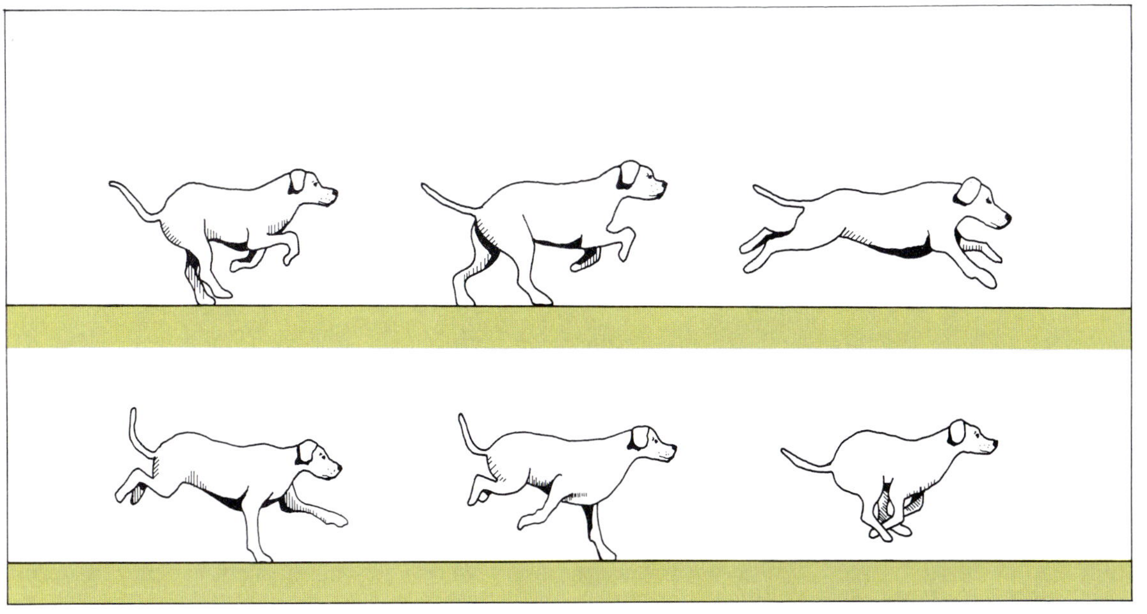

einer Überanstrengung besteht. So kann er gut weite Strecken zurücklegen, während die Muskulatur des galoppierenden Hundes doch stärker beansprucht wird und auch Herz und Lunge auf Hochtouren laufen. In jedem Fall hat sich der Radfahrer weitgehend nach dem Hund zu richten; er soll ihn zwar nicht zu schnell werden lassen, und ihn notfalls mit der Leine zurücknehmen, wählt der Hund aber ein langsameres Tempo, muß der Radler sofort darauf eingehen.
Der junge Hund sollte wenigstens 5 Monate alt sein, bevor mit ihm ein Lauftraining begonnen wird. Auch dürfen die Strecken anfänglich nur kurz sein, erst allmählich werden die Entfernungen gesteigert. Auch wird nicht etwa ein tägliches Laufen am Fahrrad gefordert. Es genügt, wenn der erwachsene Hund einmal wöchentlich ein Lauftraining absolviert. Dabei handelt es sich allerdings um ein wirkliches Training im sportlichen Sinn und nicht um ein bloßes Spazierenlaufen. Auch der durchtrainierte Hund benötigt anfangs etwa 10 Minuten Zeit, um sich „einzulaufen". Erst dann ist ein geschmeidiges Laufen zu beobachten.
Für den weniger trainierten (erwachsenen) Hund genügt für den Anfang eine Strecke von 5 Kilometern, die nach und nach auf zirka 20 Kilometer zu steigern sind und die durchaus nicht ohne Pause hintereinander bewältigt werden müssen. Immer soll der Hund freudig der Aufforderung nach Bewegung folgen.
Bei der heutigen Verkehrsdichte ist absoluter Gehorsam des Hundes als Begleiter am Fahrrad eine unabdingbare Forderung. Nicht nur, daß der Hundehalter für alle Schäden haftet, die sein Hund – auch im Straßenverkehr – verursacht, der Hund bringt sich ja auch selbst in Lebensgefahr.
Daß ein konditionsförderndes Lauftraining während der Sommermonate nicht in der Mittagszeit, sondern erst in den kühleren Abendstunden absolviert werden darf, sollte eigentlich keiner Erwähnung bedürfen. Auch der Mensch betreibt, wenn er keinen körperlichen Schaden nehmen will, nach Möglichkeit in der größten Hitzezeit keinen Hochleistungssport.

Das Lauftraining des Windhundes

Windhunde wurden als Hetzhunde nur mit dem Zuchtziel gezüchtet, schneller zu sein als alle anderen Hunderassen. Seit vielen tausend Jahren war es ihre Aufgabe, flüchtiges Wild wie Antilope, Wolf, Fuchs und Hasen zu hetzen, was beispielsweise beim Stamm der Tuareg bis in die jüngste Zeit geschieht.
Bei der Vorstellung, welche Geschwindigkeit eine flüchtige Antilope zu entwickeln imstande ist, wird leicht nachvollziehbar, welches Lauftraining ein austrainierter Greyhound – der schnellste unter den Windhunden – bewältigen kann.
Als die Hetzjagd durch die Entwicklung der Schußwaffen ihre Bedeutung verlor, waren es die Engländer, die die enorme Geschwindigkeit der Windhunde für den Hunde-Rennsport umsetzten.

Windhundrennen

Der Windhund, für den die Teilnahme an Windhundrennen beabsichtigt ist, bedarf eines besonderen Aufbautrainings, zu dem der junge Hund nicht vor dem Alter von 5 Monaten herangezogen werden soll. Bis dahin darf er sich noch seiner „Kindheit" erfreuen. Beim Halten mehrerer junger Windhunde ist darauf zu achten, daß ihre Spielereien auch solche bleiben, denn ernsthafte Raufer bereiten später Schwierigkeiten auf der Rennbahn. (Ein gemeinsames Füttern kann sie lehren, sich – wenn schon nicht zu mögen – zu tolerieren.)
Auch der künftige Rennbahnhund erfährt sein erstes Training neben dem Fahrrad. Die empfohlene Gangart ist immer der Trab. Um mit der Rennbahn vertraut zu werden, nimmt man den jungen Hund gelegentlich dorthin mit. Die Rennbahn darf jedoch nie zu fröhlichem Spiel mißbraucht werden, da verspielte Hunde in der Regel schlechtere Renner sind und nicht durchlaufen.
Da der Windhund mit dem Auge jagt und nicht wie andere Jagdhunde mit der Nase, muß eine rechtzeitige Schulung des Auges einsetzen.

Auf der Rennbahn beobachtet und verfolgt er den künstlichen „Hasen“, während sich das Training zu Hause hinter einem an einer Schnur gezogenen Fell vollzieht, das der Hund fangen möchte.
Auf der Rennbahn werden dem etwa 8 Monate alten Windhund natürlich noch keine Leistungen abverlangt. Das „Training“ – hier wirklich noch ein spielerisches Üben – geschieht außerhalb der Zeiten, an denen zahlreiche Hunde und Personen den Platz benutzen. Die von einem Helfer bediente „Hasenmaschine“ muß sich noch ganz auf den Hund einstellen. Der „Hase“ ist so dicht vor dem Hund abzulegen, daß er ihn mühelos verfolgen kann, aber wiederum so schnell, daß ihn der Hund nicht erreicht. Anfangs „hetzt“ der Hund den Hasen nur auf der Geraden und erst später, wenn er mit allem vertraut ist, können auch die Kurven einbezogen werden und schließlich die ganze Bahn. Das Durchlaufen der ganzen Bahn ist nicht zu früh anzustreben, auch wenn man glaubt, daß dies der Hund gut bewältigen kann; er sollte wenigstens 10 Monate alt sein.
Neben dem Gewöhnen – vielleicht während eines Spaziergangs – an die Decke und den Maulkorb (Utensilien, die beim späteren Rennen zwingend vorgeschrieben sind), steht noch an, das Laufen mit anderen Hunden zusammen zu üben. In der Gemeinschaft aufgewachsene Hunde bereiten dabei in der Regel keine Schwierigkeiten. Anders die Einzelhunde. Gar manch gut veranlagter Hund kam wegen der unüberwindbaren Abneigung gegen Mitstreiter für eine bedeutende Rennkarriere nicht in Frage.
Menschen, die zum erstenmal einen Rennplatz besuchen, sind von dem besonderen Fluidum, das infolge der Betriebsamkeit durch aufgeregte Hunde, freudig heulende Junghunde beeindruckt. Wieviel mehr muß das alles aber auf einen jungen Hund wirken, dem solches Treiben noch völlig fremd ist. Er muß frühzeitig mit dem Geschehen auf dem Rennplatz vertraut gemacht werden; der Einzelhund muß erst Meuteverhalten gewohnt sein, damit ihn später, wenn es ernst wird, nichts anderes vom Rennen ablenken kann. Darüber können mitunter Wochen vergehen, bis der junge Hund willens und in der Lage ist, sich nur auf das Geläuf zu konzentrieren.
Gute Dienste leistet auch ein sogenannter „Ziehhund“, der natürlich kein Raufbold sein darf. Meist handelt es sich um einen älteren, bahnsicheren, nicht zu schnellen Hund. Ganz vorteilhaft erweist sich die Zuhilfenahme von zwei älteren Hunden, die den unerfahrenen jungen Hund in die Mitte nehmen. Der Neuling muß so auf den Hasen fixiert werden, daß er gar nicht in Versuchung gerät, anderes zu tun, als den Hasen zu verfolgen. Wichtig ist, daß es am Ziel nicht zu Beißereien zwischen den Kontrahenten kommt. Zum Start wird der Hund stets über die ganze Bahn geführt, das heißt ohne Abkürzungen. Nur so ist gewährleistet, daß er später nicht von sich aus Kurven „abschneidet“.
Ebenso wichtig ist es, daß sich der Hund nach dem Rennen wieder ohne weiteres anleinen läßt. Es läßt sich leider häufig beobachten, daß manche Tiere nach Erreichen der Ziellinie, das heißt, wenn für sie das Rennen „gelaufen“, sich ihrer Freiheit so erfreuen und sie auszukosten versuchen, indem sie sich einfach nicht einfangen lassen. Dieses unerwünschte Tun muß schon im Keim erstickt werden, indem man mit einer zweiten langen Leine den sich frei wähnenden Hund doch so in der Kontrolle hat, daß man ihn mit einem kräftigen Leinenruck zum Gehorsam gemahnen kann.
Auch bei Windhunden gibt es nichts Ärgerlicheres und es bietet zudem dem Zuschauer keinen erfreulichen Anblick, als ein Tier, das sich nach dem Lauf nicht mehr anleinen bzw. einfangen läßt.
Ein Hund, der eine gute Rennleistung erbringen soll, wird weder vor dem Rennen gefüttert noch zwischendurch.
Wie schon erwähnt, ist bereits dem jungen Hund, der zum erstenmal auf den Rennplatz mitgenommen wird, durch das An-der-Leine-Halten zu bedeuten, daß an diesem Ort kein Platz für Spielereien ist. So wird sich dem Hund einprägen, daß der Rennplatz sein „Arbeitsplatz“ und nicht der Spielplatz ist. Ohne Gehorsam läuft auch hier nichts.

Bei dem Gewöhnen an andere Hunde spielt noch folgendes eine wichtige Rolle. Während die Glatthaarrassen meist problemlos miteinander laufen, bilden Afghanen und Salukis eine Ausnahme, da sie von altersher Alleinjäger sind. Es ist nicht so leicht, diesen Rassen beizubringen, daß sie – ganz entgegen ihrer eigentlichen Natur und Veranlagung – „das Wild" gemeinsam mit anderen Hunden jagen müssen.
Nach Überwindung aller „Unwägbarkeiten" und wenn der Hund genügend fit ist, kann das eigentliche Training beginnen. Erst wenn der Hundehalter merkt, daß sein Hund, wenn ein Hase an ihm vorübergezogen wird, kaum noch zu halten ist und dementsprechend das Interesse an den anderen Hunden nachläßt, kann er auf dem Geläuf trainiert werden. Die Frage, ab welchem Alter dies der Fall ist, kann nicht exakt beantwortet werden, denn zu viele Faktoren spielen da hinein. In der Regel sind Hündinnen früher erwachsen als Rüden und Rüden der kleineren Rassen sind meist eher einsatzbereit als solche der großen Rassen. Ein Whippet darf nach dem Rennreglement im Alter von 12 Monaten bereits Rennen laufen, was aber nicht bedeutet, daß er in diesem Alter auch tatsächlich einsatzfertig sein muß. All das zeigt, daß eine Norm für den Einstieg von Windhunden in die Rennen nicht aufzustellen ist.
Das eigentliche Lauftraining des Windhundes beginnt je nach Alter, indem er 50–100 m von dem Ziel entfernt auf die Rennstrecke gestellt wird und der Hase direkt vor ihm zu liegen kommt. Schon bald ist die Kurve mit einzubeziehen, in welcher der Hase einen Haken schlägt. So lernt der Hund bald, daß der Hase eben nicht nur geradeaus läuft und er entsprechend reagieren muß. Dieses Training wird anfangs alle 14 Tage oder auch wöchentlich durchgeführt.
Was der Hund nun benötigt, ist Kondition – Durchlaufvermögen. Das zu trainieren, kann zu Hause während des Spazierganges geschehen und tunlichst neben dem Fahrrad. Dabei ist auf eine konstante Geschwindigkeit zu achten, denn nur so erreicht der Hund die notwendige Kondition, um ein Rennen, bei dem der Hase in gleichmäßiger Geschwindigkeit über die Rennbahn gezogen wird, ohne Ermüdungserscheinungen zu bewältigen.
Während des Lauftrainings wird die Strecke allmählich weiter nach hinten verlagert, und nach 3, maximal 6 Versuchen müßte der Hund in der Lage sein, die gesamte Strecke zu durchlaufen.
Das Ende der Laufstrecke ist immer hinter dem Ziel, dort wo auch beim Rennen der Hase liegenbleibt.
An dem Befinden des Hundes einen Tag nach dem Rennen muß der Besitzer erkennen, ob er seinem Hund nicht vielleicht doch zuviel zugemutet hat. Für den jungen Hund gilt immer, lieber anfangs weniger als zu viel verlangen. Erst wenn der Hund des rennfähige Alter erreicht hat, ist daran zu denken, ihn zweimal an einem Trainingstag die vollen Strecken von 360 bzw. 480 m laufen zu lassen.
Noch einmal sei gesagt: Um Höchstleistungen zu erbringen, muß jedes Individuum – sowohl Mensch als auch Hund – langsam und konstant auf dieses Ziel hin vorbereitet werden.

Schlittenhunde

Die den Schlittenhunden angehörenden Rassen müssen ihrer Veranlagung entsprechend gefordert werden, da sie, wenn ihr Tatendrang nicht in Arbeit umgesetzt wird, psychisch und physisch verkümmern. Freilich bieten sich auch andere Möglichkeiten der Beschäftigung. Die Arbeit am Schlitten ist aber nun einmal die ureigenste Aufgabe dieser Hunde, ohne die im hohen Norden auch heute noch trotz des Einsatzes von modernen Fortbewegungsmitteln in Schnee und Eis kein menschliches Leben möglich wäre.
Der um das Wohlergehen seiner Hunde bemühte Schlittenhundezüchter, der in der Regel auch selbst dem Schlittenhundesport frönt, wird die Käufer seiner Jungtiere dazu anhalten und sie ermuntern, den Schlittenhund und damit auch sich selbst sportlich einzusetzen. Das ist bei der Anschaffung eines Schlittenhundes ein ganz ent-

Den Schlittenhunderassen angehörende Hunde genießen es, eingespannt zu werden und mit ihrem Musher (Schlittenhundführer) durch die einsame Winterlandschaft zu gleiten.

scheidender Punkt aller Überlegungen, nämlich daß bei dem sportliche Ambitionen hegenden Schlittenhunde-Halter nicht nur ein eiserner Wille zur Leistung, sondern auch körperliche Fitneß angesagt sind.

Die Ausbildung eines Schlittenhundes zum Lastenzieher – also vor dem Schlitten – erfordert von dem Ausbilder unendlich viel Geduld. Zwar ist der Hund stets bereit zu lernen, es muß ihm nur hinreichend begreiflich gemacht werden, was er nun lernen soll.

Jeder Schritt der Ausbildung geschieht unter konsequenter Beibehaltung aller einmal eingeführten Befehle. Gegebene Kommandos erfahren nie mehr eine Änderung.

Bis zum Alter von sechs Monaten wird mit dem jungen Schlittenhund noch nicht im Sinne eines Trainings gearbeitet. Der mit dem Trainingsablauf nicht Vertraute ist gut beraten, wenn er sich zuvor die langjährigen Erfahrungen aktiver Schlittenhundehalter zunutze macht. Da die Reaktionen und die Belastbarkeit eines jeden einzelnen Hundes völlig verschieden von der eines anderen sein können, kann es natürlich keine verbindlichen Ratschläge geben.

Die hierzulande für Rennen gebräuchlichste Art der Anspannung ist die des Doppelgespanns – auch Gang-hitch-Gespann genannt. Sie ist aus dem amerikanischen Rennsport übernommen. Dabei werden die Hunde paarweise nebeneinander eingespannt und an der Spitze läuft der Leithund, mitunter auch zwei. Direkt hinter dem Leithund sind die nächstbesten Hunde des Gespanns plaziert, die kräftigsten gehen als sogenannte Deichselhunde direkt vor dem Schlitten und den Rest bilden Mittelhunde. Eine Zentralleine führt vom Schlitten zum Leithund; die Hunde sind sowohl mit der Zentralleine durch eine Zugleine, die im Geschirr eingehängt wird, verbunden als auch mit der Halsleine, die am Halsband befestigt ist.

Das Fächergespann ist die von den Eskimos bekannte Einspannungsweise. Die einzelnen Zugleinen sind direkt am Schlitten befestigt,

denn eine Zentralleine gibt es beim Fächergespann nicht. Für die Hunde hat diese Art der Anspannung den Vorteil, daß sie sich auf Eisfurchen und bei anderen Unebenheiten im Gelände selbst die sicherste Spur suchen können. Der sich auf der Jagd befindende Eskimo hat die Möglichkeit, einzelne Zugstränge zu kappen, um einen oder mehrere seiner Eskimohunde ein Beutetier verfolgen zu lassen.
Im Tandemgespann laufen Hunde hintereinander zwischen zwei Seitenleinen. Es hat gegenüber den beiden vorgenannten Gespannen den Vorteil, daß man mit ihm noch auf schmalsten Wegen vorankommt.

Die Ausbildung des jungen Schlittenhundes

Die erste Etappe der Ausbildung kann darin bestehen, daß der junge Schlittenhund zunächst noch am Halsband, an welchem eine lange Leine befestigt wird, läuft. Das Halsband ist aus Polyestergurt gefertigt, im Handel aber auch aus rundgenähtem oder flachem Leder erhältlich. Durch Anordnung zweier Ringe wird der Zug so reguliert, daß er den Hund nicht beengt, dieser aber das Halsband auch nicht über den Kopf abstreifen kann. Der Hund soll fleißig vorausschreiten, ohne sich von irgendwelchem Geschehen rechts und links des Weges ablenken zu lassen. Diese Vorübung kann auch am Fahrrad ausgeführt werden, wobei der Hund aber noch keine Zugarbeit leistet.
Schon während dieser Phase der Ausbildung lernt der Hund das Tempo zu verändern und vor allem auf Kommando stehenzubleiben. In diesem Fall muß der Hundeführer eilends zu dem Hund vorgehen, um ihn zu loben. Niemals darf der Schlittenhund freudig über die vollbrachte Leistung zu seinem Herrn kommen. Würde sich der Hund dies angewöhnen, hätte das im Verlauf der weiteren Ausbildungszeit mit mehreren Hunden im Gespann fatale Auswirkungen. Auf Befehl ruhig stehenzubleiben, ist also für den Hund die erste Gehorsamspflicht.
Die abzulaufende Strecke wird in verschiedenen Distanzen absolviert, beginnend mit 100 m und sich allmählich steigernd, wobei der Hundeführer möglichst hinter dem Hund laufen soll.
Der Hund versucht bald, das Tempo von sich aus zu forcieren. Damit ist dann der Zeitpunkt gekommen, ihm erstmals das Zuggeschirr anzulegen. Das erste Anschirren ist vergleichbar mit dem ersten Aufzäumen und Satteln eines jungen Pferdes. Je behutsamer und ruhiger das vor sich geht, um so weniger störrischer gebärdet sich der Hund. Überhaupt sollten, um Störungen irgendwelcher Art fernzuhalten, besonders die ersten Trainingstage in abgelegener Gegend ohne Zuschauer absolviert werden.
Anfangs wird man die Leine noch am Halsband, baldmöglichst aber in die Zugöse des Geschirrs einklinken.
Nochmals läuft der Trainer mit dem Hund eine Wegstrecke ab, und wenn der Hund beginnt, eifrig im Geschirr vorwärts zu drängen, wird versucht, ihm eine Last anzuhängen. Das kann wahlweise ein Holzbalken, ein Autoreifen oder später auch ein Kinderschlitten sein. Der zu ziehende Gegenstand wird an der Zugleine aus Polyaethylenseil befestigt, die etwa 1,50 m lang und mit einem sogenannten Ruckdämpfer versehen ist. Dieser ist zwischen der Zugleine und der zu ziehenden Last eingearbeitet und fängt weitgehend die Ruckbewegungen auf.
Zu Beginn dieser Übung kann der Führer noch vorne in Höhe des Hundes laufen, nicht zuletzt, um dem Hund Sicherheit zu geben und um ihn zu beruhigen. Das Mitgehen des Führers vorne darf dem Hund natürlich nicht zur Gewohnheit werden, und in kürzester Zeit muß er sich darauf einstellen, von hinten gelenkt zu werden. Wichtig ist das „Anziehen“ auf das gegebene Kommando und das Durchlaufen ohne Unterbrechung bis zum Halte- bzw. Stoppbefehl. Natürlich können beliebige Worte als Kommandos gewählt werden. Die im internationalen Schlittenhundesport gebräuchlichen sind: Go! oder Allez! oder auch Allright! für den Start; Come on! oder Hike! als Anfeuerung zum Vorwärtslaufen und Whoa! oder Halt! für einen Halt. Die einmal eingeführten Kommandoworte müssen für den Hund stets die gleichen bleiben.

Auch ist daran zu denken, daß die Schlittenhunde – wie Hunde überhaupt – ein äußerst feines Gehör haben. Die Kommandos sollen zwar energisch und bestimmt, aber nicht brüllend gegeben werden, da die Hunde gegenüber ständig schreiend vorgebrachten Befehlen allmählich abstumpfen und der Hundeführer schließlich seinen Tonfall nicht mehr steigern kann.
Während der Arbeit soll mit dem Schlittenhund nur das absolut Nötige gesprochen werden. Nur so lernt der Hund, was wirklich von ihm erwartet wird. Ein ständiges Auf-ihn-Einreden verwirrt und verunsichert ihn nur. Deshalb, was das Reden angeht: Weniger ist mehr!
Mit dem Überziehen des Geschirrs soll sich dem Hund einprägen, daß jetzt ernsthafte Arbeit von ihm gefordert wird und für Spielereien nicht die Zeit ist. Nach dem Lauf und dem Lob für das befohlene Halten empfindet der Hund deshalb das Ausschirren als logische Folge für die von ihm geleistete Arbeit.
Ein schlecht sitzendes Geschirr kann dem Hund jegliche Freude an der Zugarbeit rauben. Es muß deshalb für jeden Hund einzeln angepaßt werden. Vor allem darf es die Atmung des Hundes nicht einengen und muß den Schulterblättern genügend Bewegungsfreiheit bieten. Das Geschirr wird aus elastischem Polyestergurt nach den angegebenen Maßen mittels silikonisiertem Spezialfaden gefertigt. Es stehen verschiedene „Modelle" in verschiedenen Farben und meist im Vorderteil mit Teddyfutter abgepolstert, zur Wahl. Vor dem Rutenansatz endet das Geschirr und hat dort eine Schlaufe, in die die Zugleine eingeklinkt wird.
Sobald der Hund auf das Kommando „Go" (oder welches auch immer gewählt wurde) sich eifrig in das Geschirr legend, die angehängte Last zieht, ist der Zweck der Übung erreicht.

Die sportliche Bewegung für den Einzelhund

Auch wer sich nicht ein ganzes Rudel Schlittenhunde halten möchte, muß auf sportliche Betätigung mit seinem Hund nicht verzichten. Hier bietet sich die Skandinavier-Ausbildung an. Der Hund zieht dabei eine Pulka (die Vorform ist die Ackja, der Rentierschlitten) aus Holz oder Fiberglas, einen kleinen, flachen bootsförmigen Schlitten von ca. 1 m Länge und 5 bis 7 kg Gewicht. Der Musher läuft dazu auf Skiern, muß aber ein gut trainierter Ski-Langläufer sein, wenn er sich dieser Sportart zuwenden will; 12 bis 15 km sollte er gut durchlaufen können. Für den Hund gilt es – je nach Rasse und Geschlecht – ein vorgeschriebenes Gewicht zu ziehen. Die Pulka wird mit einem Sandsack entsprechend beschwert und nach dem Laden der rundum befestigte stabile Stoff zusammengeschnürt. Der Hund zieht nicht mit einem Zugseil, sondern mit einer starren, beidseits verlaufenden Zugstange aus Manila-Rohr oder Glasfiber. Das Gestänge verhindert ein Auflaufen der Pulka bei Bergabfahrten. Die Zugstangen sind in den meisten Fällen mit einem Bogen über dem Geschirr versehen; es gibt sie aber auch mit geraden Enden.
Als Geschirr dient eine Art Kummet – ähnlich dem Pferdekummet. Das ist nun für den Hund wieder etwas völlig Neues, und es ist noch mehr Geduld vonnöten, ihn damit vertraut zu machen, als bei der Gewöhnung an das Renngeschirr. Hinzu kommt, daß das Gestänge mit dem Kummet-Geschirr verbunden wird, wodurch das Ganze für den Hund doch zu einer ziemlich einengenden Angelegenheit wird. Demzufolge ist das Lenken eines „Skandinaviers" noch sehr viel schwerer, als es schon mit dem Zugleinen-Geschirr der Fall ist.
Das Gewöhnen an Kummet und Zugstangen geht am besten in zwei Etappen vor sich. Zuerst wird der Hund mit dem Kummet vertraut gemacht; er zieht aber noch am gewohnten Seil die angehängte Last. Beim zweiten Schritt wird das Seil durch das Zuggestänge ersetzt und der Hund muß die Rollpulka ziehen. Dies ist ein Trainingsgerät auf Rädern; sie wird meistens als Einachser mit Aufbau für entsprechendes Zusatzgewicht verwendet. Wichtig hierbei ist die richtige Gewichtsverteilung, denn wenn das Gewicht vor der Achse sitzt, drückt es hinten auf den Hund; wenn es hinter der Achse liegt, geraten die Stangen in Bewegung.

Der Führer ist mit der Pulka durch ein Seil verbunden, das er an einem Bauchgurt festhakt und das durch die sogenannte Antenne laufend, an der Pulka befestigt ist. Die Antenne hält das Seil dem Boden fern, so daß ein Verwickeln oder Überfahren mit den Skiern vermieden wird. Die Leistungen eines Skandinavier-Hundes sind enorm und mindestens denen eines guten Leithundes gleichzusetzen. Von ihm wird erwartet, daß er auf Zuruf die Richtung ändert; er bestimmt zwar weitgehend das Tempo, aber spezielle Marschkommandos veranlassen ihn zum Zulegen – etwa während eines Überholvorganges anläßlich eines Rennens – und andere zur Tempominderung. Die Spurtreue halten und gegebenenfalls problemloses Überholen sind ebenso selbstverständliche Forderungen an den Schlittenhund, der im skandinavischen Stil arbeiten soll. Das Training entspricht in etwa auch dem eines Leithundes.

Der Musher (Hundeführer) läuft neben dem Hund, und das wirkt sich gerade im Anfangsstadium der Ausbildung des jungen Hundes günstig aus. Später soll sich der Hund zwar während des Rennens nicht umschauen; aber der noch unerfahrene Schüler sucht gerne den Blickkontakt zu seinem Herrn, was ihm aber zwischen den festen Zugstangen nur schwer möglich ist.

Trotz aller äußeren Beschwernisse für den Musher selbst darf doch niemals die Aufmerksamkeit für seinen Hund nachlassen, denn ihm muß stets die Freude an der Zugarbeit erhalten bleiben, wobei die Trainingsstrecken anfangs besser kürzer zu wählen und erst allmählich zu steigern sind. Auch mit dem Gewicht ist so zu verfahren, daß der Ballast erst nach und nach schwerer wird. Sowohl die Zuglast als auch die Länge der Strecke richten sich nach dem Zustand der Trainingsstrecke. Im Frühjahr und an kühlen Sommertagen genügen 3 bis 5 km als Trainingspensum; auf den Winter zugehend läuft der Hund 6 bis 8 km an der Rollpulka. Noch handelt es sich um ein Konditionstraining. Das eigentliche Zugtraining beginnt bei Schnee, wobei man sich ausgefahrene Skispuren später als Strecke zunutze machen kann. Eine Variante im Skandinavier-Sport bietet die Verwendung eines sogenannten Nansenschlittens. Dieser im Vergleich zur Pulka größere und schwerere Schlitten wird bevorzugt, wenn zwei und mehr Hunde hintereinander im Tandemgespann laufen. Die Zugvorrichtungen sind dann anstelle der zuvor beschriebenen Zugstangen wegen der größeren Flexibilität meist Seile oder Zugriemen aus Leder.

Training im Gespann

Der später in einem Gespann mitlaufende Einzelhund erfährt eine andere Weiterbildung als der Hund für den Schlittenhundesport nach skandinavischem Stil. Bei der Eingliederung in ein schon bestehendes Gespann empfiehlt es sich, den Neuling zuerst einmal mit zwei Hunden des Gespannes laufen zu lassen. Haben sich die Hunde vor dem Einspannen schon beschnüffeln können und lief dies ohne großes Knurren ab, so wird auch bald ein friedliches Miteinander im Gespann möglich sein, ansonsten muß der Maulkorb Verwendung finden.

Für den Probelauf wählt man den Leithund aus dem Gespann und ein anderes zuverlässiges Tier. Handelt es sich bei dem Neuling um einen Rüden, verwendet man tunlichst eine Hündin als „Lehrmeister".

Zunächst spielt die Laufgeschwindigkeit noch eine untergeordnete Rolle. Viel wichtiger ist das gegenseitige Tolerieren und demzufolge die Ruhe im Gespann. Zwar vermag man einen in dieser Phase ausgebrochenen „Streit" auf der Stelle zu schlichten; unterschwellige Aggressionen können aber bald wieder aufbrechen. Wenn der Musher seine Position als „Oberhund" behauptet und sich durchsetzt, dürfte es erst gar nicht zu Auseinandersetzungen unter den Hunden kommen.

Die Länge der Probefahrt umfaßt etwa 3 km auf einem ebenen Weg. Anhalten, kurz verschnaufen lassen und neues Kommando zum Start erleichtern dem Hund das Begreifen der neuen Situation und zeigen dem Gespannführer, wie aktiv sich der Neuling einsetzt.

Auch wenn alles ohne Komplikationen verläuft, darf das den Musher nicht dazu verleiten, die

Arbeit im Gespann weiter auszudehnen. Für diesen Tag endet die Bewegung mit der noch anhaltenden Begeisterung und Freude des Hundes, die auf den nächsten Lauf zu übertragen ist.

Zusammenfassend kann festgestellt werden, daß – ganz gleich, wie und womit der Hund sein Bewegungssoll absolviert – immer die Freude am Tun erhalten bleiben muß und das ist nur dann gegeben, wenn vom Hund nie mehr verlangt wird, als er seinem Alter gemäß, nach der tageszeitlichen Verfassung und entsprechend seinem Allgemeinzustand zu leisten imstande ist. Dazu bedarf es einer aufmerksamen Beobachtung seitens des Hundehalters, der bald erkennen wird, ob sein Hund für weiteres Lauftraining noch genügend in Form ist, oder ob für diesen Tag die Bewegungsübungen lieber unter- oder abgebrochen werden sollten.

Fütterung

Die wichtigen Bestandteile

So wie die Katze und die Maus untrennbar in der landläufigen Meinung miteinander verbunden sind, so glaubt man, daß zu dem fleischfressenden Hund ein möglichst großer Knochen gehört. Hunde zählen wohl zu den Carnivoren (Fleischfressern), wozu sie auch durch ihr Gebiß und dessen Form geschaffen sind. Die Zähne eignen sich sowohl zum Festhalten und Reißen der Beute, es können aber auch große Fleischstücke damit zerkleinert werden. Das heißt nun aber nicht, daß der Hund ausschließlich mit Fleisch gefüttert werden sollte. Zu seiner Gesunderhaltung benötigt er neben den Nährstoffen Eiweiß, Fett und Kohlenhydraten auch Vitamine, Mineralstoffe und Spurenelemente, die bei einer reinen Fleischfütterung nicht verfügbar sind.

Die Ahnen unseres domestizierten Hundes lebten auch nicht nur von Fleisch. Waren sie eines Beutetieres habhaft geworden, so verschlangen sie von allen Stücken in der Regel die Innereien mitsamt dem darin enthaltenen Speisebrei zuerst, womit der notwendige Bedarf an Nähr- und Aufbaustoffen abgedeckt war.

Fleisch

Wichtigster Bestandteil in der Hundeernährung bleibt jedoch nach wie vor das Fleisch, das bei kleinen und mittleren Rassen in einer Zusammensetzung von $^2/_3$ Fleisch und Innereien, $^1/_3$ Haferflocken oder Reis verabreicht wird und bei großen Rassen aus ökonomischen Gründen aus $^1/_3$ Fleisch und $^2/_3$ Zerealien bestehen sollte unter Zusatz von Kalziumkarbonat und etwas Kochsalz.

Auch bei dem über Jahrtausende domestizierten Hund führt eine ausschließliche Fütterung von Fleisch zu Mangelerscheinungen, was aber zahlreiche Hundehalter immer noch negieren möchten. Man glaubt, Fleisch sei das Beste, was man seinem Hund an Nahrung bieten könne, und ein entsprechendes Zusatzfutter zu verabreichen, sei unnötig. Für die gute Entwicklung und die Gesunderhaltung insbesondere des noch jungen Hundes sind sowohl tierische als auch pflanzliche Futtermittel notwendig.

Eine Kost ausschließlich aus Fleisch bestehend enthält einen hohen Anteil an Fett, das einen doppelt so hohen Brennwert wie Eiweiß und Kohlenhydrate aufweist. Deshalb resultiert aus reiner Fleischfütterung recht bald eine Fettsucht des Hundes mit allen negativen Erscheinungsformen. Zudem wirkt sich der hohe Anteil an gesättigten Fettsäuren im Fleisch ungünstig aus. Da reines Fleisch relativ arm an Kalzium ist, es sich aber durch einen höheren Phosphorgehalt auszeichnet, führt dies zu einer Verschiebung des Kalzium-Phosphor-Verhältnisses im Blut mit nachfolgenden Skelettveränderungen.

Mit der Verfütterung von Leber kann zwar der ziemlich geringe Gehalt an fettlöslichen Vitaminen kompensiert werden, mit der Zeit tritt jedoch ein Mangel an Vitaminen des B-Komplexes ein. Hitzebehandeltes Fleisch – gebrüht, gekocht oder gebraten – kann der Hund besser verwerten als rohes Fleisch, das aber ebenso gut verdaut wird.

Manches roh verfütterte Fleisch wirkt abführend, wie etwa Leber, Lunge, Milz und Pferdefleisch, weshalb sich auch hier empfiehlt, es anzubraten oder zu kochen. Schweinefleisch darf wegen der Infektionsgefahr mit der Aujeszkyschen Krankheit niemals roh verfüttert werden. Da Leber einen hohen Bestandteil an Vitamin A und D aufweist, ist es – in Maßen – in den Ernährungsplan mit aufzunehmen. Herz besitzt einen hohen Phosphorgehalt, daher darf es nicht zu oft verfüttert werden. Bereits in gekochtem Zustand gekaufte Lunge hat wenig Nährwert und dient allenfalls einem fettsüchtigen Hund zum Füllen des Magens. Frißt der Hund gelegentlich Gras oder gar Kot oder Aas, sollte ihm unbedingt Gemüse und Milch im Futter angeboten werden, da das Grasfressen nicht auf einen bevorstehenden Witterungsumschwung hinweist, sondern auf ein gestörtes Säure-Basen-Gleichgewicht. Tierische Nahrungsmittel und beispielsweise Haferflocken fungieren in der Regel als Säurebildner, Milch, Gemüse und Früchte dagegen als Basenbildner. Die Ausscheidung der Säuren geschieht hauptsächlich über die Nieren, aber auch beim Ausatmen über die Lunge. Bei reiner Fleischfütterung überwiegen die Säurebildner, und es kommt zu einem Säureüberschuß, der vom Organismus nicht mehr neutralisiert beziehungsweise abgebaut werden kann.

Als Fleisch mit Fettanteil eignet sich Muskelfleisch vom Rind (Suppenfleisch, Kopffleisch); mageres Fleisch bietet sich in Kalbfleisch an, wegen der hohen Kosten kann jedoch auf preisgünstigeres Hühnerfleisch (Brust und Keule) zurückgegriffen werden. Die Innereien Herz, Leber, Niere, Milz, Pansen, Lunge und Gurgel sollen auf dem Speisezettel des Hundes nicht fehlen.

Die Milchprodukte Quark, Molke, Käse enthalten hochwertiges Eiweiß. An pflanzlichen Nahrungsmitteln füttert man dem Hund Haferflokken, gekochten Reis, daneben Karotten, Leinsamen und Weckmehl.

Der Hundehalter, der Pansen (Rindermagen) bekommen kann, sollte sich nicht scheuen, seinem Hund auch den ungeputzten Blättermagen zu verabreichen, das das aufgenommene Grün noch wertvolle Vitamine und Spurenelemente enthält. Natürlich ist eine solche Fütterung nicht jedermanns Sache und nicht so appetitlich in der Zubereitung. Dem Pansen fehlen ansonsten die essentiellen Aminosäuren, weshalb die Zufütterung von Milchprodukten zu empfehlen ist.

Viele Futtermittel enthalten zu viel Phosphoranteile, aber zu wenig Kalzium, was wiederum durch die Beigabe von Milchprodukten oder Kalziumkarbonat, von dem ein junger Hund täglich 0,5 Gramm pro Kilogramm Körpergewicht erhält, ausgeglichen werden kann.

Wenn ein junger Hund Kuhmilch bekommt, muß bedacht werden, daß diese etwa 17 Prozent weniger Fett enthält als Hundemilch. Dann muß unbedingt Fett zugesetzt werden, wobei sich eine Kombination von $^3/_4$ Kuhmilch und $^1/_4$ Kondensmilch bewährt hat.

In der Ausbildung stehende – arbeitende – und heranwachsende Hunde haben einen vermehrten Eiweißbedarf, der durch Milchprodukte in Form von Quark, Käse und Molke gedeckt werden kann.

Manche Hundehalter meinen, Salz schade ihrem Hund. Zumindest bei einem hohen Zerealienanteil im Futter ist das Gegenteil der Fall; hier ist die Gabe von einer Prise Salz sogar notwendig.

Geriebene Karotten und gemahlener Leinsamen haben einen sehr hohen Gehalt an essentiellen Fettsäuren und sollten ebenso wie die Verabreichung von Bierhefe und Hefeflocken besonders in der Fütterung des jungen Hundes einen festen Platz einnehmen.

Essensreste, scharf gewürzte Speisen oder geräuchertes Fleisch/Wurst sowie Süßigkeiten erhält der Hund nie.

Dem Hund bekommt die Verabreichung von laubis körperwarmem Futter am besten. Zwar weiß man, daß die Eskimos ihren Schlittenhunden gefrorenes Fleisch und Fisch füttern, was Hunde in diesen Breitengraden sicher gewohnt sind. Hierzulande vertragen Hunde eine derartige Fütterung nicht; Fisch kann man allenfalls in Form von Trockenfisch in den Speisezettel integrieren.

Da ein sich im Wachstum befindlicher Hund einen hohen Kalkbedarf hat, darf die angebotene Kalkmenge 10 Prozent der Gesamtfuttermenge nicht unterschreiten.

Vitamin D und deren Wirkung muß immer in Verbindung mit dem Kalzium-Phosphor-Verhältnis gesehen werden. Neben Vitamin-D-Gaben ist eine ausreichende Kalziumzufuhr nötig. Bei einer Überdosierung führt Vitamin D zur Entkalkung der Knochen, weshalb nicht nach dem Motto „Viel hilft viel“ zu verfahren ist, sondern man sich vielmehr genau an die Dosierungsanweisungen zu halten hat.

Ebenso bedürfen die Gaben von Lebertran und Vigantol einer strengen Beachtung der Verabreichungshinweise, wenn die erwünschte Wirkung eintreten soll.

Ein für die Knochenbildung gutes Kalzium-Phosphor-Verhältnis ist in Knochenmehl gegeben. Entgegen der weit verbreiteten Ansicht ist in der Hundefütterung die Verabreichung von Knochen nicht notwendig. Gegen einen weichen Kalbsknochen ist zwar nichts einzuwenden; harte Röhrenknochen von Geflügel können durch Absplitterung von Knochenteilen zu

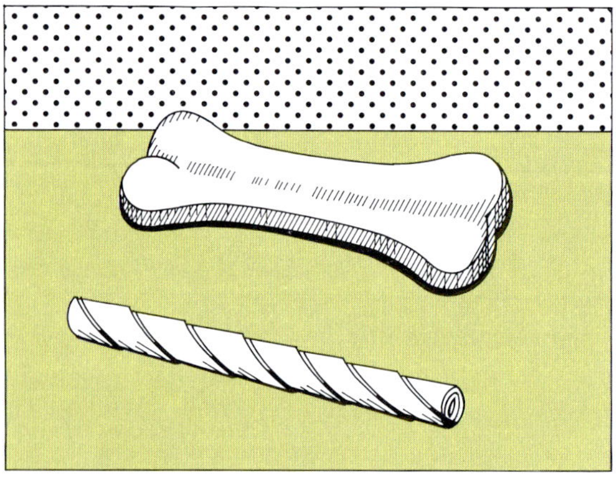

Nach landläufiger Meinung benötigt der Hund Knochen zum Aufbau. Das ist jedoch nicht notwendig, denn Kalk kann er in anderer Form viel effektiver erhalten. Zum Kauen eignen sich vielmehr Büffelhautknochen, die nach genügendem Aufweichen vollständig verzehrt werden können.

schweren Darmverletzungen führen. Kotelettknochen vermögen sich in der Speiseröhre festzusetzen. Bei einem jungen Hund kann das Kauen auf harten Knochen zudem zu Gebißmißbildungen führen. Auch ist der Nährwert von Knochen nicht so hoch, daß die genannten Risiken in der Fütterung einkalkuliert werden müßten. Knochen sind darüber hinaus schwer verdaulich und haben zudem eine stopfende Wirkung. Zur Gebißpflege eignet sich auch ein Rinderhuf, der im Fachhandel erhältlich ist oder ein Stück trockenes Brot. Wenn es sich nicht um altbackenes Brot handelt, gelangt es in geröstetem Zustand in das Hundefutter.
Nach echter Carnivoren-Art mögen es manche Hunde, wenn ihr Fleisch schon etwas „riecht". Wegen der Ausdünstigungen des Hundes muß jeder Hundehalter selbst entscheiden, ob er seinem – vor allem dem ausschließlich im Haus gehaltenen – Hund diesen „Genuß" bieten möchte oder nicht.
Haferflocken und Reis werden vor der Fütterung gekocht und dem Fleisch beigemischt, manche Hundeflocken kann man dem Fleisch auch direkt zugeben. Eier verfüttert man hartgekocht und zerkleinert oder aber nur das rohe Eigelb ohne das Eiklar.
Hunden, die Rohkost lieben, gibt man diese in kleine Stückchen geschnitten.
Eine willkommene Ergänzung im Speiseplan des Hundes sind die im Fachhandel in den verschiedensten Größen und Formen angebotenen Hundekuchen und Hundebisquits.
Besonderer Sorgfalt bedarf es in der Futterzusammenstellung eines jungen Hundes. Der Besitzer sollte sich beim Züchter erkundigen, welches Futter dort gegeben wurde, damit es durch eine plötzliche Futterumstellung nicht zu Magen-Darmstörungen kommt. Die Ernährungsweise richtet sich beim neuen Hundebesitzer natürlich in erster Linie nach den jeweiligen Möglichkeiten der Futterbeschaffung. Es muß sich aber stets um eine abwechslungsreiche, ausgewogene Kost handeln. Das Verabreichen von hochwertiger Nahrung ist mit ein Garant für einen gesunden, kräftigen und widerstandsfähigen Hund. Die richtige Zusammensetzung der Mahlzeiten ist vergleichbar mit Bausteinen, die ein solides Fundament für ein ganzes Leben bilden. Was man beim jungen Hund in der Ernährung etwa aus Unkenntnis versäumt, hinterläßt nie wieder gutzumachende Schäden.

Fertigfutter

Für manchen Hundehalter ist es nicht möglich, seinen Hund mit ausreichend Frischfleisch zu versorgen. Die meisten auf dem Markt angebotenen Fertigfutter sind in ihrer Zusammensetzung so ausgewogen, daß sie ohne Bedenken als Alleinfutter gegeben werden können. Dann muß es sich allerdings um Vollnahrung-Futter handeln. So enthält es alle für den Hund notwendigen Vitamine, Mineralstoffe und Spurenelemente, wobei insbesondere auf das Haltbarkeitsdatum und damit die Wirksamkeit der enthaltenen Vitamine zu achten ist, die meistens bis 12 Monate nach Herstellung garantiert ist.

Wenn der Hund auf Reisen mitgenommen wird und möglicherweise am Urlaubsort die Beschaffung von Frischfleisch Schwierigkeiten bereitet, ist Fertigfutter natürlich das Futter der Wahl. Es ist jederzeit leicht und sauber zu verabreichen, weshalb sich schon im Hinblick auf eine Reise die Gewöhnung des Hundes an Fertigfutter zu Hause empfiehlt.
Eine Fertig-Vollnahrung wird sowohl in getrockneter Form als auch in Dosen angeboten. Wenn letzteres vorwiegend Fleisch, Fleischbestandteile und Innereien enthält, muß – ebenso wie bei der Frischfleischfütterung – entsprechendes Beifutter verabreicht werden. Die Bezeichnung Vollnahrung wäre hier allerdings fehl am Platze. Ein für Hunde angebotenes Alleinfutter soll neben Fleisch und tierischen Nebenerzeugnissen auch Getreide, pflanzliche Eiweißextrakte, pflanzliche Nebenerzeugnisse und natürlich Mineralstoffe und Vitamine enthalten.
In Trockenfutter gelangen unter anderem Fleisch- und Fischmehl, Fleisch, Milchprodukte, Soja, Hefe und verschiedene Getreidesorten wie Mais, Weizen und Hafer.
Trocken-Fertigfutter, das sich als Preßfutter im Handel befindet, weist ebenfalls ein ausgewogenes Eiweiß-Kohlenhydrat-Fett-Verhältnis mit 25–40% Fleisch auf.
Da das Trockenfutter lediglich etwa 10% Wasser enthält, Frischfleisch hingegen 70–80%, ist das Flüssigkeitsbedürfnis des Hundes bei der Fütterung von Fertig-Trockenfutter weitaus höher als bei herkömmlichem Futter. Dem ist durch ausreichende Wassergaben Rechnung zu tragen.

Futterzeiten

Im Alter von 2–3 Monaten wird der junge Hund in der Zeit zwischen 6 Uhr morgens und 22 Uhr abends noch 4- bis 5mal gefüttert; ist er 5 Monate alt, erhält er 3–4 Mahlzeiten; mit 6–11 Monaten werden 3 Fütterungen verabreicht und mit 12 Monaten 2. Danach ist nur noch 1 Hauptmahlzeit erforderlich.

Der ausschließlich in der Wohnung gehaltene Hund sollte nach 17 Uhr kein Wasser mehr bekommen, und der ältere Hund, der auch das Haus bewachen soll, wird nach 17 Uhr möglichst nicht mehr gefüttert. Die einmal eingeführten Futterzeiten sind regelmäßig beizubehalten. Nicht verzehrtes Futter bleibt nicht bis zur nächsten Mahlzeit stehen; was nach etwa 10 Minuten nicht verzehrt ist, wird weggenommen, frischgehalten und zur nächsten Mahlzeit nochmals angeboten. Ein guter Fresser entwickelt sich nicht, wenn ihm ständig Futter zum beliebigen Verzehr zur Verfügung steht; ein solcher Hund ist meist appetitlos und zudem schleckig. Futter- und Wasserschüssel sind selbstverständlich immer in peinlich sauberem Zustand zu halten.
Hat der Hund eine körperliche Anstrengung hinter sich und ist erhitzt, wird er von sich aus nicht fressen wollen; ihm sollte bis zur Fütterung wenigstens eine Ruhepause von einer halben Stunde möglich sein.
Da ein ständig gefüllter Wassernapf besonders einen jungen Hund leicht zu Spielereien verführt, empfiehlt sich eine rationierte Wassergabe, die der Futterart anzupassen ist. Bei Verabreichung von Trockenfutter benötigt der Hund eine größere Wassermenge und ebenso hat er nach ausgedehnten Spaziergängen vermehrt Durst. Während sich beim in der Wohnung gehaltenen Hund der Wasserbedarf gut kontrollieren läßt, ist dies beim Zwingerhund schlecht möglich, weshalb ihm den ganzen Tag über uneingeschränkt Wasser zugänglich sein muß.

Nährstoffe

Vitamine, Mineralstoffe und Spurenelemente sind für den Hund lebenswichtig. Außerdem enthält die Nahrung des Hundes die sogenannten Grundbausteine Eiweiß (Proteine), Fett und Kohlenhydrate. Fette und Kohlenhydrate können einander zeitweilig ersetzen, sie sind jedoch nicht imstande, die Funktion der Eiweiße zu übernehmen, was damit zusammenhängt, daß sie unter anderem keinen Stickstoff enthalten. Wie wichtig ein funktionsfähiger Wasserhaushalt ist, wird aus der Tatsache deutlich, daß der Organismus des erwachsenen Hundes zu mehr als 50% aus Wasser besteht und der eines Welpen gar zu 75%.

Den Verlust nur eines Zehntels des für seinen Körperhaushalt notwendigen Wassers könnte ein Hund nicht überleben. Flüssigkeitsaufnahme erfolgt zum größten Teil durch das Trinkwasser und über die Nahrung, die immer mehr oder minder hohe Anteile an Wasser aufweist. Nun unterliegt der Bedarf an Flüssigkeit natürlich großen Schwankungen und er richtet sich in erster Linie nach den Leistungen des Hundes (Bewegung – Ausbildung), aber auch das Wetter spielt eine gewichtige Rolle. Bei warmer Witterung verdampft der Körper mehr Wasser als bei großer Kälte, und die Körpertemperatur des Hundes übt auch einen Einfluß auf den Flüssigkeitsbedarf aus. Wissenschaftlichen Studien zufolge benötigt der Hund pro Kilogramm Körpergewicht 60–75 ml Wasser am Tag; das heißt, die Flüssigkeit, die er nicht über die Nahrung erhält, muß als Trinkwasser angeboten werden. Ein Hund mit einem Gewicht von 20 kg benötigt etwa 1,5 l Wasser. Erhält dieser Hund nun ein Trockenfutter, das 20% Feuchtigkeit enthält, nimmt er bei einer Fütterung von 400 g dieses Fertigfutters 80 g Feuchtigkeit (0,08 l) mit der Nahrung auf. Es wären demnach 1,42 l zusätzlich durch Frischwasser zu ergänzen. Daß kleinere Rassen und auch junge Hunde im Verhältnis zu großen und ausgewachsenen Tieren mehr Wasser aufnehmen, ist darauf zurückzuführen, daß die Körperoberfläche eines kleinen Hundes relativ größer ist als die eines großen Tieres (gleiches gilt auch für die Ernährung des Hundes insgesamt).

Das Wasser ist ebenso wie der Sauerstoff nicht im eigentlichen Sinne der genannten Nährstoffe aufzufassen; ohne sie ist jedoch letztlich kein Leben möglich und es ist in der Wissenschaft gar keine Frage mehr, daß ihre Bedeutung im Gesamtkomplex Ernährung ebenso lebensnotwendig wie unumstritten ist.

Eiweiß

Sowohl tierisches als auch pflanzliches Eiweiß setzt sich aus sogenannten Aminosäuren zusammen; über 20 davon sind bisher bekannt. Von diesen sind 10 essentiell, das heißt, der Organismus kann sie nicht selbst aufbauen, und sie müssen mit der Nahrung zugeführt werden, weil sie lebensnotwendig sind.

Eiweiß wird zum Aufbau eigener Körpersubstanzen unbedingt benötigt. Deshalb muß jedes Futter einen Mindestanteil an Eiweiß enthalten. Bei Hunden, die sich noch im Wachstum befinden, sollten die Hälfte bis zu zwei Dritteln des Futters aus Fleisch und anderen Eiweißstoffen bestehen; beim erwachsenen Hund enthält die Futterration mindestens ein Drittel tierisches Eiweiß; hinzu kommt noch pflanzliches Eiweiß aus zusätzlichen Futtermitteln.

Milch- und Fleisch-Eiweiße besitzen für den Hund einen größeren Nährwert als die meisten Proteine pflanzlicher Herkunft. Bei der Verschiedenartigkeit der Eiweißzusammensetzungen garantiert nur eine Fütterung mit Eiweißen verschiedenster Herkunft, wie sie eine abwechslungsreiche, gemischte Kost bietet, die Gewähr einer ausreichenden Protein-Versorgung.

Wenngleich Proteine auch Wärme und Energie freisetzen, muß doch der Energiebedarf des Hundes nicht nur aus Eiweiß gedeckt werden; Kohlenhydrate und Fette sind preiswertere Energiespender.

An erster Stelle in der Wertigkeit an Aminosäuren steht Milch. Sie enthält alle lebensnotwendigen Aminosäuren in idealer Zusammensetzung. Wegen des hohen Milchzuckeranteils können größere Mengen Kuhmilch beim erwachsenen Hund Durchfall bewirken, weshalb lieber auf Nebenprodukte der Milch, bei denen der Großteil des Milchzuckers abgeschieden wird (Quark, Molke) zurückgegriffen werden sollte. Gerade für den jungen Hund ist Quark ein vorzüglicher Proteinspender.

Tierisches Eiweiß nimmt die zweite Stelle in der Wertigkeit ein. Die Aufzählung wird in der ungefähren abfallenden Reihenfolge gegeben: Ei (kein rohes Eiweiß), rohes Muskelfleisch von

Rind und Schaf, Leber und Niere, gekochtes Muskelfleisch, Fisch, Fischmehl, Knochenmehl, Rindermagen. Weniger wertvolles Eiweiß enthalten Knorpel, Schwarten und Knochen. Eiweiße tierischen Ursprungs können sowohl roh als auch hitzebehandelt verabreicht werden. Der Hund verdaut rohes tierisches Eiweiß gut, noch besser aber hitzebehandeltes (gekocht oder gebraten).
An dritter Stelle sind schließlich die pflanzlichen Eiweißarten zu nennen: Haferflocken, Reis und Mehl. Damit der Hund pflanzliche Nahrung verwerten kann, muß sie durch Hitzebehandlung aufgeschlossen werden. Sogenannte Hundeflokken aus verschiedenen Zerealien (Getreide, Feldfrüchte, Getreideflocken) wie Weizen, Mais, Sojabohnen und Hirse zusammengesetzt, können auch ungekocht und uneingeweicht zur Fütterung gelangen.
Ein Eiweißmangel infolge fehlerhafter Fütterung macht sich nicht sofort bemerkbar. Der Hund kann sich anfangs noch auf verschiedene Weise anpassen. Durch Drosselung der Oxydation im Körper ist der Bedarf an Aminosäuren zu vermindern. Um den Mangel zunächst zu überbrükken, können in der Leber eingelagerte Eiweiße zu Hilfe genommen werden. Wenn aber zum Ausgleich des Defizits das körpereigene Eiweiß aufgezehrt wird, treten die Mangelerscheinungen bald zutage. Je nach Schwere des Mangels führen sie neben erhöhter Infektionsbereitschaft zu Mattigkeit, Muskelschwund, Herzstörungen bis hin zur völligen Abmagerung.

Fette

Fette sind Verbindungen, die ausschließlich aus den Elementen Kohlenstoff, Wasserstoff und Sauerstoff aufgebaut sind. Gebildet werden sie aus dem dreiwertigen Alkohol Glyzerin und Fettsäuren wie Buttersäure, Capronsäure, Caprylsäure, hauptsächlich aber aus höheren Fettsäuren wie zum Beispiel Palmitinsäure, Stearinsäure, Ölsäure. Palmitin- und Stearinsäure sind sogenannte gesättigte, Ölsäure ist eine ungesättigte Fettsäure. Während die gesättigten Fettsäuren vorwiegend der Ernährung dienen, haben die ungesättigten Fettsäuren mehr die Aufgabe, wichtige Körperfunktionen aufrecht zu erhalten. Manche der Fettsäuren sind essentiell, das heißt, der Organismus vermag die Säure nicht selbst herzustellen; da sie aber lebenswichtig sind, müssen sie mit dem Futter zugeführt werden. So ist beispielsweise die zweifach ungesättigte Linolsäure ein wichtiger essentieller Nahrungsbestandteil. Wird Linolsäure nicht in ausreichender Menge mit dem Futter aufgenommen, werden auch mehrfach ungesättigte Fettsäuren essentiell. Linolsäure kommt in den meisten pflanzlichen Ölen vor.
Im Gegensatz zu Eiweiß und Kohlenhydraten sind die mit dem Futter aufgenommenen Fette wegen ihrer völligen Unlöslichkeit in Wasser durch Enzyme viel schwerer angreifbar. Zur Verbesserung der Wirkungsbedingungen für die Enzyme wird im Dünndarm die hohe Oberflächenspannung an den Grenzflächen von Fett gegen Wasser herabgesetzt; die größeren Fetttropfen geraten durch die Gallensäuren in einen feineren Verteilungszustand.
Darm- und Pankreaslipasen bewirken eine Verseifung der Fette. Glyzerin und Fettsäuren werden von der Darmschleimhaut resorbiert und dort wieder zu Triglyzeriden aufgebaut. Ein großer Teil des entstandenen Fettes wird über die Lymph- und Blutwege zu den verschiedenen Fettdepots des Organismus befördert und als Depotfett gespeichert. Auch zum Aufbau der Phosphatide wird Fett benötigt und der Rest erfährt einen Abbau im Stoffwechsel.
Eine gute Verdauung der Fette kann nur in Verbindung mit der gleichzeitigen Gabe von genügend Kohlenhydraten stattfinden. Der Kalorien- oder Verbrennungswert der Fette ist fast doppelt so groß wie der von Eiweiß und Kohlenhydraten.
Hunde in der Ausbildung und im Wachstum begriffene junge Hunde kann man nicht fettarm oder gar fettlos ernähren. Je mehr ein Hund leistet, um so höher ist sein Bedarf an Fett. Bei großer Kälte vermögen Fette die Körpertemperatur konstant zu halten, wozu Fettdepots in der Unterhaut beitragen. Fettmangel macht sich

zuerst in Erkrankungen der Haut und des Haarkleides bemerkbar.
Der Hund kann alle gebräuchlichen Fette gut verwerten; mit über 90% weist ihre Verdaulichkeit einen hohen Wert auf. Die Angaben über das täglich benötigte Fettminimum des Hundes sind sehr unterschiedlich und schwanken zwischen 0,6 g bis 6 g pro kg Körpergewicht. Eine ausreichende Linolsäureversorgung ist bei 0,5 bis 1% der Futter-Trockensubstanz gegeben, während der Bedarf an essentiellen Fettsäuren mit 2% angesetzt wird.
Vorwiegend pflanzliches Fett (Zerealien) und die Milch sind Lieferanten der essentiellen Fettsäure, während Muskelfleisch, die inneren Organe und Rindermagen – also tierisches Fett – hauptsächlich gesättigte Fettsäuren enthalten.
Wenn neben Fleisch keine Milch an den Hund verfüttert wird, kann die Zugabe von Becel-Margarine, die 60% mehrfach ungesättigte Fettsäuren enthält, einem Mangel entgegenwirken.
Zu viel Fett in der Nahrung bewirkt nicht nur eine Fettleibigkeit des Hundes mit allen ihren Folgen; es verhindert auch die Aufnahme von anderem Futter, was vor allem beim jungen Hund zu schwerwiegenden Wachstumsstörungen führen kann.

Kohlenhydrate

Kohlenhydrate besitzen eine große Bedeutung für den Energiestoffwechsel des Organismus. Wenn von Hochleistungssportlern vermehrt Energie gefordert wird, deckt man diese mit zusätzlichen Zuckergaben ab. Dabei handelt es sich um gezielte Kohlenhydratzufuhr, denn zu den Kohlenhydraten gehören die verschiedenen Zuckerarten. Am bekanntesten als Energiespender sind der Traubenzucker (Glukose), Fruchtzucker (Fruktose), Rohrzucker (Saccharose) und der Milchzucker (Laktose). Hinzu kommen die Verbindungen der Monosaccharide, die als sogenannte einfache Zucker gelten sowie nahestehende Derivate wie Disaccharide und Polysaccharide, die während des Kohlenhydratstoffwechsels im Darm durch spezifische Enzyme (Amylasen, Disaccharidasen) in Monosaccharide gespalten und in die Blutbahn abgegeben werden; in der Leber erfolgt zum Teil ein Aufbau zu Glykogen, das sich aus einer großen Zahl von Glucosen zusammensetzt. Glykogen ist die Speicherform im tierischen Organismus, im pflanzlichen ist es die Stärke.
Ein konstanter Glukosespiegel im Blut ist für die energieverbrauchende Zellfunktion lebensnotwendig, besonders für Zellen mit hohem Energieverbrauch oder schlechter Sauerstoffversorgung. Glukose ist das wichtigste Monosaccharid des Kohlenhydratstoffwechsels. Es wird auch als Brennstoff des Lebens bezeichnet.
Zellulose (Grundsubstanz der Pflanzen) kann der Hund nicht verwerten; sie ist jedoch für eine geregelte Verdauung wichtig. Als Ballaststoffe läßt sie sich zur Sättigung überfütterter Hunde verwenden. Die Angaben, wie viele Kohlenhydrate der Hund mit dem Futter erhalten soll, schwanken zwischen 5 und 12 g pro kg Körpergewicht je nach Rasse beziehungsweise Größe sowie Art und Menge des zusätzlich verabreichten Futters. In Vollnahrung sollte der Anteil an Kohlenhydraten nicht mehr als 60% betragen.
Da der Organismus des Hundes imstande ist, aus Eiweißen Fette und Kohlenhydrate zu bilden, besteht kein eigentlicher Bedarf an Kohlenhydraten. Da ihre Verfütterung aber eine relativ preiswerte Energiequelle darstellt, ist ihr Anteil in der Hundeernährung verständlich und auch unbestritten.
Der Hauptanteil an Kohlenhydraten im Hundefutter ist in Haferflocken und Reis enthalten. Andere Zerealien wie Weizen, Mais, Hirse und Sojabohnen, die ebenfalls einen hohen Kohlenhydratanteil aufweisen, finden meist beim Fertigfutter Verwendung. Zerealien kann der Hund nur aufgeschlossen verwerten, das heißt, sie müssen einer Hitzebehandlung (Kochen oder Bakken) unterzogen werden, was bei Fertigfutter ohnehin üblich ist.
Auch die Größe der Stärkekörner spielt in der Verwertbarkeit der Kohlenhydrate eine Rolle. Kartoffelstärke läßt sich mit ihrer Stärkegröße sehr schlecht aufschließen, weshalb Kartoffeln als Hundefutter nicht verwendet werden.

Der Hund verdaut aufgeschlossene Kohlenhydrate in der Regel gut; erwachsenen Hunden steht jedoch ein Ferment zur Verwertung der Laktose nicht zur Verfügung. Laktose hält bei diesen Hunden Wasser im Verdauungstrakt zurück, was bei einem Milchzuckergehalt im Futter von über 5% zu Durchfällen führt, weshalb bereits an anderer Stelle die Verabreichung von Nebenprodukten der Milch (Quark) empfohlen wurde.

Kalorienbedarf

Der international festgelegte Energiegehalt der zuvor abgehandelten drei Nährstoffe beträgt für:

1 g Protein (Eiweiß)	17,2 kJ (4,2 kcal),
1 g Fett	38,9 kJ (9,3 kcal),
1 g Kohlenhydrat	17,2 kJ (4,1 kcal).

Der Kalorienbedarf eines normal oder nicht sonderlich beanspruchten Hundes beträgt bei einem Gewicht von 30 kg 1680 Kalorien pro Tag. Bei größeren Leistungen verbraucht er fast die doppelte Kalorienmenge. Zu bedenken ist aber auch, daß innerhalb einer Rasse individuelle Unterschiede bezüglich der Ausschöpfung aller Nähr- und Wirkstoffe auftreten können; hier muß der Hundehalter durch regelmäßige Gewichtskontrollen die optimale Nahrungszufuhr für seinen Hund ermitteln.

Es fällt auf, daß ein kleiner Hund beziehungsweise ein Junghund im Verhältnis zu seinem Körpergewicht wesentlich mehr Futter benötigt wie ein großer beziehungsweise ausgewachsener Hund. In Extremfällen frißt der kleine Hund sogar über doppelt so viel wie der große Hund. Sehr frühe diesbezügliche Erkenntnisse besagen: Je kleiner ein Hund, desto größer seine Körperoberfläche und desto größer die Wärmeabgabe. In nüchternem Zustand bei Körperruhe beträgt diese 100–120 gcal je qcm Körperoberfläche. Da die Körperoberfläche bei einem Hund von 3 kg 2400 qcm, bei einem von 18 kg 7600 qcm und bei einem solchen von 31 kg 10 000 qcm beträgt, wird der höhere Energieverbrauch kleiner Hunde verständlich. Demnach verringert sich das Verhältnis von Körpergewicht zur Körperoberfläche eines 3 kg schweren Hundes von 1:800 auf 1:422 bei einem 18 kg schweren Hund beziehungsweise auf 1:322 bei einem Hund von 31 kg Gewicht.

Energiebedarf von Hunden (nach Arnold und Elvehjem)

Körpergewicht in kg	kcal pro kg Körpergewicht	Tägliche Futtermenge in g (Trockenfutter)
1	141	35
2	117	58
3	105	79
4	97	97
5	91	114
6	87	130
7	84	146
8	81	161
9	78	175
10	75	189
20	62	313
30	56	423
40	52	523
50	49	613

*) Der Kaloriengehalt des Futters ist mit 3964 pro kg angenommen.

Rohnährstoffgehalt und errechnete Bruttoenergie (in kcal/100 g) der für die Ernährung des Hundes in Frage kommenden Nahrungs- und Futtermittel (nach Mangold)

Futtermittel	Eiweiß %	Fett %	Kohlen-hydrate %	Asche	kcal
Blut, frisches	18,2	0,18	0,1	0,85	77
Blutmehl	87.9	0,4	2,9	4,2	376
Bohnen	24,3	1,6	49,0	3,2	315
Ei (Hühner-)	14,1	10,9	0,7	1,1	162
Erbsen	22,8	1,8	52,4	2,8	325
Fette, pflanzliche Öle	–	100	–	–	930
Fischfuttermehl, fettarm	58,0	2,0	–	32,6	256
Fleisch(futter)mehl	72,3	10,0	0,3	3,8	391
Haferflocken	12,5	6,7	67,8	2,0	392
Hefe (Trocken-)	52,5	3,5	24,0	7,0	346
Herz	18,2	10,0	–	0,9	164
Hundekuchen verschiedener Art	13–22	2,5–5,2	34–66	2,5–2,6	216–410
Kartoffeln	2,1	0,1	21,0	1,1	96
Kartoffelflocken	7,2	0,1	78,0	3,9	350
Leber	20,0	3,6	3,3	1,5	129
Lunge	15,5	2,5	–	1,1	85
Maismehl	11,0	4,3	69,3	0,76	369
Milch (Kuh-)	3,4	3,6	4,8	0,8	67
Milz	19,8	2,5	–	–	104
Mohrrüben	1,0	0,2	9,4	1,0	44
Niere	18,5	8,0	–	1,2	150
Pferdefleisch, mager	23,3	0,5	–	1,0	100
Quark	24,8	7,3	3,5	4,07	184
Reis (Bruch-)	8,1	1,2	75,9	0,8	356
Rindfleisch, mager	20,5	1,8	–	1,2	101
Roggenbrot	6,0	0,8	54,0	1,2	253
Roggenmehl (75%)	6,9	1,1	76,3	0,85	351
Schellfisch	17,1	0,3	–	3,3	73
Schweinefleisch mager	19,9	6,8	–	1,1	145
Tierkörpermehl	54,1	12,2	2,0	25,0	344
Trockenfleisch	73,4	12,1	–	4,3	404
Walfischmehl	85,0	1,5	–	4,3	363
Weizenbrot	8,4	0,9	49,0	1,3	244
Weizenkeime	36,3	10,7	34,9	5,5	391
Weizenmehl (73%)	11,8	1,5	71,5	0,5	355
Wurst (Blut-)	11,8	11,5	25,0	1,69	258

Vitamine

Allen heute bekannten Vitaminen ist eines gemeinsam: Sie beeinflussen das Wachstum des jungen Organismus. Deshalb ist vor allem für den jungen Hund die richtige Dosierung lebenswichtiger Vitamine im Futter für ein gutes Gedeihen unabdingbar. Vitaminmangelerscheinungen treten beim im Wachstum befindlichen Hund weitaus häufiger auf als bei dem erwachsenen.
Der Bedarf an Vitaminen erhöht sich beim Erbringen von Leistungen und richtet sich natürlich nach dem Alter des Hundes und der Zusammensetzung der Nahrung. Fehlt ein Vitamin gänzlich, treten die Erscheinungen einer Avitaminose auf; ein Zuviel hingegen schlägt sich in sogenannten Hypervitaminosen nieder.
Vitamine als Bausteine sind nicht direkt am Aufbau der Zellen beteiligt; sie müssen dem Körper jedoch mit der Nahrung ständig zugeführt werden, um die Funktion der Zellen zu sichern. Vitamine finden sich entweder in der Nahrung als fertige Form, oder sie gelangen als Vorstufe in den Körper, wo dann der Organismus die wirksamen Vitamine bildet.
Man unterscheidet Vitamine in zwei Gruppen: die fettlöslichen und die wasserlöslichen. Zu ersteren gehören die Vitamine A, D, E und K, wasserlöslich ist die Gruppe der B-Vitamine.
Vitaminmangelerscheinungen können sich auf vielerlei Art bemerkbar machen. Im allgemeinen ist eine Stoffwechseleinschränkung die Folge; beim jungen Hund tritt eine Wachstumshemmung ein und die Infektionsabwehr ist herabgesetzt. Erfolgt bei den ersten Krankheitszeichen eine entsprechende Vitamingabe, tritt meistens eine rasche Besserung ein. Sind die Mangelerscheinungen aber bereits so weit fortgeschritten, daß etwa eine Veränderung des Knochenbaues daraus resultiert (Rachitis als Folge von Vitamin-D-Mangel), bleiben trotz einsetzender Behandlung und Futterumstellung immer mehr oder minder große Schäden zurück. Hier kann dann lediglich eine Besserung des Zustandsbildes erreicht werden. Die Vitamine werden mit Groß

Bedarf an Vitaminen, Mineralstoffen und Spurenelementen pro kg Körpergewicht und Tag (nach Schneider)

	wachsender Hund	
Vitamin A	220	I. E.
Vitamin D	22	I. E.
Vitamin E	2,2	I. E.
Vitamin K_1	0,066	mg
Vitamin B_1	0,044	mg
Vitamin B_2	0,096	mg
VitaminB_6	0,044	mg
Vitamin B_{12}	0,001	mg
Niacin	0,5	mg
Pantothensäure	0,44	mg
Biotin	0,0044	mg
Cholin	52	mg
Folsäure	0,008	mg
Kalzium	260	mg
Phosphor	210	mg
Magnesium	17,6	mg
Kalium	220	mg
Natriumchlorid	530	mg
Eisen	2,6	mg
Kupfer	0,32	mg
Selen	0,0048	mg
Mangan	0,22	mg
Zink	2,2	mg
Jod	0,066	mg

Bedarf an Vitaminen, Mineralstoffen und Spurenelementen pro kg Körpergewicht und Tag (nach Schneider)

	erwachsener Hund	
Vitamin A	110	I. E.
Vitamin D	11	I. E.
Vitamin E	1,1	I. E.
Vitamin K_1	0,033	mg
Vitamin B_1	0,022	mg
Vitamin B_2	0,048	mg
VitaminB_6	0,022	mg
Vitamin B_{12}	0,0005	mg
Niacin	0,025	mg
Pantothensäure	0,22	mg
Biotin	0,0022	mg
Cholin	26	mg
Folsäure	0,004	mg
Kalzium	120	mg
Phosphor	100	mg
Magnesium	8,8	mg
Kalium	220	mg
Natriumchlorid	330	mg
Eisen	1,3	mg
Kupfer	0,16	mg
Selen	0,0024	mg
Mangan	0,11	mg
Zink	1,1	mg
Jod	0,033	mg

Gehalt an Vitamin A in mg pro 100 g Nahrungsmittel

Produkt	Vit. A in mg pro 100 g	Produkt	Vit. A in mg pro 100 g
Butter (Sommer)	20	Leber (Sommer)	40
Butter (Winter)	2	Leber (Winter)	7–12
Eigelb	4–20	Lebertran	4–200
Fisch	0,15–0,30	Margarine	0
Käse	1,6–3,2	Milch (Sommer)	0,8
		Milch (Winter)	0,2

Gehalt an Karotin in mg pro 100 g zur Hundefütterung geeigneter Nahrungsmittel

Produkt	mg Karotin pro 100 g Nahrungsmittel	Produkt	mg Karotin pro 100 g Nahrungsmittel
Banane	0,25–0,3	Orange	0,3–0,4
Blumenkohl	0,04	Reis	0
Endivie	0,9	Rotkohl	0,01
Erbsen	0,05–0,14	Sojabohne	0,45–1,0
Kartoffeln	0,03–0,05	Spinat	3,8–5,6
Mais	0,5–1,0	Tomate	0,3
Mohrrüben	2,0–9,6	Vollweizenmehl	0,01
		Wirsing	1,0–5,5

Gehalt an Vitamin D in I. E. pro 100 g Nahrungsmittel

Produkt	I. E. Vit. D pro 100 g	Produkt	I. E. Vit. D pro 100 g
Butter (Sommer)	0,4–1,0	Milch (Sommer)	0,024–0,038
Butter (Winter)	0,1–0,3	Milch (Winter)	0,003–0,017
Eigelb	1,4–5,0	Rinderleber	0,4–0,5
Lebertran (Heilbutt)	1000–4000	Schweineleber	0,4–0,5
Lebertran (Schellfisch)	50–100		

Gehalt an Vitamin E in mg pro 100 g Nahrungsmittel

Produkt	Vit. E in mg pro 100 g	Produkt	Vit. E in mg pro 100 g
Bierhefe (trocken)	Spuren	Rindfleisch	3,6
Butter	wenig	Rinderleber	1,6
Eidotter	3,0	Rinderniere	1,6
Grünkohl (Wirsing)	6,0	Schweinefett	2,8
Hafer	wenig	Vollreis	wenig
Hühnerei	1,0	Weizenkeimöl	500
Kokosöl	2,7	Weizenmehl	wenig
Mais	wenig		
Milch	wenig		

buchstaben bezeichnet, was noch aus den Anfangszeiten der Vitaminforschung herrührt; damals gab man dem jeweils neu entdeckten Stoff den Buchstaben in der Reihenfolge des Alphabets.
Nachfolgend wird auf die für den Hund wichtigsten Vitamine näher eingegangen.

Vitamin A

Anwendung: Bei der Aufzucht von Jungtieren, bei Hauterkrankungen, bei Augen- und Darmkrankheiten.
Vorkommen: Als Vorstufe in Form des Karotins in Möhren, Mais, Tomaten und Blattgemüse. Der Körper wandelt es zu Vitamin A um; Speicherorgan ist die Leber. Besonders vitaminreich sind Fisch, Milch, Eidotter und Dorschlebertran.
Wirkung: Wachstumsfördernd, beteiligt an den Sehvorgängen, begünstigt die Bildung der Samenzellen.
Mangelerscheinungen: Schäden der Schleimhäute, was zu Darminfektionen führen kann, Augenerkrankungen, trockene und rissige Haut.

Vitamin D

Anwendung: Bei Jungtieren als Vorbeugung gegen Rachitis; für Hündinnen während der Trächtigkeit und der Säugeperiode.
Vorkommen: Als Ergosterin in allen grünen Pflanzen, in Hefe und Pilzen. Durch Bestrahlung mit Sonnenlicht oder Höhensonne (ultraviolettes Licht) entsteht aus dieser Vorstufe Vitamin D. Besonders stark wirksam ist das in Leber, Milch, Eidotter, Butter und Lebertran enthaltene Vitamin D.
Wirkung: Fördert Mineralstoffwechsel, unentbehrlich für den Knochenaufbau.
Mangelerscheinungen: In Form von Rachitis bei Jungtieren auftretend.

Vitamin E

Anwendung: Bei Muskelschwäche, Stoffwechselstörungen, Hauterkrankungen, Fortpflanzungsstörungen.
Vorkommen: Keimanlagen der Körnerfrüchte und den daraus gewonnenen Ölen, Kokos- und Erdnußöl, Grünpflanzen.
Wirkung: Fördert Stoffwechsel und Fortpflanzung, Milchbildung, reguliert die Funktion innerer Drüsen.
Mangelerscheinungen: Beim Hund selten. Kann ansonsten zu gestörter Entwicklung bei Jungtieren führen.

Vitamin K

Anwendung: Als antihämorrhagisches Vitamin.
Vorkommen: In Spinat, Blumenkohl und Fischmehl.
Wirkung: Fördert die Bildung verschiedener Gerinnungsfaktoren in der Leber und ist damit unentbehrlich für die Blutgerinnung.
Mangelerscheinungen: Erhöhte Blutungsneigung. Eine solche Erkrankung tritt normalerweise sehr selten als Begleiterscheinung bestimmter Lebererkrankungen auf.

Vitamin C

Anwendung: Bei Darmstörungen, Infektionskrankheiten, während der Trächtigkeit der Hündin, vorbeugend bei Jungtieren.
Vorkommen: Hagebutten, Petersilie, Rosenkohl, Kartoffeln, Spinat. Vitamin C kann durch falsche Lagerung, Kochen und langes Wässern zerstört werden.
Wirkung: Steigerung der Abwehrkräfte, fördert den Stoffwechsel, Drüsentätigkeit und Blutgerinnung.
Mangelerscheinungen: Treten beim Hund normalerweise nicht auf: Er ist in der Lage, Vitamin C selbst aufzubauen.

Vitamin B-Komplex

Wie schon die Bezeichnung aussagt, handelt es sich beim Vitamin B um einen ganzen Vitaminkomplex, der sich zusammenfügt aus: Vitamin B_1 (Thiamin), B_2 (Riboflavin), B_6 (Pyridoxin), B_{12} (Cobalamin), Niacin (Nikotinsäureamid), Pantothensäure, Biotin (früher als Vitamin H bezeichnet), Folsäure und Cholin.
B_1: Thiamin verändert sich im Körper und wird dann in stoffwechselwirksame Verbindungen eingebaut und ist besonders für den Kohlenhydratstoffwechsel wichtig.

Gehalt an Vitamin B_1 in µg pro 100 g Nahrungsmittel

Produkt	Vit. B_1 in 100 g	Produkt	Vit. B_1 in 100 g
Apfel	20–40	Leber (von Rind, Kalb, Schwein)	270–500
Bäckerhefe	600–2000	Magermilchpulver	300–1500
Bierhefe	1000–15 000	Milchpulver	250
Eidotter	300	Mohrrüben	35
Eiweiß	Spuren	Naturreis	220–250
Entenei	400	Orange	60
Fisch	60	Polierter Reis	Spuren
Frische Erbsen	175	Rindfleisch	45–50
Futterrüben	125	Roggen-Vollkornbrot	210
Getrocknete Bohnen	220	Roggen-Vollkornmehl	300
Getrocknete Erbsen	350	Salat	40–80
Haferflocken	300	Schweinefleisch	700
Hühnerei	100	Sojabohnen	900
Käse	30–55	Spinat	60–125
Kartoffeln gek.	55–80	Tomaten	60–70
Kartoffeln roh	80–120	Vollkornbrot	310
Kalbfleisch	75–105	Vollweizenmehl	400–600
Kondensierte Milch	150	Weißbrot	50
Kuhmilch	24–70	Weiß- und Rotkohl	80

Gehalt an Vitamin C in mg pro 100 g Nahrungsmittel

Produkt	mg Ascorbinsäure pro 100 g	Produkt	mg Ascorbinsäure pro 100 g
Bananen	11,7	Ochsenmilz	20
Grünkohl	80	Orangen	35–60
Grüne Erbsen	20–40	Schweineherz	6
Lauch	16,4	Schweineleber	22
Milch	1,5–2,5	Schweinelunge	20
Mohrrüben	5,8	Schweinemagen	5
Neue Kartoffeln	24,5	Schweinemilz	40
Ochsenherz	4,6	Schweineniere	10
Ochsenleber	31	Spinat	1,3
Ochsenmagen	5	Tomaten	13
		Zitronen	25–56

Gehalt an Vitamin B_6 in µg pro 100 g Nahrungsmittel

Produkt	Vit. B_6 in 100 g	Produkt	Vit. B_6 in 100 g
Apfel	140	Milch	105–300
Haferflocken	750–1000	Naturreis	300
Hühnerei	23	Ochsenfleisch	750–1000
Kartoffeln	180	Ochsenleber	2475–3300
Mais	2000	Spinat	135
Meerfisch	1500–2000	Trockenhefe	3000–7500
		Vollweizenmehl	525–700

Vorkommen: Getreide, Gemüse, Früchte, Nüsse, Hefe, Leber und Niere, Naturreis (es fehlt hingegen völlig in geschältem oder poliertem Reis), Milch, Eier.
Mangelerscheinungen: Bei jungen Hunden hauptsächlich Anschwellungen der Extremitäten; bei älteren Hunden vordergründig nervöse Störungen (Krämpfe, Lähmungen).
B_2: Riboflavin greift hauptsächlich in den Kohlenhydrat-Stoffwechsel ein; es ist aber auch wichtig für den Fett- und Eiweißstoffwechsel, die Zellatmung, den Sehvorgang, Wachstum, Funktion von Haut und Schleimhäuten.
Vorkommen: Hochkonzentriert in Hefe, Nieren, Fischmehl.
Mangelerscheinungen: Wachstumsverzögerung, schlechte Futterverwertung, Schleimhautrisse im Mundwinkelbereich.
B_6: Wichtig im Eiweißstoffwechsel sowie Mineral- und Fettstoffwechsel (Wachstum, Blutbildung, Nervensystem und Haut).
Vorkommen: Hefe, Getreide, innere Organe.
Mangelerscheinungen: Blutarmut, Störungen im Zentralnervensystem, Wachstumsstörungen, Hautveränderungen, zuweilen Krämpfe
B_{12}: Greift in den Eiweißstoffwechsel ein.
Vorkommen: Leber, Milch, Fischmehl.
Mangelerscheinungen: Führt zusammen mit anderen Wirkstoffen zu Anämie und Wachstumsstörungen.
Niacin (Nikotinsäureamid): Beeinflußt den Zellstoffwechsel.
Vorkommen: Reichlich in Hefe, Getreide, Leber und Nieren.
Mangelerscheinungen: Werden vorwiegend Maisprodukte verfüttert, tritt die sogenannte Schwarzzungenkrankheit (black tongue) auf. Ihre wesentlichen Symptome sind Nekrosen der Zunge und der Mundschleimhaut sowie blutige Durchfälle.
Pantothensäure: Wichtige Funktion im Stoffwechsel der Kohlenhydrate und Fette; bedeutsam für die Haarqualität, Funktion von Haut, Schleimhäuten, Leber und Nebennierenrinde sowie für Infektionsabwehr und die Bildung von Blutfarbstoff.
Vorkommen: Besonders in Hefe und Leber.
Mangelerscheinungen: Wachstums- und Hautfunktionsstörungen, verzögerte Wundheilung, schlechtes Fell, Lebererkrankungen, Rückenmarkschäden.
Biotin: Greift allgemein in den Stoffwechsel ein.
Vorkommen: Vor allem in Hefe, Leber und Niere.
Mangelerscheinungen: Dermatitis, Haarausfall, Hautveränderungen, selten Störungen des Zentralnervensystems.
Folsäure: Spiel sowohl beim Nukleinsäure-Stoffwechsel als auch zusammen mit Vitamin B_{12} bei der Blutbildung eine wichtige Rolle.
Vorkommen: Besonders in Hefe und Leber.
Mangelerscheinungen: Wachstumsstörung, Anämie.
Cholin: Für den Fettstoffwechsel von Bedeutung.
Vorkommen: Hauptsächlich in Fischmehl, Getreide und Molke.
Mangelerscheinungen: Leberverfettung, Gelenkmißbildungen.
Fütterungsversuche haben gezeigt, daß in der Hundeernährung neben dem Gehalt der verschiedenen Vitamine auch Karotin eine Rolle spielt (0,5 bis 1,5 mg Karotin entsprechen 830 bis 2000 Internationalen Einheiten Vitamin A). In der Leber des Hundes kann den Versuchen zufolge Karotin in Vitamin A umgewandelt werden, eine Eigenschaft, die der Hund wahrscheinlich erst im Verlauf seiner langen Domestikationszeit entwickelt hat.

Mineralstoffe und Spurenelemente

Ebenso wichtig wie das ausgewogene Vitamin-Verhältnis in der Ernährung des Hundes sind Mineralstoffe und Spurenelemente. Mit dieser Thematik hat man sich noch nicht sehr lange befaßt; es ist jedoch heute bekannt, daß ein mit mineralsalzloser Kost ernährter Hund binnen kurzer Zeit stirbt.
Mineralstoffe wirken indirekt auf die energetischen Vorgänge. Außerdem bilden sie lebenswichtige Bestandteile der Zellen und sind Bau-

Gehalt an Vitamin B_2 in µg pro 100 g Nahrungsmittel			
Produkt	Vit. B_2 in 100 g	Produkt	Vit. B_2 in 100 g
Bäckerhefe	2500–3800	Rindfleisch	150–300
Bierhefe	1800–15 000	Rinderleber	1000–2500
Fisch	160–180	Roggen-Vollkornmehl	150
Hafergrütze	240	Schweinefleisch	200–500
Hühnerei	250–275	Schweineleber	3500–3700
Kalbfleisch	300–375	Spinat	160–340
Kalbsleber	1700–2500	Tomaten	195–235
Kartoffeln	40–100	Trockenhefe	1800–3000
Kuhmilch	100–275	Vollweizenmehl	125
Maismehl	300	Weißkohl	60–200
Mohrrüben	100–125	Weißmehl	40
Orange	40		

Gehalt an Nicotinsäure (Niacin) in mg pro 100 g Nahrungsmittel			
Produkt	mg Nicotinsäure 100 g	Produkt	mg Nicotinsäure 100 g
Bäckerhefe	11–12	Roggenkleie	7,0
Erbsen	1,0	Schweinefleisch	3,3
Fisch	1,7	Schweineleber	11,8–30
Kartoffeln	1,0	Schweinemilz	4,0
Kuhmilch	0,4	Schweineniere	6,8
Magermilchpulver	1,8	Sojabohne	4,8
Reis	2,4	Trockenhefe	30–100
Rindfleisch	4,9	Vollweizenmehl	5,3
Rinderleber	16–23	Weizenkleie	5,0

Gehalt an Pantothensäure in µg pro g Nahrungsmittel			
Produkt	µg Pantothensäure pro 100 g	Produkt	µg Pantothensäure pro 100 g
Buttermilch	35–36	Milch, entrahmt	21–43
Eidotter	50–100	Milch, vollfett	1,3–4,2
Erbsen	20–22	Rinderniere	40
Ganzes Ei	4–48	Sojamehl	8–22
Grünkohl	23–36	Tomaten	1
Leber	25–60	Trockenhefe	140–350
		Weizen	13

Gehalt an Biotin in H-Einheiten pro 100 g Nahrungsmittel			
Produkt	Biotin in H-Einheiten pro 100 g	Produkt	Biotin in H-Einheiten pro 100 g
Bananen	120	Reiskleie	1200
Bierhefe (getrocknete)	200–250	Rindfleisch	0
Kartoffeln	160–250	Rinderleber	1000
Kuhmilch	25–100	Rinderniere	1000
Magermilchpulver	500	Vollweizenmehl	0
Öle und Fette	0		

steine für den Aufbau von Knochen, Knorpel und Gebiß. Auch für die Funktion der Muskulatur und der Nervenfasern ist das Vorhandensein bestimmter Mineralsalze unabdingbar.
Mineralstoffe werden in relativ großen Mengen benötigt, weshalb man sie auch als Mengenelemente bezeichnet. Im Vergleich dazu kommen die Spurenelemente eben nur als Spuren im Körper vor.
Ein Mineralstoffmangel tritt in Form von Nervenleiden verbunden mit Krämpfen und Zukkungen zutage sowie letztlich durch Schädigungen am Knochengerüst; das Skelett des Hundes enthält 60–80% aller im Organismus vorkommenden Mineralstoffe.
Die Stoffwechselvorgänge auch des Hundes beruhen hauptsächlich auf osmotischen Vorgängen; die Fähigkeit, den osmotischen Druck der Zell- und Körperflüssigkeit zu regulieren, ist nur mittels der Mineralstoffe gegeben. Ausschlaggebend sind sie auch für den Stoffaustausch zwischen Zellen und Flüssigkeiten wie Blutserum, Lymphe und Interzellularflüssigkeit.
Nach der vorwiegend im Dünndarm erfolgten Mineralstoffresorption und der anschließend in den Körperkreislauf aufgenommenen Mineralstoffe werden diese beim jungen Hund (wie auch bei einer tragenden Hündin) vornehmlich gespeichert, aber auch zur Erzeugung von Sekreten herangezogen.
Die wichtigsten Mineralstoffe und Spurenelemente sind Kalium, Natrium, Kalzium, Magnesium, Phosphor, Chlor, Eisen, Jod, Kupfer, Selen, Mangan und Zink. Die Bedeutung von Kalzium, Phosphor und Natrium (als Kochsalz) war schon recht früh bekannt. Heute aber weiß man, daß darüber hinaus eine große Zahl anderer Substanzen einen ebenfalls nicht zu unterschätzenden physiologischen Einfluß im Körper ausübt. Allerdings kommen Kalzium- und Phosphorverbindungen in recht großen Mengen vor, und man konnte sie leicht nachweisen und bestimmen.
Neben der ausreichenden Zufuhr jedes einzelnen Stoffes ist für die beste Ausnützung der mit der Nahrung aufgenommenen Mineralstoffe auch das geeignete Mengenverhältnis von entscheidender Bedeutung. So ist beispielsweise für die Knochenbildung das richtige Kalzium-Phosphor-Verhältnis ausschlaggebend.

Kalk- oder Kalziumverbindungen

Sie sind nicht nur für die Knochenbildung und -formung wichtig, sondern spielen auch beim Zellstoffwechsel und der Blutgerinnung eine große Rolle. Kalzium wird darüber hinaus für die Erhaltung der normalen Muskelerregbarkeit benötigt.
Milch, Milchprodukte und Fleisch sind natürliche Kalziumspender.

Phosphor

Er findet sich im Organismus in verschiedenen Verbindungen. Als Bestandteil des Knochens zu fungieren, ist nicht die alleinige Aufgabe von Phosphaten; vielmehr sind sie auch an vielen Stoffwechselvorgängen beteiligt.
In Kombination mit Kalzium und Vitamin D schützt Phosphor vor Rachitis, da Vitamin D allein keinen ausreichenden Schutz gewährt. Das Verhältnis von Kalzium zu Phosphor im Futter sollte sein: 1,2:1 bis 2:1. Ein falsches Mengenverhältnis oder auch, wenn eines der Elemente nur in geringsten Mengen in der Nahrung vorkommt, führt zu Fehlentwicklungen der Knochen.
Phosphatquellen sind in erster Linie in Milch, Milchprodukten und Fleisch enthalten.
Während in der Hundefütterung meist ausreichende Kalziumgaben berücksichtigt werden, sind die Angaben für die notwendigen Phosphorverbindungen leider oft nicht erschöpfend. Ein gutes Kalzium-Phosphor-Verhältnis ist mit der Gabe von Knochenmehl gegeben; es enthält außerdem noch Mineralstoffe, welche in künstlichen Produkten fehlen. Knochenmehl hat zudem in der Regel einen stopfenden Effekt bei Durchfallerkrankungen; bei Darmentzündungen hingegen kann es gegenteilig wirken. Leider wird der Gabe von Kalk- und Kalziumverbindungen oft mehr Bedeutung beigemessen, als dem richtigen Kalzium-Phosphorverhältnis.

Kalk- und Phosphorgehalt einiger Nahrungsmittel				
Nahrung	pro 100 g Nahrungsmittel Kalziumverbindung in g	pro 100 g getrocknete Nahrungsmittel Kalzium in g	pro 100 g Nahrungsmittel Phosphorverbindung in g	pro 100 g getrocknete Nahrungsmittel Phosphor in g
Eier	0,15	0,6	0,50	2,0
Fischmehl	6,07	6,79	3,28	3,67
Fleischmehl	0,26	0,29	0,3	0,34
Kartoffeln	0,02	0,08	0,07	0,26
Knochemmehl	22,4	–	10,05	–
Milch	0,12	1,0	0,09	0,73
Muttermilch (Hund)	0,65	3,0	0,51	2,5
Reismehl	0,08	0,09	1,03	1,18
Roggenmehl	0,04	0,04	0,37	0,43
Weizenmehl	0,04	0,04	0,35	0,4

Magnesium

Magnesium befindet sich zum größten Teil in den Knochen; es ist aber auch wichtig für den Energiestoffwechsel sowie die Erregung und Erschlaffung der Muskeln.

Magnesium ist besonders in Milch und Fischmehl vorhanden.

Magnesiummangel äußert sich in Appetitlosigkeit, Gewichtsverlust und Muskelschwund. Beim jungen Hund erfolgt ein Wachstumsstillstand und eine erhöhte Kalziumablagerung im Skelett. Wieder sei auf die Gabe von Knochenmehl verwiesen, in dem die Magnesiumverbindungen in einem günstigen Kalzium-Phosphor-Verhältnis stehen.

Kalium

Kalium ist besonders für den Muskel- und Nervenstoffwechsel von Bedeutung, aber auch für die Aufrechterhaltung des Wasserhaushaltes. Es ist unentbehrlicher Bestandteil jeder Zelle und steht in engster Wechselwirkung mit Natrium. Während der Muskel- und Nerventätigkeit wandert Kalium aus den Zellen aus und wird durch Natrium ersetzt. In der Erholungsphase findet eine umgekehrte Wanderung unter Energieverbrauch statt. Dieser Vorgang ist auch für den Herzmuskelstoffwechsel bedeutungsvoll. Darüber hinaus spielt Kalium eine Rolle beim Eiweißaufbau und ebenso bei der Kohlenhydratverwertung.

Eine übermäßige Zufütterung von Kalium führt relativ schnell zu einer Natriumverarmung des Körpers, das heißt, bei großem Kaliumangebot in der Nahrung ist auch der Bedarf an Natriumverbindungen größer. Krankheiten, die mit Erbrechen und Durchfall einhergehen, können binnen 24–28 Stunden zu einem Kalium- und Natriummangel führen. Ein Kaliummangel-Syndrom zeigt sich hauptsächlich in Muskelschwäche, Lähmungen sowie Tonus- und Reflexverminderung.

Kalium kommt in besonders hoher Konzentration in Zerealien vor.

Natrium und Chlor

Obwohl jeder dieser Mineralstoffe für sich allein funktionsfähig ist, liegt doch die gemeinsame Aufgabe in der Regulierung der Lösungsverhältnisse im Blut und in den anderen Körperflüssigkeiten, womit es auch für die Nierentätigkeit benötigt wird. Natrium und Chlor werden in der Hauptsache in Form von Kochsalz (Natriumchlorid) aufgenommen; ohne Natriumchlorid ist

die Aufrechterhaltung des Wasserhaushalts im Organismus unmöglich.
Der Kochsalzbedarf des Hundes wird in der Regel durch Fleisch- und Milchfütterung gedeckt. Kochsalz an sich ist für den Hund nicht schädlich, wenn ihm genügend Trinkwasser verabreicht wird.
Bei einer geringen Überdosierung von Kochsalz kann das überflüssige Natriumchlorid durch eine Steigerung der Harnbildung ausgeschieden werden, was die Nierentätigkeit aber sehr stark beansprucht. Deshalb dürfen keine stark gesalzenen Reste aus der Küche auf dem Speiseplan des Hundes stehen.
Kochsalzmangel bewirkt eine Wasserarmut im Organismus, der sich unter anderem in einem Nachlassen der Hautelastizität zeigt. Als Folge von chronischem Kochsalzmangel treten Ermüdungserscheinungen und beim Junghund Wachstumsstörungen auf.

Eisen

Als lebenswichtiger Bestandteil des Organismus übt Eisen zahlreiche Funktionen aus (wie zum Beispiel beim Sauerstofftransport); es ist im Hämoglobin enthalten ebenso im Myoglobin. Als Reserveeisen schlägt es sich in Form von Eisen-Eiweißverbindungen in der Leber, der Milz und im Knochenmark nieder.
Da zirka 67% des im Körper vorhandenen Eisens normalerweise im Hämoglobin enthalten sind, tritt ein Eisenmangel in erster Linie in Form einer Eisenmangelanämie zutage, bei der die Hämoglobinbildung eben durch den Mangel an Eisen behindert ist.
Eine Eisenmangelanämie macht sich erst nach dem Aufbrauchen des Reserveeisens bemerkbar und hat meist eine langsam ablaufende Entwicklung. Ein Eisenmangelzustand ist dann vorausgegangen –, ohne daß es zu einer Anämie kam. Welpen verfügen bei der Geburt über einen großen Vorrat an Hämoglobin, so daß trotz des geringen Eisengehalts der Muttermilch keine Blutarmut auftritt.

Kupfer

Es ist hauptsächlich zur Bildung des Hämoglobins in Verbindung mit Eisen notwendig, darüber hinaus ist es aber auch an anderen Stoffwechselvorgängen beteiligt. Bei Eisenmangelanämien und Infekten nimmt der Kupferserumgehalt zu.
Beim Hund führt Kupfermangel zu Anämie und zur Erkrankung der Knochen und der Haut.

Selen

Das Spurenelement Selen ist in Knochen und Zähnen enthalten; es wirkt in Verbindung mit Vitamin E. Selen beeinflußt die Funktion der Muskulatur und es zeigt vor allem eine Leberschutzwirkung. Selenmangel manifestiert sich in Skelett- und Herzmuskelerkrankungen.

Mangan

Für die Funktion der Muskulatur und die Ausbildung des Skeletts ist Mangan wichtig. Des weiteren steigert es die Verwertbarkeit von Vitamin B. Mangan-Mangelkrankheiten entstehen in Form von Knochenwachstums- und Fortpflanzungsstörungen.

Zink

Zink wirkt auf den Kalziumstoffwechsel ein und es hat einen beruhigenden Einfluß auf das Zentralnervensystem.
Ein Zinkmangel hat seinen Niederschlag hauptsächlich in Wachstumsverzögerungen und Hautkrankheiten.

Jod

Der Bedarf an Jod ist zwar äußerst gering, als Bestandteil der Schilddrüsenhormone ist er jedoch als unbedingt notwendig einzustufen.
Deshalb führt ein Mangel an Jod zu einer Verminderung des Jodgehalts in der Schilddrüse beziehungsweise zu Störungen in der Bildung von Schilddrüsenhormonen. Aber auch Wachstumsstörungen, schlechtes Haarkleid und nachlassende Fortpflanzungsfähigkeit resultieren aus Jodmangel.

Fütterungstabellen

Jeder Hundezüchter weiß, daß trotz gleichmäßiger, ausgewogener Kost nicht jeder Hund eines Wurfes ein gleich guter Futterverwerter ist. Genaue Beobachtungen und regelmäßige Gewichtskontrollen sorgen dafür, daß alle Tiere gut gedeihen.

Es ist nicht möglich, für den einzelnen Hund exakte Fütterungshinweise zu geben, die sich nicht nur nach seinen individuellen Bedürfnissen wie etwa bei besonderer Beanspruchung und der Futterverwertung richten müssen, es ist vielmehr auch die Möglichkeit der Futterbeschaffung generell zu berücksichtigen.

Angaben in Fütterungstabellen können keinen Anspruch auf Verbindlichkeit erheben; sie sind lediglich im Sinne von Empfehlungen zu verstehen. Es obliegt letztlich dem Hundehalter, das für seinen Hund richtige Maß herauszufinden.

Ebenso muß der Hundehalter den Zeitpunkt ermitteln, wann er die Futtergaben um eine tägliche Mahlzeit reduzieren kann. Es ist in jedem Fall besser, mehrere kleinere Rationen zu verabfolgen, als den Hund mit einer oder zwei täglichen Fütterungen zu überladen.

Wenn beim Überstreichen mit beiden Handflächen über den Brustkorb des Hundes die Rippen deutlich fühlbar sind, befindet sich das Tier in einem guten Futterzustand.

Die nachfolgenden Futterzusammenstellungen für den wachsenden Hund (nach Kinney) zielen auf eine an tierischen Eiweißen reiche Nahrung ab. Mit der Verabreichung von Milch in den Aufstellungen ist – wo nichts anderes vermerkt – eine Mischung von einem halben Liter Kuhmilch vermengt mit 1 Eßlöffel eines Kalk-Phosphorpräparates, 1 Eßlöffel Milchzucker und 1 Ei gemeint.

Auch wenn der Hund ein rohes Ei im Futter verträgt, empfiehlt sich seine Gabe nicht. Ein Ei wird entweder gekocht und feingehackt unter das Futter gemischt oder nur das rohe Eigelb verfüttert. Rohes Eiweiß sowohl von Hühner- als auch von Enteneiern enthält einen Faktor (Avidin), der infolge Herabsetzung der Nährstoffverwertung zu Durchfällen führen kann. In gekochtem Ei kommt dieser Faktor jedoch nicht zum Tragen. Zudem sind auch im Eigelb unter anderem leicht resorbierbare Eiweiße und natürlich Fette vorhanden, so daß das Eiklar des rohen Eies ohne weiteres vernachlässigt werden kann.

In den nachfolgenden Fütterungsanleitungen ist von Röstbrot die Rede; altbackenes, eventuell in Milch eingeweichtes Brot erfüllt den gleichen Zweck. An die Stelle von Brot können auch Hundekuchen treten.

Das Fleisch wird je nach Alter und Größe des Hundes mehr oder weniger feingeschnitten dargeboten. Das Gebiß des gesunden Hundes ist so beschaffen, daß es auch aus großen Fleischstükken Teile herausreißen kann. Ein sehr kleines Schneiden oder gar das Verabreichen von Hackfleisch ist nicht erforderlich.

Schoßhunde

2 Monate alt:
morgens: 2–3 Eßl. Milch
vormittags: 2 gehäufte Teelöffel feingeschnittenes Fleisch
am frühen Nachmittag: 3 Eßl. Milch
abends: 1 Eßl. feingeschnittenes Fleisch, 1 Teelöffel püriertes Gemüse, 1 Schnittchen Röstbrot
spät abends: 2–3 Eßl. Milch, $\frac{1}{2}$ Teelöffel Lebertran.

3 Monate alt:
morgens: 2–3 Eßl. Milch
vormittags: 1 gehäufter Eßl. feingeschnittenes Fleisch
am frühen Nachmittag: 2–3 Eßl. Milch
abends: 2 Eßl. feingeschnittenes Fleisch, 2 Teel. püriertes Gemüse, 1 Stück Röstbrot
spät abends: 2–3 Eßl. Milch
2mal täglich $\frac{1}{2}$ Teel. Lebertran.

4 Monate alt:
morgens: 4–6 Eßl. Milch
vormittags: 2 gehäufte Eßl. feingeschnittenes Fleisch

abends: 2–3 gehäufte Eßl. feingeschnittenes Fleisch, 2–3 Teel. gekochtes Gemüse, 1 Stück Röstbrot
spät abends: 4–6 Eßl. Milch.

5 Monate alt:
morgens: 4–6 Eßl. Milch
vormittags: 2 gehäufte Eßl. feingeschnittenes Fleisch, 3 Teel. Gemüse, 1 Stück Röstbrot
spät abends: 4–6 Eßl. Milch
2mal täglich 1 Teel. Lebertran.

6 Monate alt:
morgens: 4–6 Eßl. Milch und 3- bis 4mal wöchentlich 1 rohes Ei
vormittags: 2 gehäufte Eßl. feingeschnittenes Fleisch
spät abends: 3 gehäufte Eßl. feingeschnittenes Fleisch, 1 Eßl. Gemüse, 1 Stück Röstbrot
2mal täglich 1 Teel. Lebertran.

7–10 Monate alt:
Die Menge jedes der oben genannten Produkte wird langsam erhöht.

11 Monate alt:
morgens: $^3/_4$ Tasse Milch, 1 Eigelb oder 1 gekochtes Ei feingeschnitten
mittags: 2 gehäufte Eßl. feingeschnittenes Fleisch
abends: 3–4 gehäufte Eßl. feingeschnittenes Fleisch, 3–4 Eßl. Gemüse, 1 Stück Röstbrot
2mal täglich 1 Teel. Lebertran.

12 Monate alt:
morgens: 2 gehäufte Eßl. feingeschnittenes Fleisch, 1 Stück Röstbrot und 2- bis 3mal wöchentlich 1 rohes Eigelb
abends: 4 gehäufte Eßl. feingeschnittenes Fleisch, 1 Eßl. Gemüse, 1 Stück Röstbrot
2mal täglich 1 Teel. Lebertran.

Kleine Rassen

2 Monate alt:
morgens: 3–4 Eßl. Milch, 1 Stück Röstbrot
mittags: 2 gehäufte Eßl. feingeschnittenes Fleisch
abends: 2 gehäufte Eßl. feingeschnittenes Fleisch, 1 Eßl. gekochtes Gemüse, 1 Stück Röstbrot
spät abends: 3 Eßl. Milch
täglich 1 Teel. Lebertran.

3 Monate alt:
morgens: 4 Eßl. Milch, 1 Stück Röstbrot
mittags: 2 Eßl. feingeschnittenes Fleisch, 1 Stück Röstbrot
abends: 3 gehäufte Eßl. feingeschnittenes Fleisch, 1 Eßl. gekochtes Gemüse, 1 Stück Röstbrot
spät abends: 4 Eßl. Milch
2mal täglich 1 Teel. Lebertran.

4 Monate alt:
morgens: 6–8 Eßl. Milch, 1 Stück Röstbrot
mittags: 3 gehäufte Eßl. feingeschnittenes Fleisch, 1 Stück Röstbrot
abends: 4 gehäufte Eßl. feingeschnittenes Fleisch, 2 Eßl. Gemüse, 1 Stück Röstbrot
spät abends: 4 Eßl. Milch
2mal täglich 1 Teel. Lebertran.

5 Monate alt:
morgens: 6–8 Eßl. Milch, 1 Stück Röstbrot
mittags: 3 gehäufte Eßl. feingeschnittenes Fleisch, 1 Stück Röstbrot
abends: 4–5 gehäufte Eßl. feingeschnittenes Fleisch, 2 Eßl. Gemüse
spät abends: 1 Tasse Milch
2mal täglich 2 Teel. Lebertran.

6 Monate alt:
morgens: 1 Tasse Milch, 2 Stück Röstbrot und 4- bis 5mal wöchentlich 1 rohes Ei.
mittags: 3–4 gehäufte Eßl. feingeschnittenes Fleisch, 1 Stück Röstbrot
spät abends: 5–6 gehäufte Eßl. feingeschnittenes Fleisch, 2 Eßl. Gemüse, 2 Stück Röstbrot
2mal täglich 1 Teel. Lebertran.

7–9 Monate alt:
Die Menge der oben genannten Produkte wird langsam erhöht.

10 Monate alt:
morgens: 1 Tasse Milch, 2 Stück Röstbrot und 4- bis 5mal wöchentlich 1 Ei
mittags: 4 gehäufte Eßl. feingeschnittenes Fleisch, 1 Stück Röstbrot
abends: 6–8 Eßl. feingeschnittenes Fleisch, 2 Eßl. Gemüse, 2 Stück Röstbrot
täglich 1 Teel. Lebertran.

11–12 Monate alt:
morgens: 1 Tasse Milch, 2 Stück Röstbrot und 4- bis 5mal wöchentlich 1 Ei
abends: 250–300 g feingeschnittenes Fleisch, 2 Eßl. Gemüse, 2 Stück Röstbrot
täglich 1 Teel. Lebertran.

Mittelgroße Rassen

2 Monate alt:
morgens: 1 Tasse Milch, 1 Stück Röstbrot
mittags: 3 gehäufte Eßl. feingeschnittenes Fleisch
nachmittags: 1 Tasse Milch
abends: 3–4 Eßl. feingeschnittenes Fleisch, 1 Eßl. gekochtes Gemüse, 2 Stück Röstbrot
spät abends: 1 Tasse Milch
täglich 1 Teel. Lebertran.

3 Monate alt:
morgens: 1 Tasse Milch, 2 Stück Röstbrot
mittags: 3–4 gehäufte Eßl. feingeschnittenes Fleisch
abends: 4 gehäufte Eßl. feingeschnittenes Fleisch, 2 Eßl. gekochtes Gemüse, 2 Stück Röstbrot
spät abends: 1 Tasse Milch
2mal täglich 1 Teel. Lebertran.

4 Monate alt:
morgens: 1 Tasse Milch, 2 Stück Röstbrot
mittags: 4 gehäufte Eßl. feingeschnittenes Fleisch
abends: 6 gehäufte Eßl. feingeschnittenes Fleisch, 1 Tellerchen Gemüse, 2 Stück Röstbrot
spät abends: 1 Tasse Milch
2mal täglich 1 Teel. Lebertran.

5 Monate alt:
morgens: 1 Tasse Milch, 2 Stück Röstbrot
mittags: 4–5 Eßl. feingeschnittenes Fleisch
abends: 8 Eßl. feingeschnittenes Fleisch, 1 Tellerchen Gemüse, 2 Stück Röstbrot
spät abends: 1 Tasse Milch
2- bis 3mal täglich 1 Teel. Lebertran.

6 Monate alt:
morgens: $^1/_2$ l Milch, 1 Ei, 3 Stück Röstbrot
mittags: 200 g feingeschnittenes Fleisch
abends: 200 g feingeschnittenes Fleisch, 1 Tellerchen Gemüse
2mal täglich 1 Eßl. Lebertran.

7–9 Monate alt:
Die Menge der oben genannten Produkte wird langsam gesteigert.

10 Monate alt:
morgens: $^1/_2$ l Milch, 1 Ei, 3–4 Stück Röstbrot
mittags: 200 g feingeschnittenes Fleisch
abends: 300 g feingeschnittenes Fleisch, 1 Tellerchen Gemüse, 2–3 Stück geröstetes oder altbackenes Brot
2mal täglich 1 Eßl. Lebertran.

11 bis 12 Monate alt:
morgens: $^1/_2$ l Milch, 1 Ei, 3–4 Stück Röstbrot
mittags: 400–600 g feingeschnittenes Fleisch, 1 Tellerchen Gemüse, 4–5 Stück geröstetes oder altbackenes Brot
täglich 1 Eßl. Lebertran.

Große Rassen

2 Monate alt:
morgens: 2 Tassen Milch
mittags: 200 g feingeschnittenes Fleisch, 2–3 Schnitten Röstbrot
abends: 200 g feingeschnittenes Fleisch, 1 Tellerchen gekochtes Gemüse, 2 Stück Röstbrot
spät abends: 2 Tassen Milch
täglich: 1 Eßl. Lebertran.

3 Monate alt:
morgens: $^1/_2$ l Milch, 1 Ei, 3–4 Stück Röstbrot
mittags: 200 g feingeschnittenes Fleisch, 4 Stück geröstetes oder altbackenes Brot
abends: 300 g feingeschnittenes Fleisch, etwas mehr Gemüse, 2 Stück geröstetes oder altbackenes Brot
spät abends: $^1/_2$ l Milch
2mal täglich 1 Eßl. Lebertran.

4 Monate alt:
morgens: $^1/_2$ l Milch, 1 Ei, 3–4 Stück Röstbrot
mittags: 300–400 g feingeschnittenes Fleisch, Gemüse, 2 Stück geröstetes oder altbackenes Brot
abends: 400 g feingeschnittenes Fleisch, Gemüse, 2 Stück geröstetes oder altbackenes Brot
2mal täglich 1 Eßl. Lebertran.

5 Monate alt:
morgens: $^1/_2$ l Milch, 1 rohes Ei, 4–5 Stück Röstbrot
mittags: 400–600 g feingeschnittenes Fleisch
abends: 400–600 g feingeschnittenes Fleisch, etwas mehr Gemüse, 3 Stück geröstetes oder altbackenes Brot
spät abends: $^1/_2$ l Milch
täglich: $1^1/_2$ Eßl. Lebertran.

6 Monate alt:
morgens: $^2/_3$ l Vollmilch (gewöhnliche Milch ohne Zusatz), 2 rohe Eier, 4–5 Stück Röstbrot
mittags: 600 g geschnittenes Fleisch
abends: 600–800 g geschnittenes Fleisch, 3–4 Tassen Gemüse, 4–5 Stück geröstetes oder altbackenes Brot
2mal täglich $1^1/_2$ bis 2 Eßl. Lebertran.

7–9 Monate alt:
Die Mengen der oben genannten Produkte werden erhöht, wobei bei großen Rassen auf das schnelle Wachstum zu achten ist.

10 Monate alt:
morgens: 1 l Vollmilch (gewöhnliche Milch ohne Zusatz), 2 rohe Eier, 5 Stück Röstbrot
mittags: 400 g geschnittenes Fleisch
abends: 800–1200 g geschnittenes Fleisch, 3–4 Tassen Gemüse, 4–5 Stück altbackenes Weißbrot.

11–12 Monate alt:
morgens: 1 l Vollmilch (gewöhnliche Milch ohne Zusatz), 2 rohe Eier, 3–4 Stück geröstetes oder altbackenes Brot
abends: 1200–1500 g geschnittenes Fleisch, 3–4 Tassen Gemüse, 6 Stück altbackenes Weißbrot.

Gesundheitsvorsorge

Manche Menschen schrecken davor zurück, sich einen Hund anzuschaffen, weil sie ihn als Überträger von Krankheiten fürchten. Andere wiederum, die einen Hund besitzen, verwechseln aus der gleichen Furcht Hygiene mit Hysterie. Beide Gruppen sind sicher nicht geeignet, einen Hund zu halten, denn die wahre Freude, die zu bereiten ein Hund imstande ist, will durch solch panikmachendes Verhalten nicht aufkommen. Dabei gilt es nur ganz gewöhnliche hygienische Maßnahmen zu beachten, nicht nur, um den Hund als Krankheitsüberträger auszuschalten, sondern vielmehr, um den Hund gesundzuerhalten.

Dazu gehört, daß der Hund gegen „die bösen Fünf" (Staupe, ansteckende Leberentzündung – Hepatitis, Stuttgarter Hundeseuche – Leptospirose, Tollwut und Parvovirose) schutzgeimpft wird, daß regelmäßige Entwurmungen vorgenommen werden, und – wie es sich für einen sauberen und gepflegten Hund gehört – daß er frei von Parasiten ist. Von einem solchen Hund gehen kaum gesundheitliche Gefahren für Menschen aus. „Untersuchungen der Hygiene bei der Haltung von Hunden in städtischen Wohnungen" belegen, – gezielte parasitologische und mikrobiologische Arbeiten kommen zu dem gleichen Schluß – daß bei Haltung eines Hundes in der Wohnung dieser die Hygiene in einem Haushalt eher verbessert als umgekehrt. Das hängt damit zusammen, daß sich das Immunsystem von mit einem Hund zusammenlebenden Menschen auf mögliche Krankheiten einrichtet, das heißt so stärkt, daß eine erfolgreiche Abwehr gegeben ist. Dennoch sollten bestimmte hygienische Regeln eingehalten werden. Nach intensivem Spielen mit dem Hund sind die Hände zu waschen, was sich vor allem auch bei Kindern als Pflichtaufgabe einprägen sollte. Der Hund darf niemandem das Gesicht ablecken; Kinder dürfen nicht etwa seine Ohren in den Mund nehmen; und daß der Hund sein eigenes Eßgeschirr hat, bedarf eigentlich keiner Erwähnung.

Trotz hygienisch einwandfreier Hundehaltung ist das Bett des Menschen nicht die rechte Schlafstätte für den Hund. Eine noch nicht festgesaugte Zecke ist beispielsweise leicht zu übersehen und ein Überwandern zum Menschen wäre leicht möglich und könnte dort wiederum Schlimmes zur Folge haben. (Die Zecke kann Überträger eines Enzephalitis-Virus – Gehirnhautentzündung – sein.) Aber auch weniger gefährliche Dinge – wie etwa Hundehaare und Hautschuppen – im Bett zu haben, sind nicht jedermanns Sache.

Von den genannten Infektionskrankheiten werden Welpen und Junghunde weit häufiger befallen als erwachsene Tiere, deren Abwehrsystem stabiler ist wie das des jungen Hundes. Überanstrengung, Wurmbefall, falsche, unsachgemäße Fütterung und verschiedene andere schädliche Umwelteinflüsse können die Abwehrkräfte schwächen, was zu erhöhter Infektionsbereitschaft führt.

Die Erregergruppen sind hauptsächlich Bakterien und Viren zuzuordnen. Man unterscheidet zwei Arten von Impfungen. Ist ein Hund bereits von einer bestimmten Infektionskrankheit befallen, so werden ihm spezifische Abwehrkörper gespritzt. Diese Behandlung nennt man passive Immunisierung, weil dem Hund künstlich – also passiv – mit einem Serum die Antikörper zugeführt werden. Der Abbau der zugeführten Antikörper geschieht relativ schnell, weshalb eine Serumimmunisierung nur für einen kurzen Zeitraum Schutz bieten kann.

Bei der aktiven Immunisierung gegen Staupe, Hepatitis, Leptospirose, Parvovirose (auch gegen Zwingerhusten und Tollwut) durchläuft der Hund eine durch eine mit dem abgetöteten Erreger künstlich erzeugte Infizierung abgeschwächte Erkrankung und der Organismus bildet währenddessen die entsprechenden Antikörper.

Staupe

Wenngleich die Staupe als Folge der Schutzimpfungen nicht mehr so gehäuft vorkommt wie vor Jahren, so hat sie doch ihre Schrecken noch nicht

verloren. Sie ist eine ansteckende Viruserkrankung, die hauptsächlich über die Schleimhäute des Hundes ihren Weg in den Körper findet. Wechselnde Körpertemperaturen – Fieber bis 41C, Husten, wäßriger Ausfluß aus Nase und Augen, Bindehautentzündung, Entzündung des Rachens mit Schluckbeschwerden, seltener Durchfall und Erbrechen, legen den Verdacht auf das erste Stadium (Virusstadium) einer Staupeerkrankung nahe. Das Virusstadium birgt wegen des kurzen Verlaufs und einem anschließend symptomlosen Intervall von 1 bis 7 Tagen die Gefahr in sich, nicht genügend ernstgenommen zu werden, und oft wird deshalb lediglich an eine vorübergehende Erkältung des Hundes gedacht.
Im ersten Stadium der Staupe bestehen gute Aussichten für eine Heilung, vorausgesetzt natürlich, der Tierarzt wird rechtzeitig konsultiert.
Im Sekundärstadium, das nach 1 bis 7 fieberfreien Tagen mit Temperaturen um 40C einsetzt, können betroffen sein: Atmungsapparat, Verdauungsapparat, Niere und Blase, Augen und schließlich auch das Herz.
Während im zweiten Stadium noch gewisse Heilungschancen bestehen, ist im dritten Stadium, das mit krampfartigen Anfällen, Bewegungsstörungen oder Lähmungen einhergeht (nervöses Stadium), die Prognose äußerst ungünstig.
Eine abgewandelte, bösartige Form der Staupe ist die sogenannte Hartballenkrankheit. Neben den gleichen Krankheitserscheinungen wie bei der Staupe tritt hier noch eine harte Verhornung der Zehenballen und gelegentlich auch des Nasenspiegels auf.

Hepatitis contagiosa canis (H. c. c.)

Die Symptome der ansteckenden Leberentzündung ähneln denen der Staupe: Fieber bis 41C, Appetitlosigkeit, Mattigkeit, Entzündung im Rachenraum, häufig starker Durst und Erbrechen, selten Durchfall, Stöhnen und Winseln mit Druckempfindlichkeit des Bauches, mitunter leichte Gelbsucht, gelegentlich Krämpfe der

Zur Vorstellung eines noch ganz jungen Hundes beim Tierarzt – etwa um Zähne, Augen und Ohren nachsehen zu lassen – muß dieser vorschriftsmäßig gehalten werden.

Gliedmaßen und des Halses sowie Lähmungserscheinungen der Hinterhand.
Es handelt sich ebenfalls um eine Viruserkrankung, die vornehmlich Junghunde befällt. Bei akuter Erkrankung an Hepatitis ist die Prognose stets zweifelhaft.

Leptospirose

Die Krankheitserreger der Leptospirose – auch als Stuttgarter Hundeseuche bekannt – sind Leptospiren. Verschiedene Erregertypen führen zu unterschiedlichen Krankheitsbildern, die eine Schwäche in der Nachhand, Appetitlosigkeit, Müdigkeit, Erbrechen, Entzündungen im Fang, Magen-, Darm- sowie Nierenerkrankungen aufweisen können. Im fortgeschrittenen Krankheitsverlauf treten Bewegungsstörungen, aasartiger Geruch aus dem Fang und eine Gelbfärbung der Schleimhäute auf.

Die Erreger werden mit dem tierischen Harn verbreitet und durch Beschnuppern und Abschlekken geschieht die Infektion oft direkt von Hund zu Hund. Aber auch Mäusearten, Schwein oder Rind kommen als Zwischenwirte in Betracht. Da die Leptospiren gegen alkalisches Milieu, gegen Kälte und Nässe widerstandsfähig sind, können als Infektionsquellen nasser Boden, Tümpel, Teiche, aber auch verunreinigtes Futter und Trinkwasser in Frage kommen.
Die Infektion mit den Erregern *L. canicola* und *L. icterohaemorrhagiae* ist besonders bei Stadthunden verbreitet; der zweite Erreger ist auch für den Menschen ansteckend und als Weilsche Krankheit bekannt. Eine Erkrankung an Leptospirose ist meldepflichtig.

Tollwut

Die Tollwut ist eine auch auf den Menschen übertragbare, anzeigepflichtige Viruskrankheit. Katze, Hund, Rind und Schaf sind am häufigsten betroffen. In der freien Wildbahn ist vor allem der Fuchs der Überträger der Seuche. Die Ansteckung geschieht durch das Eindringen von infiziertem Speichel oder Harn in eine Wunde, meistens aber durch Bißverletzungen.
Die heute beim Hund am häufigsten auftretende Verlaufsform ist die „Stille Wut“. Dementsprechend sitzt der Hund still und benommen da, der Blick ist teilnahmslos und er nimmt kaum Notiz von seiner Umgebung. Der Unterkiefer hängt schlaff herunter, die Stimme ist heiser. Der Tod tritt durch eine allgemeine Lähmung ein.
Sehr selten ist heute die sogenannte „Rasende Wut“ anzutreffen mit Launenhaftigkeit, Unruhe und vor allem mit erhöhtem Bell- und Beißtrieb. Dazu kommt noch Futterverweigerung und wütendes Zerbeißen von Holz, Metall u. a. Das Bellen ist langgezogen und der Hund entwickelt einen unbezähmbaren Drang zu entweichen. Die fortschreitende Lähmung beginnt am Kopf. Bei einem nicht geimpften Hund endet die Tollwuterkrankung immer tödlich; eine Behandlung ist auch bei bloßem Tollwutverdacht des Hundes veterinärpolizeilich verboten. Hunde, die gegen Tollwut geimpft sind, müssen bei Ansteckungsverdacht nicht mehr wie früher sofort getötet werden. Es muß aber unverzüglich eine Wiederholungsimpfung einsetzen.

Parvovirose

Bei der Parvovirose handelt es sich um eine recht junge Viruskrankheit; sie ist erst seit 1978 bekannt. Mit dem Katzenseuche-Virus ist der Erreger zwar eng verwandt, aber nicht identisch. So ist auch eine Übertragung von Katzen auf Hunde ausgeschlossen. Es können Tiere jeden Alters von dieser Krankheit befallen werden. Man kennt zwei verschiedene Verlaufsformen: die Myokarditisform, die meist eine rasch verlaufende Herzmuskelentzündung aufweist und besonders bei Welpen zwischen der 2. und 12. Lebenswoche auftritt. An der Enteritisform mit starkem Erbrechen und Durchfall erkranken meist ältere Tiere. Bei der Myokarditisform zeigen die Hunde deutliche Mattigkeit und gelegentlich Atembeschwerden. Der Tod tritt aber auch häufig ohne vorausgehende Krankheitszeichen ein. Die Enteritisform äußert sich in plötzlich einsetzendem Erbrechen von Mageninhalt, im weiteren Verlauf galleartig, danach tritt Kotbrechen auf und ein sich verstärkender, teilweise blutiger Durchfall mit stechendem, etwas süßlichem Geruch.
Der hohe Flüssigkeitsverlust beziehungsweise die dadurch entstehende Austrocknung führen schließlich zum Tod durch Kreislaufversagen. Da die Welpen bereits im Mutterleib infiziert werden können, ist die Zuchthündin rechtzeitig vor der Bedeckung schutzzuimpfen und gegebenenfalls in der Mitte der Trächtigkeit einer Nachimpfung zu unterziehen. Bei tragenden Hündinnen, die nicht rechtzeitig vor dem Decken eine Schutzimpfung gegen Parvovirose erhielten, kommt es meistens zum Absterben der Ungeborenen. Das macht deutlich, wie wichtig eine Schutzimpfung gegen diese Infektion ist.

Zwingerhusten

Der Zwingerhusten entsteht durch eine gleichsam von Viren und Bakterien hervorgerufene Mischinfektion, wobei alle Altersgruppen von der Krankheit befallen werden können; vornehmlich werden jedoch ältere Welpen beziehungsweise Jungtiere von der Erkrankung an Zwingerhusten betroffen. Man beobachtet einen kurzen, harten und trockenen Husten, eine Rachenentzündung meist ohne Fieber, gelegentlich tritt Brechreiz auf. Die Möglichkeit einer Schutzimpfung ist noch nicht sehr lange gegeben.

Während gegen alle vorgenannten Infektionskrankheiten eine vorbeugende Schutzimpfung möglich ist, können Toxoplasmose (nach neuesten Erkenntnissen wird vermutet, daß der Hund mit der Ansteckungskrankheit durch die einzelligen Lebewesen nichts zu tun hat), Aujeszky-Krankheit, Herpesvirus-Infektion – sog. Welpensterben – nur allgemeine Vorsichts- und Hygienemaßnahmen in Betracht kommen. Eine Schutzimpfung gegen diese Infektionskrankheiten gibt es noch nicht. Seit die Tuberkulose bei Menschen fast nicht mehr existent ist, werden auch Hunde durch Menschen nicht mehr angesteckt, die ihrerseits wieder Menschen infizieren konnten.

Schutzimpfungen

Ein kompletter Impfschutz ist zu erreichen, wenn der entwurmte Welpe mit etwa 8 Wochen die erste Grundimpfung gegen Staupe, Hepatitis, Leptospirose und Parvovirose (SHL + P) bekommt. Manche Tierärzte nehmen die Parvoviroseimpfung getrennt noch früher – etwa ab der sechsten Woche – vor. Der Grundimpfung folgt eine zweite etwa in der 13. bis 15. Lebenswoche, jedoch nicht früher als drei Wochen nach der ersten Impfung. Die Impfung nur gegen Tollwut erfolgt nach einigen Wochen. Die Impfungen gegen Leptospirose, Parvovirose und Tollwut sind jährlich zu wiederholen und alle zwei Jahre die gegen Staupe und Hepatitis, um die nachlassende Immunität des Impfstoffes wieder aufzufrischen.
Nach der Durchführung der Schutzimpfungen bekommt der Hund einen internationalen Impfpaß, der schon bei der ersten Impfung ausgestellt und bei späteren Impfungen ergänzt wird. Im Impfpaß ist auch der Zeitpunkt der notwendigen Wiederholungsimpfungen vorgemerkt.

Der Hund ist krank

Die besten Voraussetzungen für die Gesunderhaltung des Hundes sind eine ausgewogene Fütterung, eine hygienisch einwandfreie Haltung, Unterbringung und Pflege. Dennoch ist damit nicht garantiert, daß der Hund nicht doch einmal erkranken könnte. Auch vor Verletzungen und Unfällen ist der Hund nicht gefeit. Der Hundehalter muß deshalb wissen, welche Anzeichen für eine Erkrankung seines Vierbeiners sprechen und wie er sich dann zu verhalten hat. Alle unklaren und ernsten Symptome müssen stets von einem erfahrenen Kleintierpraktiker in Augenschein genommen, diagnostiziert und therapiert werden; bis zum Eintreffen eines Tierarztes kann der Hundehalter aber möglicherweise schon „Erste Hilfe“ leisten.
Wichtig zu wissen ist, daß der gesunde Hund im Ruhezustand 10- bis 20mal pro Minute atmet; das Herz schlägt 70- bis 100mal in der Minute. Die Körpertemperatur des Hundes liegt bei rektaler Messung zwischen 37,5 und 38,5 Celsius. Werden Temperaturen gemessen, die darüber hinausgehen, ist das immer ein Alarmzeichen und ab 39,6Celsius ist Grund zur Besorgnis gegeben und ein Tierarzt unverzüglich zu verständigen.
Es kann vorkommen, daß der Hund einmal Durchfall hat. Wenn die Temperatur dabei nicht erhöht ist, hilft in der Regel die Einschaltung eines Fastentages; der Hund muß allerdings Flüs-

sigkeit (verdünnten Schwarzen Tee oder Pfefferminztee) bekommen, so viel, wie er mag. Wenn nach einem Fastentag mit anschließender Fütterung von Schmelz-Haferflocken unter Beigabe eines rohen geriebenen Apfels keine Besserung eintritt, muß ebenfalls der Tierarzt konsultiert werden.
Ebenso ist der Tierarzt zu verständigen, wenn der Hund öfter hintereinander erbricht (einmaliges Erbrechen ohne weitere Symptomatik ist noch nicht besorgniserregend!).
Während der Hund im allgemeinen eine feuchte glänzende Nase aufweist, besagt das Gegenteil – nämlich eine trockene Nase – noch nicht, daß der Hund womöglich krank ist. Manche Hunde erfreuen sich trotz trockener Nase einer guten Gesundheit. Beim Verdacht auf eine fieberhafte Erkrankung ist letztlich die gemessene Temperatur maßgebend.
Der Hundehalter ist gehalten, seinen Hund stets aufmerksam zu beobachten, denn nicht immer sind Krankheitszeichen ganz klar und eindeutig zu erkennen. So merkt er gleich, ob der Hund schlechter frißt oder ob ein auffallend gesteigerter Appetit vorliegt. Auch eine vermehrte Flüssigkeitsaufnahme kann auf eine vorliegende Erkrankung hinweisen.
Auch der Kot des Hundes ist hinsichtlich des Aussehens (Farbe) und der Konsistenz (Form) zu kontrollieren. Besonders beim jungen Hund ist auf möglichen Befall von Darmparasiten zu achten, ebenso wie auf Schmarotzer, die sich auf der Haut des Hundes einnisten können.
Die Augen- und Mundschleimhäute des gesunden Hundes sind blaßrosa, die Zähne frei von Verfärbungen und Zahnsteinablagerungen. Die regelmäßige Gewichtskontrolle zeigt dem Hundehalter an, ob der Hund das ihm verabreichte Futter auch optimal verwertet.
Wichtig für den Hundehalter ist, den Hund stets genau zu beobachten; er soll nun aber nicht mit Gewalt eine Erkrankung entdecken wollen und mit seinem Hund gar zu vorsichtig und bedacht umgehen. In der Regel merkt man sehr schnell, wenn der Hund ein ungewöhnliches Befinden an den Tag legt.

Erste Hilfe leisten

Verkehrsunfall

Bei der gewaltigen Verkehrsdichte kann es passieren, daß auch ein sonst wohlerzogener Hund von einem Auto angefahren wird. Vorsorglich soll der Hund an besonders verkehrsreichen Stellen unbedingt an der Leine bleiben. Aber ein kurzer Augenblick der Unaufmerksamkeit des Hundehalters genügt, und der Hund saust mitsamt der Leine über die Straße, weil er auf der anderen Seite etwas Interessantes – etwa einen anderen Hund – gesichtet hat.
Der Hund steht nach einem schweren Verkehrsunfall in der Regel unter einer Schockeinwirkung, wobei es sogar möglich ist, daß er nach den helfenden Personen abwehrend schnappt. Generell ist bei allen Unfällen oberstes Gebot, den Hund durch Zureden zu beruhigen versuchen. Dazu ist ein besonnenes, ruhiges Verhalten des Hundehalters angesagt, denn nichts überträgt sich auf den Hund mehr als ein nervöses Herrchen.
Während des Schockzustands kann es zu Bewußtseinstrübungen, ansteigender Pulsfrequenz und abfallendem Blutdruck mit gestörter Atemrhythmik bis hin zum Atemstillstand kommen. Der Hund muß auf die Seite gelegt werden und es ist der Versuch zu unternehmen, seine Zunge seitlich herauszuziehen, was mit einem Papiertaschentuch in der Regel auch gelingt. Kommt es zum Atemstillstand, ist schnellstens künstliche Beatmung einzuleiten, was natürlich eine Person mit entsprechenden Kenntnissen vornehmen muß. Mit beiden Händen preßt man den Brustkorb kräftig zusammen und läßt wieder los. Es ist notwendig, zur ausreichenden Belüftung der Lunge einen ziemlich starken Druck auszuüben. Ein Helfer muß währenddessen auf die heraushängende Zunge achten. Mit dem selbständigen Atmen des Hundes endet das Zusammendrücken des Brustkorbs. Diese Tätigkeit ist allerdings mit einiger Kraftanstrengung verbunden, weshalb es ratsam ist, wenn sich zwei erfahrene Personen abwechseln.

Verletzte Arterien an den Gliedmaßen werden zum Körper hin abgebunden, während man venöse Blutungen, die am dunklen Blut zu erkennen sind, durch körperfernes Abbinden versorgt. Da nicht immer das erforderliche Material zur Ersten Hilfe vorhanden ist, eignen sich zum Abbinden auch zwei fest aneinandergeknotete Taschentücher.

Nicht stillbare Verletzungen an Kopf und Körper, muß man, so fest es geht, bis zum Eintreffen tierärztlicher Hilfe, mit den Fingern zusammendrükken.

Darüber hinaus sind alle diese Maßnahmen ausschließlich als „Erste-Hilfe" zu verstehen. Die Übernahme des Patienten durch den Tierarzt hat schnellstmöglich zu erfolgen.

Schnittverletzungen

Verletzungen, die durch Glassplitter etwa an den Pfoten des Hundes entstanden sind, werden sorgfältig gesäubert. Eine Dose Chloromycetin mit Gentiana Violett erweist sich hier wie auch in ähnlichen Fällen als probates Mittel, denn es trocknet zum einen nässende Wunden aus, und der bitterliche Geschmack des Spray verhindert, daß der Hund die Wunde ständig durch Ablekken wieder befeuchtet.

Beißereien

Meinungsverschiedenheiten unter Hunden können trotz guter sozialer Anpassung einmal durch Beißereien bereinigt werden. Das ist beispielsweise dann der Fall, wenn zwei geschlechtsreife Rüden ihre gemeinsame Vorliebe für eine läufige Hündin kundtun. Meist geht das Austragen solcher Rangkämpfe ohne größere Blessuren ab. Kleine, nur oberflächliche Wunden müssen gar nicht behandelt werden. Damit es zu keinen Verklebungen mit nachfolgenden Eiterungen kommt, empfiehlt sich das Abschneiden der Haare um die Wunde herum. Tiefgehende Beißwunden müssen in der Regel vernäht werden, was die umgehende tierärztliche Versorgung notwendig macht. Die Nachbehandlung geschieht mit einer antibiotikahaltigen Wund- und Heilsalbe.

Hitzschlag

Normalerweise wird kein verantwortungsbewußter Hundehalter seinen Hund vorsätzlich im Auto großer Hitzeeinwirkung aussetzen. Anläßlich einer Urlaubsreise kann es jedoch vorkommen, daß das Auto in einen Stau gerät und entsprechend langsam vorankommt. Es entstehen große Wärmestauungen im Fond des Autos, und der Hund vermag auch durch Hecheln keinen ausreichenden Wärmeausgleich mehr zu erreichen. Es kommt zu einem Hitzestau, wobei die Körpertemperaturen bis zu 42Celsius ansteigen können. Außerdem hechelt der Hund verstärkt, der Herzschlag wird rasend schnell, und es kommt zur allgemeinen Mattigkeit. Auch Krämpfe und sogar Bewußtlosigkeit können auftreten. Der Hund muß dann unverzüglich an einen kühlen Ort verbracht werden, wo man ihn mit triefend nassen Tüchern abreibt. Keinesfalls darf er mit kaltem Wasser – etwa aus dem Eimer – überschüttet werden. Den Kreislauf kann man mit ein paar auf die Zunge geträufelten Tropfen Essig (5–10 Tropfen beim kleinen und 20–30 Tropfen beim großen Hund) anregen.

Vergiftungen

Besteht der Verdacht, daß der Hund irgendwelche Giftstoffe aufgenommen hat, muß bis zum Eintreffen des Tierarztes, der dem Hund ein Brechmittel verabreicht, versucht werden, ihn zum Erbrechen zu reizen: dazu gibt man ihm sehr warmes Salzwasser ein. Ist der Hund jedoch benommen oder gar bewußtlos, sollte das Einflößen von Flüssigkeit wegen der Gefahr des Verschluckens unterbleiben. Milch, Öl oder Rizinus darf man nicht geben, wenn fettlösliche Giftstoffe aufgenommen wurden; lediglich bei Vergiftung mit Säuren und Laugen ist Milch zusammen mit rohen Eiern einzuflößen.

Wenn die Fahrt zum Tierarzt auf schnellstem Wege in kürzester Zeit vor sich gehen kann, ist von der Durchführung der genannten Prozeduren ganz abzusehen. Grundsätzlich ist es für den Erfolg der Behandlung natürlich von Vorteil, wenn bekannt ist oder vermutet wird, welchen Giftstoff der Hund aufgenommen hat.

Wenn man die Lefzen hochhebt, läßt sich dem Hund eine mit dem Löffel zu verabreichende Medizin gut eingeben.

Der Hund bekommt Medikamente

Es ist gar nicht so einfach, einem Hund die verordneten Medikamente zu verabfolgen, da ihm die Notwendigkeit nicht bewußt ist. Beim erstenmal läßt sich der Hund meist noch überlisten, aber danach wird es schon schwieriger.

In einem Hackfleischbällchen oder auch – ausnahmsweise – in Leberwurst lassen sich Tabletten und Kapseln verstecken, was aber auch wenig Sinn ergibt, wenn der Hund durch seine Krankheit ohnehin schon an Appetitlosigkeit leidet. Dann schiebt man die Tablette über die Zunge soweit wie möglich in den Rachenraum, zieht den Finger schnell zurück und hält den Fang des Hundes leicht zu. Dadurch wird ein Schluckreflex ausgelöst, wobei im Tabletten-Schlucken erfahrene Hunde eine erstaunliche Raffinesse an den Tag legen, ehe sie doch noch abschlucken. Ein Kraulen am Hals kann den Hund etwas von dieser unangenehmen Prozedur ablenken. Flüssige Medizin zu verabreichen, bereitet wenig Schwierigkeiten, wenn man durch das Hochziehen der Lefze eine Tasche bildet und in diese das Medikament einträufelt. Wenn der Hund aber nun absolut nicht gewillt ist, das Medikament zu schlucken, bleibt nur noch ein kurzes Zuhalten der Nasenlöcher.

Hausapotheke für den Hund

Sie ist kühl und trocken und vor Kindern geschützt aufzubewahren.

Inhalt:

Fieberthermometer
Vaseline
Desinfektionsmittel
Insektenspray
Mullbinden
Verbandmull
Leukoplast
Verbandwatte
Wurmmittel
Ektoparasiten-Puder
Kreislauftropfen
Pinzette
Papiertaschentücher
Jodtinktur
Wundgel
Heilsalbe
Ohrreinigungsmittel
Augensalbe
Kohletabletten
3%iges Wasserstoffsuperoxyd
Puder
Neo-Ballistol-Öl
gebogene Schere
Zahnbürste
medizinische Zahncreme

Mit dem Hund auf Reisen

Jeder Hundehalter, der beabsichtigt, seinen Hund mit in den Urlaub zu nehmen, ist gut beraten, wenn er vor Antritt der Reise entsprechend plant – nicht zuletzt auch wegen der Ein- und Ausreisebestimmungen im Ausland. In den meisten Ländern ist eine Tollwutschutzimpfung Vorschrift, die mindestens vier Wochen und höchstens ein Jahr – zum Zeitpunkt des Grenzübertritts – zurückliegen darf. Ebenso wird eine tierärztliche oder amtstierärztliche Gesundheitsbescheinigung verlangt, die besagt, daß der Hund gesund und frei von ansteckenden Krankheiten ist. Da die Einreiseauflagen von Land zu Land verschieden sind und auch bisweilen Änderungen erfahren, empfiehlt es sich ist rechtzeitig Auskunft einzuholen.
Das Mitnehmen von Hunden nach England, Irland und in die skandinavischen Länder ist wegen seiner vier- bis sechsmonatigen Quarantäne nicht möglich.
Ganz entscheidend ist natürlich zuvor abzuklären, ob in der für den Urlaub vorgesehenen Unterkunft das Mitbringen eines Hundes erlaubt ist. Daß der Vierbeiner wohlerzogen und frei von Ungeziefer sein muß, sollte auch im Inland – das heißt, wenn die Vorlage eines tierärztlichen Attestes nicht bindend ist – selbstverständlich sein. Denn leider gibt es immer noch solche bedauernswerten Geschöpfe, die ohne – oder höchst seltene – Pflegemaßnahmen ein höchst trauriges Dasein überwiegend im Zwinger fristen und dann mit in den Urlaub fahren dürfen, weil sich niemand findet, das verwahrloste Tier zu versorgen. Sicher, das sind die Ausnahmen, die aber nicht unerwähnt bleiben dürfen. Ärgerlich ist nur, daß Vorfälle dieser Art die Vermieter schließlich zu Hundefeinden werden lassen, was sogar verständlich ist. Betroffen sind dann letzten Endes all jene Hundebesitzer, die ihre Tiere in jeder Hinsicht einwandfrei halten und gut erzogen haben. In diesem Zusammenhang sei darauf verwiesen, daß auch manche Campingplätze Hunde nicht dulden. Deshalb muß der Camper ebenso wie der Hotelgast rechtzeitig vor Antritt der Reise entsprechende Erkundungen einholen.
Für alle Schäden, die der Hund möglicherweise im Hotelzimmer anrichtet (Teppich oder Teppichboden verunreinigen, die Türe zerkratzen u. a.), haftet ausschließlich der Hundebesitzer, da die Haftpflichtversicherung bei angemieteten Objekten wie Hotels etc. in der Regel nicht tätig wird.
Im Urlaubsquartier kommt meist ein Tagessatz in geringer Höhe in Anrechnung, auch wenn der Hund sein eigenes, mitgebrachtes Futter und keinen zusätzlichen Schlafplatz erhält.
Andere Hotel- bzw. Pensionsgäste und auch die Campingplatzbenutzer dürfen sich selbstverständlich nicht belästigt fühlen, und der Besitzer muß wissen, ob ein Hund auch einmal alleine in der für ihn zunächst fremden Umgebung bleibt, ohne daß ein ohrenbetäubendes Bellen oder Heulen entsteht. Daß er das Alleinsein beizeiten zu Hause lernen muß, ist schon deshalb erforderlich, weil auch hundefreundliche Hotels und Pensionen im Frühstücks- und Speiseraum nicht gerne Hunde sehen. Der sich selbst versorgende Hundehalter in einer Ferienwohnung ist dieser Sorgen weitgehend enthoben.
Auch ist zu bedenken, daß in manchen Urlaubsländern nicht nur genereller Leinen- sondern auch noch zusätzlicher Maulkorbzwang herrscht (beispielsweise in Italien), was aber oft für die einheimischen Hunde nicht bindend zu sein scheint. In Nationalparks verwehrt man den Hunden meist den Zutritt.
Für die Ferienzeit ist dem Vierbeiner seine von zu Hause gewohnte Schlafstatt (Körbchen oder Matratze) anzubieten, ebenso bekommt er das Futter, das ihm immer gereicht wird. Da es während des Urlaubs meist nicht möglich ist, Frischfleisch zu verfüttern, erweist sich das – zumindest gelegentliche – Verabreichen von Fertigfutter schon zu Hause von Vorteil. Es ist nicht ratsam, erst während des Urlaubs eine Futterumstellung vorzunehmen.
Der Hund trägt während der Ferien sein Halsband mit Hundemarke und Urlaubs- sowie Heimatanschrift. So können die Besitzer benachrichtigt werden, falls er sich einmal verläuft und aufgegriffen wird.

Im Urlaubsort kann dem Tier die Gewöhnung an eventuell veränderte klimatische Verhältnisse durch Ruhe in den ersten Tagen erleichtert werden. Es muß ihm die Möglichkeit gewährt werden, sich an ein schattiges Plätzchen zurückzuziehen.

Der Besitzer eines noch jungen, erst einige Monate alten Hundes, sollte sich sehr gut überlegen, ob er das kleine Kerlchen den Strapazen einer weiten Reise aussetzen will, oder ob der Hund nicht vielleicht doch besser in einer guten Hundepension untergebracht wäre.

Reisen mit dem Auto

Der im Auto mitreisende Hund sollte zwei bis drei Stunden vor Fahrtantritt nicht mehr gefüttert werden. Für den Fall, daß ihm dennoch während der Fahrt schlecht wird, muß ein vom Tierarzt verordnetes Mittel gegen Reisekrankheit mitgeführt oder vorsorglich verabreicht werden. Vorheriges Testen der Verträglichkeit des Autofahrens erspart Kummer während einer längeren Reise.

Die Unterbringung des Hundes geschieht im hinteren Teil des Autos und zwar absolut zugfrei. Eine Unterbrechung der Fahrt etwa alle zwei Stunden, bei der man den Hund angeleint herausläßt, ist angezeigt. Auch empfiehlt sich das Mitnehmen einer Thermosflasche mit Trinkwasser, falls der Hund Durst bekommt. Gehalten wird nur an schattigen Plätzen.

Bleibt der Hund einmal allein im Wagen, muß an zwei sich gegenüberliegenden Fenstern einen Spalt weit geöffnet bleiben, damit Frischluft in den Wagen gelangt und zirkulieren kann.

Die Fütterung erfolgt erst am Abend nach der Reise. Daraus resultiert die Überlegung, daß der junge Hund, der noch einer mehrmaligen täglichen Fütterung bedarf, bei sehr weiten Fahrten in den Urlaub nur bei zwingender Notwendigkeit, das heißt, wenn gar keine andere Versorgungsmöglichkeit am Heimatort besteht, mit in den Urlaub fahren sollte. In Ländern, in denen Leitungswasser zu trinken für den Menschen eine Gefahr bedeutet, darf natürlich auch dem Hund solches Wasser nicht angeboten werden. Er bekommt dort kohlensäurefreies Wasser aus der Flasche oder mit abgekochtem Wasser verdünnten schwarzen Tee.

Der Hund, der von klein auf im Auto mitfahren durfte, entwickelt sich meist zu einem leidenschaftlichen Autofahrer. Wenn er jedoch unmittelbar nach Besteigen des Autos unruhig wird und speichelt, hat das nur eine Ursache, und das ist Angst. Das Erbrechen während der Fahrt kann hingegen auch auf die Fahrbewegungen zurückzuführen sein oder darauf, daß der Hund kurz vor Fahrtantritt gefüttert wurde. Das kann auch bei einem Tier, das Autofahren an sich gewohnt ist, zu Übelkeit führen.

Um den Welpen und auch den älteren Hund an das Autofahren zu gewöhnen, wird er unter Streicheln und gutem Zureden in das Auto gesetzt, ohne aber loszufahren. Nach mehreren Wiederholungen kann die erste Fahrt erfolgen und zwar zunächst nur über eine kurze Strecke; erst allmählich wird die Fahrdauer gesteigert. Während dieser „Probefahrten" sitzt die dem Hund vertraute Person mit im Auto; er kann vor den Füßen des Beifahrers liegen. Sobald er jedoch deutlich Angst erkennen läßt, darf er ausnahmsweise zur Gewöhnung an das Auto auf dem Schoß Platz nehmen. Nach allmählichem Vertrautwerden mit Auto und Fahrgeräuschen bekommt der Hund aus Sicherheitsgründen seinen festen Platz auf dem Hintersitz, den anfangs noch eine ihm bekannte Person mit ihm teilen sollte. Am besten und sichersten ist er jedoch in einem Pkw untergebracht, der mit einem Trenngitter versehen ist. Dieses läßt sich vor allem in einem Kombiwagen problemlos anbringen.

Die Mitnahme einer Reiseapotheke auch für den Hund ist unerläßlich. Der Tierarzt ist vor Antritt der Reise bei der Zusammenstellung der geeigneten Mittel und Medikamente gerne behilflich, denn nicht alles was Menschen hilft, bekommt auch den Hunden gut.

Ein solches Gitter wird zum Teil vom Autohersteller fertig installiert; es kann aber auch von handwerklich Geschickten selbst gebaut werden.

Um mit dem Hund auf Reisen zu gehen, empfiehlt sich der Einbau eines Sicherheitsgitters zwischen Fahrgast- und Laderaum.

Mit der Bahn

Bei Reisen mit der Bahn dürfen kleine Hunde – vorausgesetzt, daß sich Mitreisende nicht belästigt fühlen – im Abteil mitfahren. Berechnet wird eine halbe Fahrkarte – höchstens jedoch der Preis von 60 Mark, was aber keineswegs zur Reservierung eines Platzes für den Hund berechtigt. Große Hunde bzw. Rassen reisen in einer geeigneten Transportkiste im Gepäckraum des Zuges. Hier bedarf es eines gewissenhaften Abwägens, ob der mögliche Schock des Tieres nicht größer ist als das zweifellos schöne Erlebnis, den Hund auch während der Urlaubszeit bei sich zu haben.

Mit dem Flugzeug

Im Flugzeug kann in der Regel nur ein kleiner, bis 5 kg schwerer, Hund mitgenommen werden, der bei Herrchen oder Frauchen auf dem Schoß sein darf, allerdings in einem bei der Fluggesellschaft erwerbbaren Karton. Für längere Flüge sollte die Anschaffung einer stabilen Transportkiste aus Holz oder Kunststoff erwogen werden. Die Größe ergibt sich schon daraus, daß der Hund als „Handgepäck“ reist. Große Hunde dürfen von vornherein nur im Frachtraum in einer Transportkiste mitfliegen. Ob dem Hund die enorme Geräuschbelastung beim Flug ist, muß letztlich der Hundebesitzer entscheiden.

Was der Käufer eines Hundes wissen sollte

Kaufvertrag

Hundekauf ist Vertrauenssache und zwar Vertrauen auf Gegenseitigkeit. Trotzdem empfiehlt sich ein Kaufvertrag, der die mündlichen Zusagen oder Vereinbarungen schriftlich festhält. Bei den Zuchtvereinen bekommt man vorgedruckte Kaufverträge, die der Züchter dort anfordern kann, es sei denn, man setzt gemeinsam einen Vertrag auf.

Der Kaufverträgt enthält:
Namen und Adressen von Käufer und Verkäufer,
Beschreibung des Hundes (Farbe, Abzeichen, Rasse usw.),
Erfüllungsort,
Regelung des Transportes,
Ort, Datum und Unterschrift beider Vertragspartner.

Die Festlegung des Gerichtsstandes ist wichtig, insbesondere bei einem Kauf im Ausland.

Auch muß der Vertrag über das normale Maß hinausgehende zusätzliche Garantien, die der Verkäufer gegeben hat, enthalten. Beide Vertragsparteien erhalten je ein Vertragsformular.

Ein seriöser Hundezüchter gibt Auskunft über ihm bekannte Mängel. Nach dem Kauf festgestellte Mängel können nicht geltend gemacht werden, außer, wenn nachweislich arglistige Täuschung nachzuweisen ist. Dann kann der Käufer Wandlung oder Minderung verlangen. Erkennt der Verkäufer den Mangel nicht an, so muß innerhalb der allgemeinen Rügefrist (6 Monate) Klage erhoben werden. Es ist der Nachweis zu erbringen, daß der Mangel schon beim Kauf bestanden hat, wobei unwichtig ist, ob er da schon hätte erkannt werden können.

Im Vertrag kann die Rügefrist entweder ausgeschlossen, verkürzt oder verlängert werden. Die Möglichkeit der Rügefrist-Verlängerung sollte der Käufer vor allem dann nutzen, wenn er einen Hund für spätere Zuchtzwecke erwirbt, um Zuchtuntauglichkeit zu erfassen. Doch haftet der Verkäufer nur für beim Kauf vorhandene Zuchtmängel. Insofern geht der Käufer beim Kauf eines Welpen ein gewisses Risiko ein, da bestimmte Fehler im frühen Welpenalter noch gar nicht erkennbar sind. So kann beispielsweise ein Welpe mit 10 Wochen ein korrektes Milchgebiß haben, das im Alter von etwa 5 Monaten wechselt und das bleibende Gebiß zeigt Zahnfehlstellungen auf. Umgekehrtes ist natürlich auch möglich.

Bei Wandlung des Kaufes geht der Hund an den Verkäufer zurück und der Käufer erhält den Kaufpreis erstattet. Sollte Ersatzleistung vereinbart sein, empfiehlt es sich wiederum, einen Vertrag abzuschließen. Bei Minderung ist eine Einigung über den zu erstattenden Teilbetrag herbeizuführen.

Mit dem Kauf und der Bezahlung werden dem Käufer die Abstammungspapiere des Hundes übereignet sowie die Bescheinigung über durchgeführte Schutzimpfungen. Bei vereinbarter Ratenzahlung – für die im allgemeinen die gesetzlichen Bestimmungen gelten – verbleibt die Ahnentafel bis zur endgültigen Bezahlung beim Verkäufer, der auch so lange der Eigentümer des Hundes ist. Der Käufer gilt in diesem Fall als der Halter des Hundes.

Wird nichts anderes vereinbart, gehen alle Rechte an dem Hund bei Bezahlung an den Käufer über.

Haftpflicht

Nach § 833 BGB haftet der Hundebesitzer ohne Rücksicht auf eigenes Verschulden für Schäden, die der Hund unter Umständen auch bei sorgfältiger Beaufsichtigung anrichtet. Es muß sich dabei allerdings um eine typische, vom Tier ausgehende Gefahr handeln.

Wenn der mit einem Kind spielende Hund das Hinfallen des Kindes verursacht und sich dieses dabei verletzt, oder wenn der Hund einen Verkehrsunfall verursacht, wird der Halter des Hundes schadenersatzpflichtig, wobei festzustellen

ist, daß immer derjenige als Halter gilt, der dem Hund Futter und Unterkunft gibt; dies muß also nicht in jedem Fall der Eigentümer sein. Auch wer sich einen Hund nur für einen Spaziergang ausborgt, übernimmt stillschweigend die sogenannte Tiergefahr hinsichtlich seiner Person. Wer einen Hund absichtlich neckt und infolgedessen Schaden erleidet, hat keinen Haftungsanspruch. Wenn sich ein Hund durch einen anderen Hund mit einer Krankheit ansteckt, kann von dessen Besitzer kein Schadenersatz verlangt werden.
Da man Kindern unter sieben Jahren keine Schuld anlasten kann und bei Heranwachsenden bis 18 Jahren entscheidend ist, ob sie über genügend Einsicht verfügten, eine vom Hund ausgehende Gefahr zu erkennen, sollten Kinder mit dem Hund nur dann spazierengehen, wenn der Haftungsausschluß des gesetzlichen Vertreters vorliegt, das heißt vor dem Spaziergang ist die Zustimmung des Erziehungsberechtigten einzuholen.
Da die Möglichkeiten zur Leistung eines Schadenersatzes bei Hunden sehr zahlreich und oft nur eine Auslegungsfrage sind, schützt sich der Hundehalter gegen alle berechtigten Forderungen durch den Abschluß einer Hundehalter-Haftpflichtversicherung.

Hundesteuer

Mit dem Erwerb eines Hundes ist der Halter zur Zahlung der Hundesteuer verpflichtet; sie wird von der zuständigen Stadt- oder Gemeindeverwaltung erhoben. Wenn in den einzelnen Bundesländern keine Hundesteuergesetze bestehen, richten sich die Hundesteuersatzungen der Gemeinden nach Mustersatzungen, die zum größten Teil durch die Kommunalaufsichtsbehörde bekanntgemacht werden.
Eine Gemeinde kann in eigener Zuständigkeit entscheiden, ob das Halten von Hunden besteuert wird oder nicht. In manchen Ländern sind die durch die gemeindlichen Hundesteuersatzungen beschlossenen Steuersätze durch die Kommunalaufsicht zu genehmigen.
Die Hundesteuer ist eine Jahressteuer, und sie wird jeweils für ein Jahr festgesetzt. Die Zahlung der festgelegten Hundesteuer ist für den Hundehalter Pflicht. Hundesteuern zählen zu den nicht zweckgebundenen allgemeinen Steuereinnahmen der Gemeinden. Über die Höhe der zu zahlenden Hundesteuer muß sich der Hundehalter bei der für ihn zuständigen Behörde erkundigen. Im Laufe der letzten Jahre sind die Hundesteuersätze unverhältnismäßig heraufgeschraubt worden – in einem Beispiel 100% – nämlich von jährlich DM 120,– auf 240,–.
Mit der Hundesteuer wird nicht der Hund besteuert, sondern das Halten des Hundes. Wenn mehrere Personen Halter eines Hundes sind, so haften sie für die Hundesteuer gesamtschuldnerisch.
Manche Gemeinden staffeln die Hundesteuer. So nehmen sie beispielsweise für den ersten gehaltenen Hund DM 100,–, für den zweiten DM 150,– u. s. f.
Züchtern kann eine sogenannte Zwingersteuer gewährt werden, wenn nachweislich mindestens zwei Hunde einer Rasse gehalten werden und mit wenigstens einer Hündin gezüchtet wird. Ebenso gelten für Wachhunde, Melde-, Sanitäts-, Schutz- und Fährtenhunde oder Rettungshunde sowie Jagdhunde und selbstverständlich Blindenführhunde besondere Steuersätze bis hin zur Steuerbefreiung.

Der Hund im Mietrecht

Wer in der glücklichen Lage ist, ein Haus beziehungsweise Grundstück zu besitzen, sieht sich bei der Anschaffung eines Hundes in der Regel keinen Problemen gegenübergestellt. Anders verhält es sich bei dem Mieter einer Wohnung oder eines Hauses.
Auch im Falle des Besitzes einer Eigentumswohnung ist der Erwerb eines Hundes nicht ohne weiteres möglich; die Hausordnung der Eigentü-

mergesellschaft regelt im allgemeinen, ob ein Haustier gehalten werden darf oder nicht.
Für den Mieter eines Hauses oder einer Wohnung ist maßgebend, was bezüglich einer Tierhaltung im Mietvertrag vereinbart wurde. Enthält der Vertrag eine Klausel, wonach sich der Vermieter mit der Haltung eines Haustieres schriftlich einverstanden erklären muß, so ist dessen Entscheidung verbindlich. Leben jedoch in dem gleichen Mietshaus bereits Haustiere bei anderen Familien, darf der Vermieter einem neuen Mieter die Tierhaltung nicht verbieten. Letztlich aber sind alle Vertragsvereinbarungen nichtig, wenn sich durch die Tier- beziehungsweise Hundehaltung andere Mieter/Mitbewohner konkret belästigt fühlen.
Ausnahmen irgendwelcher Art bezüglich der Haustierhaltung müssen mit dem Vermieter abgesprochen sein und bedürfen in jedem Fall der schriftlichen Bestätigung, da im Streitfall mündliche Zusagen keinen Bestand haben. Wenn aber im Mietvertrag über die Haltungsmöglichkeit eines Hundes nichts vermerkt ist, so darf dies als eine Erlaubnis angenommen werden. Das Argument, der Hund gehöre zur allgemeinen Lebensführung, muß vom Vermieter jedoch nicht akzeptiert werden. Für Ruhestörungen durch Hunde gilt allgemein und erst recht bei einer Haltung in einer Mietwohnung, daß sich jeder Hund so zu verhalten hat, daß sich andere Bewohner nicht mehr als nach den Umständen unvermeidbar durch Geräusche gesundheitlich gefährdet sehen. Insbesondere gilt es, die gesetzlichen Ruhezeiten einzuhalten, was einem Hund klarzumachen nicht immer einfach ist. In jedem Fall: Vorher erkundigen!

Gedanken zur Hundezucht

So wie sich ein Hundehalter vor dem Kauf seines Hundes kundig gemacht hat, welche Rasse für ihn geeignet ist und was sonst alles bezüglich der Hundehaltung zu bedenken ist, so muß er sich auch über die Hundezucht allgemein, über Vererbung und Zuchtmethoden insbesondere, informieren, wenn er beabsichtigt, mit seiner Hündin zu züchten. Leider geschieht das häufig ohne jegliche Vorkenntnisse in der Weise, daß der Hündin der nächsterreichbare Rüde der Rasse zugeführt wird. Zweifellos ein bequemer und einfacher Weg, um Hunde zu vermehren. Eine andere Möglichkeit besteht darin, sich für eine auf Ausstellungen hochprämierte Hündin einen ebensolchen Rüden auszusuchen, und voller Erwartung sieht der Züchter den künftigen Bundessiegern und Champions entgegen. Wenn die Hundezucht so einfach wäre! Sieger Sieger = wieder Sieger! In beiden Fällen kann dies angesichts der Nachkommen zur großen Enttäuschung führen, denn der angehende Züchter hat sich nur auf jenes Quentchen Glück verlassen, das aber allein nicht ausreicht, wenn man wertvolles Erbgut nicht nur erhalten, sondern es vielmehr zu verbessern trachtet.

Was auf Ausstellungen prämiert wird, ist der Phänotypus; damit wird das äußere Erscheinungsbild umrissen, das durch die Wirkung von Erb- und Umweltfaktoren geprägt ist. Der Genotypus hingegen ist die Bezeichnung für die Gesamtheit der Gene eines Organismus (= Erbmasse, Erbgut, genetische Konstitution). Hier wird einer der Gründe deutlich, warum auf Ausstellungen erworbene Auszeichnungen, die ja nur nach dem Erscheinungsbild des einzelnen Tieres vergeben werden können, nicht gleichbedeutend mit guten Zuchterfolgen sein müssen. Vererbt wird nur der Genotyp, der Phänotyp ist Ausdruck des Zusammenwirkens von Genotyp und Umwelt.

Die Umwelteinflüsse sind nicht zu unterschätzende Faktoren im Zuchtgeschehen. So können zwei Organismen vom gleichen Erbgut unter verschiedenen Umweltbedingungen zu völlig verschiedenen Erscheinungsbildern gelangen. Andererseits läßt das gleiche Erscheinungsbild zweier Individuen nicht den Schluß auf identische Erbmasse zu. Als Folge unterschiedlicher Umwelteinflüsse (Ernährung, Klima usw.) resultiert die nicht vererbbare Abweichung von der normalen Körperform (zum Beispiel Größe), die sogenannte Modifikation. Modifikationen sind also von außen her einwirkend entstanden; sie können auch Eigenschaftsveränderungen bewirken. Sobald sich die äußeren Einflüsse ändern, verschwinden die Modifikationen entweder völlig oder stellen sich in anderer Form dar. Sie gehen nicht auf die nachfolgende Generation über. Wohl aber wird die Art und Weise, wie ein Organismus auf bestimmte Umwelteinwirkungen reagiert, die sogenannte Reaktionsnorm, vererbt.

Die Vererbung ist ein so komplexer Vorgang, daß das ein Laie kaum zu erfassen vermag. Um Hunde zu züchten, muß man nicht gerade Genetiker sein, aber ohne jegliche Vorkenntnisse sollte man sich nicht in das Abenteuer der Zucht stürzen, und wenigstens die wichtigsten Vererbungsregeln kennen, um sie erfolgreich anwenden zu können.

Der Züchter kann sich einiger Zuchtmethoden bedienen, die sowohl positive als auch negative Erbmerkmale rasch ans Licht bringen. Mit der Linienzucht werden wünschenswerte Eigenschaften eines Stammes durch die Paarung verwandter Partner gefestigt und Fehler durch Paarung mit Partnern, deren Blutlinie von diesen Fehlern frei zu sein scheint, ausgemerzt. Durch die Linienzucht erreicht man ein gewünschtes Resultat langsamer als durch die Inzucht, dafür sind auch die Fehlerquellen geringer, zumal sich die Verdoppelung der zumeist rezessiv vorhandenen Fehler sofort bemerkbar macht. Die Verdoppelung der Gene für Vorzüge hingegen tritt erst in der nächsten Generation zutage.

„Betreibe mit dem besten Tier konsequente Linienzucht, bis ein besseres vorhanden ist; dann erst züchte in Linienzucht mit diesem weiter. Das Erbgut eines hervorragenden Tieres kann nur mit Hilfe der Inzucht erhalten werden."

Erbmäßig reine Linien lassen sich also nur durch die Methode fortgesetzter Inzucht erreichen. Bei der Inzucht (Verwandtschaftszucht) kommen Tiere zur Paarung, die innerhalb der letzten Generationen gemeinsame Vorfahren haben. Es wird dem Verwandtschaftsgrad nach unterschieden zwischen leichter, enger und engster Inzucht. Letztere entspricht der Paarung von Vollgeschwistern oder Elterntieren mit direkten Nachkommen. Bei sorgfältiger Auswahl der Partner läßt sich jede körperliche und psychische Eigenschaft in einer Linie festhalten. Das oberste Gebot bei der Anwendung der Inzucht als Zuchtmethode ist das Züchten mit fehlerlosen, gesunden und dem Rassestandard in höchstem Maße entsprechenden Tieren. Nur Tiere, welche in ihrer Erbmasse keine nachteiligen (sichtbaren) Erbanlagen aufweisen, darf man dazu verwenden. Der Züchter muß wissen, daß durch Inzucht nichts Neues in seine Zucht hineinkommt. Sie kann nur das hervorbringen, was in der Erbmasse der Partner schon vorhanden ist. Bei Anwendung der Inzucht werden schon in der ersten, mit Sicherheit aber in der zweiten Generation sämtliche fehlerhaften Erbmerkmale aufgedeckt. Strengste Selektion der zur Weiterzucht zu verwendenden Tiere ist unerläßlich. Durch Inzucht entstehen keine neuen Fehler, aber die rezessiv in den beiden Elterntieren vorhandenen Mängel kommen zum Vorschein. Die Zuchtlinie läßt sich auf diese Weise in relativ kurzer Zeit konsolidieren; wenn die Auswahl der Zuchttiere jedoch nicht ganz gezielt erfolgt und keine strenge Selektion der Nachzucht stattfindet, kann sie ruinöse Auswirkungen haben.

Es ist unverständlich, daß trotz des Wissens um schwere Erbfehler (z. B. Hüfgelenksdysplasie, Zahnfehler) Verbände teilweise sehr – um es gelinde zu formulieren – großzügig mit ihren Zuchtbestimmungen verfahren und damit ein „Quo vadis, Hundezucht“ angebracht wäre.

Noch ein Wort zu der am häufigsten angewandten Zuchtmethode, der Fremdzucht. Darunter versteht man die Paarung nicht verwandter Tiere. Hier fällt das Zuchtergebnis sehr vielfältig und unterschiedlich aus. Es ist durchaus möglich, über die Fremdzucht einen guten Wurf zu erreichen. Diese Zuchtmethode entspricht mehr oder weniger einem Lotteriespiel, wobei mehr der Zufall seine Hand im Spiel hat. Zu raten ist zur konsequenten Linienzucht und Erhaltung des Erbgutes eines hervorragenden Tieres mit Hilfe der Inzucht, was ein Verantwortungsbewußtsein des Züchters generell zur Schaffung neuen Lebens und die Bereitschaft zur notwendigen Selektion voraussetzt.

Fachbegriffe

Aalstrich	Ein schmaler, sehr dunkler Haarstrich vom Hinterhauptbein an über den ganzen Rücken.
abhaaren	Der Hund verliert sein dickeres Winterfell.
Abzeichen	Farmarkierungen (Flecken) im Fell. Auch Masken und Aalstrich sind Abzeichen.
Afterkralle	Bei der Geburt haben die Hunde an den Hinterläufen eine fünfte Kralle. Wenn es der Standard nicht anders vorschreibt, wird sie bis zum dritten Tag nach der Geburt vom Tierarzt entfernt.
Afterzehe	siehe Afterkralle, jedoch an der Innenseite des Vorderlaufes.
Aggression	Angriffslust – Kampftrieb.
Aktion	Bewegungsablauf des Hundes.
Albino	Fehlen des Farbstoffes, pigmentlose Haut, rötliche Augen.
Alphatier	Ranghöchstes Tier im Rudel.
Anorchismus	Fehlen beider Hoden.
Ankörung	siehe Körung.
Apfelkopf	Aufgetriebener Kopf mit starker Stirnwölbung, an die Form eines Apfels erinnernd.
aufgezogen	Aufgezogen ist der Hund, wenn die Bauchlinie von der tiefen Brust zur Nierenpartie wie ein S verläuft.
Bau	Körperbau – Gestalt und Form.
Behang	Hängeohren.
Black and tan	schwarz und lohfarben.
Blauschecke	Blue Merle.
Blesse	Weiße Längsstreifen von der Nasenkuppe zum Schädel.
Blue Merle	Merlefaktur – ist ein unvollkommen dominanter Erbfaktor, der bei Hunden, die ihn nur in einfacher Dosis besitzen, den sogenannten Heterozygoten, eine in ihrer Ausdehnung unterschiedliche Pigmentaufhellung von Haar und auch Haut sowie in vielen Fällen auch der Iris hervorruft. Dadurch entsteht eine typische Tigerung, wie man sie häufig bei Collies, Doggen und Teckeln findet.
Brand	Helle Abzeichen auf dunklem Fell, über den Augen, auf der Unterseite der Ohren und am Fang.
Brusttiefe	Besteht dann, wenn die Brustlinie von der Seite gesehen etwa in der Höhe des Ellbogens die Vorhand erreicht.
CAC	Certificat d'Aplitude au Championat, Anwartschaft auf das nationale Schönheitschampionat bei Ausstellungen.
CACIB	Certificat d'Aptitude au Championat International de Beaute. Anwartschaft auf das Internationale Schönheitschampionat. Der wichtigste Siegertitel bei internationalen Ausstellungen.
CACIT	Certificat d'Aptitude au Championat Internationale de Travail. Seltene Anwartschaft auf das Internationale Arbeitschampionat für Gebrauchshunde.
Championat	Siegertitel für Hunde, die dem Zuchtziel, dem Standard, am ehesten entsprechen.
Cruft's Dog Show 1886	Benannt nach Charles Cruft 1886. Größte Hundeausstellung der Welt mit etwa 10 000 Hunden, findet jedes Jahr in London statt.

Domestikation	Haustierwerdung.
Dominanz	Während eine Erbanlage unterdrückt wird, vererbt sich eine andere sichtbar. Schwarz ist beispielsweise dominant gegenüber Pfeffersalz.
Fang	Schnauzenpartie des Hundes.
Fahne	Lange Haare an der Unterseite der Rute.
Farbschläge	Verschiedene Fellfärbung bei ein und derselben Rasse.
faßbeinig	Die Beine sind – von vorne gesehen – nach außen gedreht.
FCI	Fédération Cynologique Internationale. Internationaler, 1912 in Belgien gegründeter Dachverband – in 49 Ländern vertreten.
Federn	Langes Haar an den Hinterseiten der Läufe.
Formwert	Bewertung der Hunde auf Ausstellungen aufgrund des Rassestandards.
Fransen	Längere Behaarung an den Ohren.
Gangarten	Schritt, Trab, Paßgang, Galopp.
Genotyp	Gesamtheit der Gene (Erbanlagen) eines Organismus (Gegensatz: Phänotyp).
Gebäude	Beschaffenheit des gesamten Körpers.
gestromt	Dunkle Querstreifen auf hellerem Grund.
getigert	Unregelmäßige helle und dunkle Flecken auf dunklem Grund.
Glasauge	Helles, durchsichtiges Auge, pigmentlose Regenbogenhaut.
Glatthaar	3–4 cm lang und glatt am Körper anliegend, entspricht nicht dem Kurzhaar.
hackeneng	Engstehende Hinterhand, schon aus der Hüfte heraus.
Haarwechsel	Auch als Abhaaren bezeichnet, in gemäßigteren Klimazonen grundsätzlich zweimal im Jahr, hängt außer von den jahreszeitlichen Einflüssen auch von der Haltung, Pflege und Fütterung ab. Während des Haarwechsels ist Pflege besonders wichtig.
Hartballen	Eine Krankheit, anfangs Fieber und Unwohlsein, die Ballen werden hart und rissig, unbedingt zum Tierarzt mit dem Hund!
Hasenpfote	Ovale, längliche Form der Pfote (wie beim Hasen), im Gegensatz zur Katzenpfote.
Hecheln	Beschleunigtes Atmen bei geöffnetem Fang, meist mit heraushängender Zunge zur Abkühlung erhöhter Eigenwärme infolge stärkerer Bewegung oder auch bei Fieber sowie bei höheren Außentemperaturen. Der Hund besitzt nur an den Pfoten unverkümmerte Schweißdrüsen. Die Schweißabsonderung ist deshalb sehr beschränkt und damit auch der abkühlende Effekt bei allgemeiner Überhitzung.
Hetzen	Verfolgen des Wildes auf Sicht.
Hirschhals	Der Hals wird im unteren Drittel gewölbt getragen, so entsteht eine hohe Kopfhaltung (wie der Hals des Hirsches).
Hitze	Läufig, der Geschlechtstrieb erwacht.
hochangesetzt	Rute, wenn sie zu hoch aus der Kruppe kommt.
hochläufig	Langbeinig.
Hosen	Die langen Haare an der Rückseite der Oberschenkel.
Hüfthöcker	Wenn die Hüftknochen sichtbar sind.
Hybride	Andere Bezeichnung für Bastard – Blendling.
Inzest	Paarung blutverwandter Tiere.

Inzestzucht	Paarung der Geschwister, Elternteile und Kinder, kann mit Genehmigung von Zuchtleitungen stattfinden.
Inzucht	Paarung stammverwandter Hunde, um die Erbanlagen zu verbessern.
Jagdhunde	Für Jagdausübung geeignet – am besten in der Hand des Jägers aufgehoben.
Jagdtrieb	Von den Wölfen übernommene, bei den einzelnen Rassen verschieden stark ausgeprägte Veranlagung.
Karpfenrücken	In der Mitte hochgezogener Rücken.
Katzenpfote	Runde, geschlossene und gewölbte Pfote.
Kippohr	Stehohr, das obere Drittel kippt nach vorn um.
Kondition	Körperliche Verfassung eines Hundes hinsichtlich Fütterungs-, Gesundheits- und Trainingszustand.
Konstitution	Züchterisch die Summe aller körperlichen und funktionellen Eigenschaften eines Lebewesens, auf normale und krankmachende Reize in bestimmter Weise zu reagieren (sie beruht auf der Erbmasse).
Körung	Auswahl der Hunde zur Zucht.
Kreuzung	Die Paarung von Vertretern verschiedener Rassen.
Kruppe	Derjenige Körperteil, der vom Kreuzbein, den ersten vier Schwanzwirbeln und vom Hüfthöcker des Beckens unterlagert wird. Je nach Stellung der Beckenlängsachse und der Entwicklung der Kruppenmuskeln erscheint die Kruppe in rassetypischer Weise abfallend, abgeschlagen, abschüssig oder annähernd gerade bzw. waagrecht.
Kryptorchismus	Zurückbleiben der Hoden in der Bauchhöhle oder im Leistenkanal. Rüden mit beidseitigem Kryptorchismus sind zeugungsunfähig. Bei Monorchismus bleibt nur ein Hoden zurück. Einhoder sind zwar zeugungsfähig, kommen jedoch mit Rücksicht auf die Vererbbarkeit des Leidens zur Reinzucht nicht in Frage.
Kuhhessigkeit	Fehlerhafte Stellung der Hinterläufe nach der Art der Kühe mit nach auswärts gedrehten Kniegelenken und gegeneinander gerichteten, meist auch eng benachbarten Sprunghöckern.
Kupieren	Stutzen von Rute oder Ohren. Nach dem seit 1987 in Kraft getretenen Tierschutzgesetz grundsätzlich verboten.
Kurzhaar	Kurzes dichtes Fell ohne Unterwolle.
Kynologie	Lehre vom Hund (griechisch: kynos = Hund, logos = Lehre).
Langhaar	Mäßige Länge, wellige oder dicht abstehende Haare.
Läufe	Beine des Hundes.
Läufigkeit	siehe Hitze der Hündin.
Lederenden	Haarausfall an den Enden der Ohren.
Lefzen	Lippen des Hundes.
Leistungsprüfung	Für Jagd- und Schutzhunde von den jeweiligen Verbänden aufgestellte Prüfungen. Bestehen wird mit entsprechendem Leistungsabzeichen anerkannt.
Leptospirose	Stuttgarter Hundeseuche – durch Leptospiren hervorgerufene Infektionskrankheit.
Liegebeulen	Vor allem bei großen und schweren Hunden auftretende Hornhautbildung an Ellbogen und Sprunggelenk, vor allem dann, wenn die Hunde auf hartem Lager liegen müssen.

Linienzucht	Paarung von Hunden aus einer Herkunftslinie.
lose Haut	Zu weite, lockere, nicht ausgefüllte Haut.
Mantel	Bei zwei- oder mehrfarbigen Hunden eine ausgedehntere dunklere Platte, die wie ein Mantel auf dem Rücken liegt.
Maske	Dunkles oder helles Farbfeld im Gesicht des Hundes.
Modifikation	Durch äußere Faktoren bedingte, nicht erbliche Abweichung von der normalen Körperform. Umwelteinflüsse spielen dabei eine wesentliche Rolle.
Monorchid	siehe Kryptorchismus.
Mutation	Änderung eines erblichen Merkmals infolge Strukturwandel des Genotypus. Mutierte Individuen (Nachkommen) werden als Mutanten bezeichnet. Pflanzen sich Mutanten durch wechselseitige Paarung fort, so erweist sich das neue Merkmal als erblich.
Neotonie	Stehenbleiben der Entwicklung im Jugendzustand bei voller Ausbildung der Geschlechtsreife. Neotonie ist beim Hund für den Menschen deshalb so bedeutungsvoll, weil der Hund sein Leben lang bereit und fähig ist zu lernen, und er strebt auch als erwachsenes Tier normalerweise nicht danach, sich von seinem Herrn unabhängig zu machen.
Nickhaut	Drittes Augenlid.
niedergestellt	Kurzbeinigkeit.
Oberkopf	Schädelteil, der die Schädel- und Stirnteile umfaßt.
Ohrenformen	Behang, Kippohr, Klappohr, Rosenohr, Tulpenohr, Schmetterlingsohr, Stehohr.
Ohrenzwang	Entzündung der inneren Gehörgänge, dringend zum Tierarzt!
Paßgang	Beide Läufe einer Seite werden gleichzeitig gesetzt (Kamel).
Pfeffer und Salz	Farbbezeichnung für dunkles Deckhaar mit hellen Spitzen.
Phänotyp	Im Gegensatz zum Genotyp das äußere Erscheinungsbild eines Hundes, das durch die Wirkung von Erb- und Umweltfaktoren geprägt wird.
Pigment	Farbstoff in der Haut.
Platten	Größere, unregelmäßige Farbfelder (wie Schecken).
Prämolaren	Vordere Backenzähne. Im normalen Gebiß eines Hundes sind in jeder Kieferhälfte vier locker stehende Prämolaren ausgebildet. Die oberen und unteren Vorbackenzähne berühren sich beim Kieferschluß nicht, weshalb sie auch Lückenzähne genannt werden. Im Oberkiefer bildet der 4. Prämolar jederseits den Reißzahn. Prämolarverluste, wie sie bei vielen Rassen auftreten, stellen einen ernst zu nehmenden Gebißfehler dar, der sich nachweisbar vererbt.
Profil	Von der Seite gesehen.
Quarantäne	Mehrmonatige Unterbringung in einer Station, um bei der Einfuhr den Gesundheitszustand zu überwachen.
Ramsnase	Linie des Nasenrückens (von der Stirn bis Nasenkuppe, die mit leichter Rundung nach oben verläuft.
Rauhhaar	Wirrhaar, offenes Haar, dessen Spitzen infolge verschiedener Einpflanzungsrichtung oder wechselnder Krümmung nicht gleichgerichtet sind. Es gibt langes, kurzes, hartes, weiches, zottiges oder krauses Rauhhaar.
Rezessiv	Erbanlagen, die überdeckt werden können, im Erbgut aber erhalten bleiben, um in einer späteren Generation wieder aufzutauchen.

Ringelrute	Bei Spitzen und Nordischen Hunden, aufgeringelt über den Rücken getragen.
Risthöhe	Größe (= Höhe) des Hundes, vom Fußballen zum höchsten Punkt des oberen Randes des Schulterblattes.
Rosenohr	Oberer Ohrrand ist rückwärts gebogen, die Innenseite nach innen gebogen, damit wird die Ohrmuschel (wie ein Rosenblatt) sichtbar.
Rückbeißer	Hund beißt mit dem Unterkiefer, die unteren Schneidezähne stehen hinter den oberen so weit zurück, daß sie diese nicht mehr berühren.
Rückenhöhe	siehe Risthöhe.
Rüde	Männlicher Hund.
Säbelbeinigkeit	Höhergradige Schrägstellung des Hintermittelfußes in der zur Mittellängsebene gleichlaufenden Ebene. Der Winkel, den der Mittelfuß mit der Senkrechten bildet, entscheidet über den Grad dieser Stellungsanomalie.
Säbelrute	Rute säbelförmig getragen.
Sattel	Wie Mantel, jedoch kleiner.
Sattelnase	Nach unten gebogener Nasenrücken.
Schecken	Kleine, inselartig abgegrenzte andersfarbige Farbflecken im Haarkleid.
Scheinträchtigkeit	Hormonell bedingte Verhaltensstörung, verbunden mit Milchabsonderung nach ungefährem Ablauf der vermeintlichen Tragezeit ohne Vorliegen einer Trächtigkeit.
Scheitel	Höchste Erhebung des Schädeldaches.
Scherengebiß	Die Kronen der oberen Schneidezähne greifen mit ihren Hinterflächen derart nahe über die Vorderfläche der unteren hinweg, daß beim Kieferschluß eine Scherenwirkung zustande kommt.
Schlittenfahren	Hunde mit starkem Wurmbefall rutschen mit dem Gesäß herum, um dem Jucken im After zu begegnen.
Schmetterlingsnase	Gefleckte Nasenkuppe.
Schutzhundprüfung	Wird in den Teilbereichen Fährtenarbeit, Unterordnung und Schutzdienst abgelegt.
Schutzhundrassen	Anerkannte Diensthundrassen: Deutscher Schäferhund, Boxer, Rottweiler, Dobermann, Riesenschnauzer, Airedale-Terrier, Hovawart.
Schwanenhals	Zu langer, dünner und gebogener Hundehals, der an einen Schwan erinnert.
Senkrücken	Fehlerhaft eingesenkter Rücken.
Sichelrute	Vom Rutenansatz an sichelförmig gebogene Rute.
Spaltnase	Gespaltene Doppelnasenkuppe.
Stammbaum	Darstellung aller von einem Elternpaar abstammender Nachkommen.
Stammbuch	Wird von den einzelnen Rasseclubs geführt, alle rassereinen Würfe werden darin eingetragen.
Standard	Rassebeschreibung des Hundes im erwünschten Idealtyp.
Stehohr	Straff aufgerichtetes, ungeknicktes Ohr.
Steilheit	Ungenügende Winkelung der Läufe.
Stop	Stirnabsatz zwischen Schädeldach und Stirnansatz.
Trächtigkeit	Beträgt bei der Hündin 60 bis 65 Tage.
trocken	Wenn die Haut eng anliegt und Muskeln, Sehnen und Adern gut sichtbar sind.

überbaut	Wenn die obere Kruppenlinie über dem höchsten Punkt des Widerristes liegt.
Unterwolle	Wollige Haare unter den Deckhaaren, die im Winter gegen Kälte, im Sommer gegen Sonnenbestrahlung schützen.
VDH	Verband für das Deutsche Hundewesen, Sitz Dortmund. Dachverband der Rassevereine mit über 500 000 Mitgliedern.
Vorbiß	Die unteren Schneidezähne ragen über die oberen hinaus.
Vorbrust	Vom Schultergelenk über die Brustbeinspitze verlaufende Wölbung.
Vorderhand	Vordergliedmaßen.
Wamme	Lockere Halshaut.
Welpe	Neugeborener Hund bis zum Alter von etwa 4 Monaten – je nachdem, wann die Milchzähne wechseln.
Widerrist	Höchster Punkt der Rückenlinie, also die Oberkante der Schulterblätter.
Widerristhöhe	Maß für Größe des Hundes.
Winkelung	Stellung der Knochen der Vorder- und Hinterläufe.
Wolfskralle	Falsche Bezeichnung für Afterkralle.
Zangengebiß	Die oberen Schneidezähne stehen genau auf den unteren, so wie eine Kneifzange schließt.

Rassen nach Gruppen und Ursprungsland

Gruppe 01: Hüte- und Treibhunde

Australian Cattle Dog	287	AUS
Australian Kelpie	293	AUS
Bearded Collie	271	GB
Bergamasker	194	I
Berger de Beauce	044	F
Berger de Picardie	176	F
Berger des Pyrénées	138	F
Berger des Pyrénées (Museau normal)	141	F
Bobtail	016	GB
Border Collie	297	GB
Bouvier des Ardennes	171	B
Bouvier des Flandres	191	F/B
Briard	113	F
Ca de Bestiar	321	E
Cao da Serra de Aires	093	P
Collie (Kurzhaar)	296	GB
Collie (Langhaar)	156	GB
Deutscher Schäferhund	166	D
Cos d'Atura	087	E
Groenendael	015	B
Holländischer Schäferhund (Kurzh.)	223	NL
Holländischer Schäferhund (Langh.)	223	NL
Holländischer Schäferhund (Rauhh.)	223	NL
Hrvatški ovčar	277	YU
Komondor	053	H
Kraški ovčar	278	YU
Kuvasz	054	H
Lakenois	015	B
Malinois	015	B
Maremen-Abruzzen	201	I
Mudi	238	H
Owczarek Podhalanski	252	PL
Polaski Owczarek Nizinny (Pon)	251	PL
Puli	055	H
Pumi	056	H
Saarloos Wolfhond	311	NL
Sarplaninac	041	YU
Schappendoes	313	NL
Schipperke	083	B
Shetland Sheepdog	088	GB
Slovensky čuvač	142	CS
Südrussischer Owtscharka	326	GUS
Tervueren	015	B
Tschechischer Wolfshund	332	CS
Welsh Corgi Cardigan	038	GB
Welsh Corgi Pembroke	039	GB

Gruppe 02: Pinscher und Schnauzer, Molosser, Berghunde, Schweizer Sennenhunde

Affenpinscher	**186**	**D**
Aidi	**247**	**MA**
Anatolischer Hirtenhund	**331**	**ANAT. (FCI)**
Appenzeller Sennenhund	**046**	**CH**
Berner Sennenhund	**045**	**CH**
Bernhardiner (Kurzhaar)	**061**	**CH**
Bernhardiner (Langhaar)	**061**	**CH**
Bordeaux-Dogge	**116**	**F**
Boxer	**144**	**D**
Broholmer	**315**	**DK**
Bullmastiff	**157**	**GB**
Cao da Serra da Estrela	**173**	**P**
Cao de Castro Laboreiroo	**170**	**P**
Deutsche Dogge	**235**	**D**
Dobermann	**143**	**D**
Dogo Argentino	**292**	**RA**
Englische Bulldogge	**149**	**GB**
Entlebucher Sennenhund	**047**	**CH**
Fila Brasileiro	**225**	**BR**
Großer Schweizer Sennenhund	**058**	**CH**
Hollandse Smoushond	**308**	**NL**
Hovawart	**190**	**D**
Kaukasischer Owtscharka	**328**	**GUS**
Landseer	**226**	**N**
Leonberger	**145**	**D/CH**
Mastiff	**264**	**GB**
Mastin Espanol	**091**	**E**
Mastin de los Pireneos	**092**	**E**
Mastino Napoletano	**197**	**I**
Neufundländer	**050**	**CDN/GB**
Österr. Kurzhaar-Pinscher	**064**	**A**
Perro de Presa Mallorquin	**249**	**E**
Pinscher	**184**	**D**
Pyrenäen Berghund	**137**	**F**
Rafeiro do Alentejo	**096**	**P**
Riesenschnauzer	**181**	**D**
Rottweiler	**147**	**D**
Schnauzer	**182**	**D**
Shar-Pei	**309**	**CHINA (HONGK.)**
Sredneasiatskaia Ovüiltcharka	**335**	**GUS**
Tibet Dogge	**230**	**TIBET (FCI)**
Tosa Inu	**260**	**J**
Zwergpinscher	**185**	**D**
Zwergschnauzer	**183**	**D**

Gruppe 03: Terrier

Airedale Terrier	**007**	**GB**
American Staffordshire Terrier	**286**	**USA**
Australien Terrier	**008**	**AUS**
Bedlington Terrier	**009**	**GB**
Black and tan toy Terrier	**013**	**GB**
Border Terrier	**010**	**GB**
Bullterrier	**011**	**GB**
Bullterrier (Miniatur)	**011**	**GB**
Cairn Terrier	**004**	**GB**
Dandie Dinmont Terrier	**168**	**GB**
Deutscher Jagdterrier	**103**	**D**
Foxterrier (Drahthaar)	**169**	**GB**
Foxterrier (Kurzhaar)	**012**	**GB**
Glen of Imaal Terrier	**302**	**IRLAND**
Irish Terrier	**139**	**IRLAND**
Japanischer Terrier	**259**	**J**
Kerry Blue Terrier	**003**	**IRLAND**
Lakeland Terrier	**070**	**GB**
Manchester Terrier	**071**	**GB**
Norfolk Terrier	**272**	**GB**
Norwich Terrier	**072**	**GB**
Russischer schwarzer Terrier	**327**	**GUS**
Scottish Terrier	**073**	**GB**
Sealyham Terrier	**074**	**GB**
Silky Terrier	**236**	**AUS**
Skye Terrier	**075**	**GB**
Soft Coated Wheaten Terrier	**040**	**IRLAND**
Staffordshire Bullterrier	**076**	**GB**
Tschechischer Terrier	**246**	**CS**
Welsh Terrier	**078**	**GB**
West Highland White Terrier	**085**	**GB**
Yorkshire Terrier	**086**	**GB**

Gruppe 04: Teckel

Teckel (Kurzhaar)	**148**	**D**
Teckel (Kurzhaar/Kaninchen)	**148**	**D**
Teckel (Kurzhaar/Zwerg)	**148**	**D**
Teckel (Langhaar)	**148**	**D**
Teckel (Langhaar/Kaninchen)	**148**	**D**
Teckel (Langhaar/Zwerg)	**148**	**D**
Teckel (Rauhhaar)	**149**	**D**
Teckel (Rauhhaar/Kaninchen)	**148**	**D**
Teckel (Rauhhaar/Zwerg)	**148**	**D**

Gruppe 05: Nordische Schlitten-, Jagd-, Wach- und Hütehunde, europäische und asiatische Spitze, Urtyp

Akita Inu	255	J
Alaskan Malamute	243	USA
Basenji	043	ZENTR. AFRIKA/GB
Buhund	237	N
Chow-Chow	205	CHINA/GB
Cirneco dell 'Etna	199	I
Eurasier	291	D
Finnenspitz	049	SF
Großspitz	097	D
Grönlandhund	274	N
Hokkaido-Ken	261	J
Island Hund	289	SKANDINAVIEN
Jaemthund	042	S
Japan Spitz	262	J
Kai	317	J
Kanaan Hund	273	IL
Karelischer Bärenhund	048	SF
Kishu	318	J
Kleinspitz	097	D
Laika (Russisch-europäisch)	304	GUS
Laika (ostsibirisch)	305	GUS
Laika (westsibirisch)	306	GUS
Lapinkoira	189	SF
Lapinporokoira	135	S
Lundehund	265	N
Mittelspitz	097	D
Norrbottenspets	276	S
Norwegischer Elchhund (schwarz)	268	N
Norwegischer Elchhund (grau)	242	N
Pharao Hund	248	RM/GB
Podenco Canario	329	E
Podenco Ibicenco (Kurzhaar)	089	E
Podenco Ibicenco (Rauhhaar)	089	E
Podenco Portuges (Kurzhaar, Groß)	094	P
Podenco Portuges (Kurzhaar, Klein)	094	P
Podenco Portuges (Kurzhaar, Mittel)	094	P
Podenco Portuges (Rauhhaar, Groß)	094	P
Podenco Portuges (Rauhhaar, Klein)	094	P
Podenco Portuges (Rauhhaar, Mittel)	094	P
Samojede	212	GUS/SKANDINAV.
Schwedischer Lapphund	284	SF
Shiba Inu	257	J
Shikoku	319	J
Siberian Husky	270	USA
Vaestgoetaspets	014	S
Volpino Italiano	195	I
Wolfsspitz	097	D
Zwergspitz	097	D

Gruppe 06: Lauf- und Schweißhunde

Alpenländische Dachsbracke	254	A
Amerikanischer Foxhound	303	USA
Anglo-français de petite venerie	325	F
Ariegeois	020	F
Balkanski gonic	150	YU
Basset Artesien Normand	034	F
Basset Hound	163	GB
Basset bleu de Gascogne	035	F
Basset d'Artois	018	F
Basset fauve de Bretagne	036	F
Bayerischer Gebirgsschweißhund	217	D
Beagle	161	GB
Beagle Harrier	290	F
Berner Laufhund	059	CH
Berner Niederlaufhund	060	CH
Billy	025	F
Black and tan Coonhound	300	USA
Bloodhound	084	B
Bosanski ostrodlaki gonic barak	155	YU
Brandl Bracke	063	A
Briquet Griffon Vendeen	019	F
Chiens d'Artois	028	F
Deutsche Bracke	299	D
Dreyer	130	S
Dunker	203	N
Erdelvi Kopo	241	H
Finnischer Laufhund	051	SF
Foxhound	159	GB
Français blanc et noir	220	F
Français blanc et orange	316	F
Français tricolore	219	F
Grand Anglo-français blanc et orange	324	F
Grand Basset Griffon Vendeen	033	F
Grand Gascon Saintongeois	021	F
Grand Griffon Vendeen	282	F
Grand Anglo-français blanc et noir	323	F
Grand Anglo-français tricolore	322	F
Grand bleu de Gascogne	022	F
Griffon bleu de Gascogne	341	F
Griffon fauve de Bretagne	066	F
Griffon nivernais	017	F
Haldenstover	267	N
Hamiltonstoevare	132	S
Hannoverscher Schweißhund	213	D
Harrier	295	GB
Hellenikos Ichnilatis	214	GR
Hygenhund	266	N
Istarski estrodlaki gonič	152	YU
Istarski kratkodlaki gonič	151	YU
Jugoslavenski planinski gonič	279	YU
Jugoslavenski trobojni gonič	229	YU
Jura Laufhund	059	CH
Jura Niederlaufhund	060	CH
Luzerner Laufhund	059	CH
Luzerner Niederlaufhund	060	CH
Österreichische glatthaarige Bracke	068	A
Ogar polski	052	PL
Otterhound	294	GB
Petit Basset Griffon Vendeen	067	F
Petit Gascon Saintongeois	021	F
Petit Griffon Bleu de Gascogne	032	F
Petit bleu de Gascogne	031	F
Poitevin	024	F
Porcelaine	030	F
Posavski gonič	154	YU
Saboeso Espanol	204	E
Sauerländische Dachsbracke	100	F
Schillerstoevare	131	D
Schwyzer Laufhund	059	CH
Schwyzer Niederlaufhund	060	CH
Segugio Italiano a pelo raso	198	I
Segugio Italiano a pelo forte	198	I
Slovensky Kopov	244	CS
Smaelandstoevare	129	S
Steirische Rauhhaarige Hochgebirgsbracke	062	A
Westfälische Dachsbracke	100	D

Gruppe 07: Vorstehhunde – Kontinentale, Britische und Irische

Braque Dupuy	178	F
Braque Saint Germain	115	F
Braque d'Auvergne	180	F
Braque de l'Ariege	177	F
Braque de Bourbonnais	179	F
Braque français type Gascogne	133	F
Braque français type Pyrenees	134	F
Cesky Fousek	245	CS
Deutsch Drahthaar	098	D

Deutsch Kurzhaar	119	D
Deutsch Langhaar	117	D
Deutsch Stichelhaar	232	D
Drentse Patrijshond	224	NL
English Settern	002	GB
Epagneu Breton	095	F
Epagneul Picard	108	F
Epagneul Pont Audemer	114	F
Epagneul bleu de Picardie	106	F
Epagneul français	175	F
Gammel Dansk Honsehund	281	DK
Gordon Setter	006	GB
Griffon Korthals	107	F
Griffon a poil laineux	174	F
Großer Münsterländer	118	D
Irish Red and White Setter	330	IRLAND
Irish Setter	120	IRLAND
Italienische Bracke (Bracco Italiano)	202	I
Kleiner Münsterländer	102	D
Magyar Viszla (Drahthaar)	057	H
Magyar Vizla (Kurzhaar)	239	H
Perdigueiro portugues	187	P
Perdiguero de Burgos	090	E
Pointer	001	GB
Pudelpointer	216	D
Slowakischer Rauhbart	320	CS
Spinone Italiano	165	I
Stabijhoun	222	NL
Weimaraner	099	D

Gruppe 08: Apportier-, Stöber- und Wasserhunde

American Water Spaniel	301	USA
Amerikanischer Cocker Spaniel	167	USA
Barbet	105	F
Cao de Agua	037	P
Chesapeake Bay Retriever	263	USA
Clumber Spaniel	109	GB
Cocker Spaniel	005	GB
Curly-Coated Retriever	110	USA
Deutscher Wachtelhund	104	D
English Springer Spaniel	123	GB
Field Spaniel	123	GB
Flat-Coated Retriever	121	GB
Golden Retriever	111	GB
Irish Water Spaniel	124	IRLAND
Kooikerhondje	314	NL
Labrador Retriever	122	GB
Novi Scotia Duck Tolling Retriever	312	CDN
Rhodesian Ridgeback	146	ZA
Spanischer Wasserhund	336	E
Sussex Spaniel	127	GB
Welsh Springer Spaniel	126	GB
Wetterhound	221	NL

Gruppe 09: Gesellschafts- und Begleithunde

Belgischer Griffon	081	B
Bichon a poil frisee	215	G/B
Bologneser	196	I
Boston Terrier	140	USA
Brüsseler Griffon	080	B
Cavalier King Charles Spaniel	136	GB
Chihuahua	218	MEX
Chinesischer Schopfhund	288	CHINA/GB
Coton de Tulear	283	RM
Dalmatiner	153	YU
Französische Bulldogge	101	F
Havaneser	250	MITTELMEER/FCI
Japan Chin	206	J
King Charles Spaniel	128	GB
Kromfohrländer	192	D
Lhasa Apso	227	TIBET/GB
Löwchen	233	F
Malteser	065	MITTELMEER/I
Mops	253	CHINA/GB
Papillon/Phalene	077	F/B
Pekinese	207	CHINA/GB
Perro sin Pelo del Peru	310	PE
Petit Branbancon	082	B
Pudel	172	F
Shih Tzu	208	TIBET/GB
Tibet Apso	209	TIBET/GB
Tibet Spaniel	231	TIBET/GB
Xoloitzcuintle	234	MEX

Gruppe 10: Windhunde

Afghane	228	AFGHAN./GB
Azawakh	307	MALI/F
Barsoi	193	GUS
Chart Polski	333	PL
Deerhound	164	GB
Galgo Espanol	285	E
Greyhound	158	GB
Irish Wolfhound	160	IRLAND
Italienisches Windspiel	200	I
Magyar Agar	240	H
Saluki	269	IR/GB
Sloughi	188	MA
Whippet	162	GB

Kontaktanschrift:

Alle Anschriften der einzelnen Rasse-Clubs und Vereine erhält der Interessent über:
Verband für das Deutsche Hundewesen e.V. (VDH)
Westfalendamm 174, 4600 Dortmund 1
Telefon-Zentrale: 02 31/5 65 00-0.

Literatur

Alderton, D.: Hundehaltung. Albert Müller Verlag, Rüschlikon-Zürich/Stuttgart/Wien 1990.

Allgemeiner Deutscher Pudelclub e.V. (ADP): Mitteilungsblatt. München 1992.

Baumann, D.: Nordische Hunde, Verlag Eugen Ulmer, Stuttgart, 2. überarb. Auflage, 1991.

– Beliebte Hunde. Verlag Eugen Ulmer, Stuttgart, 2. überarb. Auflage, 1990.

– Der junge Hund. Verlag Eugen Ulmer, Stuttgart, 2. verbesserte Auflage, 1992.

Deutscher Pudel-Klub e.V. (DPK): Schur-Anweisungen. München 1992.

Deutscher Windhundzucht- und Rennverband e.V. (DWZRV): Informationsmappe des DWZRV. Duisburg 1989.

Donath, W.F.: Hunde gesund ernährt. Albert Müller Verlag, Rüschlikon-Zürich 1978.

Grunwald, M.: Der Foxterrier. Verlagsgesellschaft Rudolf Müller GmbH, Köln-Braunsfeld 1983.

Höller, H.: Schnauzer und Pinscher. Verlag Eugen Ulmer, Stuttgart 1986.

Klub für Terrier: Mitteilungsblatt und Trimmfibel. Kelsterbach 1991/92.

Korn, B., Treutmann, H. (Hrsg.): Das große farbige Hundelexikon. Albert Müller Verlag, Rüschlikon 1977.

Marx, P.: Der Zwergschnauzer. Druckhaus Gratzfeld, Butzbach 1982.

Niemand, Dr. H. G.: Hundehaltung aber wie? Verlagshaus Oertel & Spörer, Reutlingen o. J.

Opitz, W.: Windhunde, Verlag Eugen Ulmer, Stuttgart 1979.

Pinscher Schnauzer Klub 1895 e.V., Leitfädchen. Remscheid 1992.

Schneider, A. u. W.: Hundekrankheiten. Kosmos, Frankckh'sche Verlagshandlung W. Keller & Co., Stuttgart 1987.

Register